V&R

Manuel Barthelmess

Die systemische Haltung

Was systemisches Arbeiten im Kern ausmacht

Vandenhoeck & Ruprecht

Mit 25 Abbildungen und 14 Tabellen

Bibliografische Information der Deutschen Nationalbibliothek

Die Deutsche Nationalbibliothek verzeichnet diese Publikation in der Deutschen Nationalbibliografie; detaillierte bibliografische Daten sind im Internet über http://dnb.d-nb.de abrufbar.

ISBN 978-3-525-49161-4

Weitere Ausgaben und Online-Angebote sind erhältlich unter: www.v-r.de

Umschlagabbildung: Multicolored spirals/amenohi/Fotolia

© 2016, Vandenhoeck & Ruprecht GmbH & Co. KG, Theaterstraße 13, D-37073 Göttingen / Vandenhoeck & Ruprecht LLC, Bristol, CT, U.S.A.
www.v-r.de
Alle Rechte vorbehalten. Das Werk und seine Teile sind urheberrechtlich geschützt. Jede Verwertung in anderen als den gesetzlich zugelassenen Fällen bedarf der vorherigen schriftlichen Einwilligung des Verlages.
Printed in Germany.

Satz: SchwabScantechnik, Göttingen
Druck und Bindung: Beltz Grafische Betriebe GmbH, Bad Langensalza

info@v-r.de

Inhalt

Einführung 9

Erster Teil: Systemische Beratungskompetenz

I Trägt mich Hybris oder Expertise? Was unter systemischer
Beratungskompetenz zu verstehen ist 14
1 Die Hybris des Beraters 15
   1.1 Die Hybris des Wissens 16
   1.2 Die Hybris des Verstehens 17
   1.3 Die Hybris der Distanzierung 17
   1.4 Die Hybris des Misstrauens 18
2 Die Hybris als Ressource 18
3 Die Expertise des systemischen Beraters 21
   3.1 Die Expertise des Nichtwissens 24
   3.2 Die Expertise des Nichtverstehens 25
   3.3 Die Expertise des Eingebundenseins 25
   3.4 Die Expertise des Vertrauens 26
4 Zusammenfassung 27

II Welchen »Beraterhut« habe ich eigentlich auf?
Beraterrollen zwischen Prozess- und Wissensberatung 29
1 Der Unterschied zwischen Prozessberatung und Wissensberatung
   (Fachberatung) 30
2 Beraterische Haltungen 32
   2.1 Der Umgang mit Wissen 34
   2.2 Der Umgang mit Verstehen 34
   2.3 Der Umgang mit der Beziehung zum Klientensystem 35
   2.4 Der Umgang mit dem Können des Klientensystems 35

3 Das Jonglieren mit »Beraterhüten« – Integrationsansätze von
Prozess- und Wissensberatung 36
3.1 Das Jonglieren mit den »Beraterhüten« erfolgt allein 37
3.2 Das Jonglieren mit den »Beraterhüten« erfolgt gemeinsam
mit dem Klientensystem 39

III Wie klar bin ich? Meine Rolle als Berater, Therapeut, Coach 41
1 Wer bin ich eigentlich? 41
2 Hilfreiche begriffliche Unterscheidungen 42
3 Als wer bin ich wann für wen was, und das wie genau? 45
4 Tun und geschehen lassen 48

IV Was mache ich eigentlich jenseits von Technik und Methode?
Eine Einführung in die »systemische Kunst« 52
1 Der Berater als Fokussierer von Aufmerksamkeit 54
2 Der Berater als Kreateur von Geschichten 57
3 Der Berater als Gestalter von Kontexten 62
4 Zusammenfassung: Systemische Beratung als Kunstform 64

V Sehe ich die Brille, durch die ich sehe? Von der Kunst des Beobachtens 66
1 Laien und Experten 66
2 Beobachtung beruht auf Unterscheidungen 70
3 Bewusstes Beobachten ist bewusstes Unterscheiden 71
4 Klientenbrillen 73
5 Die Einheit von Differenzen (Unterscheidungen) 76
6 Wie Wirklichkeitskonstruktionen entstehen 78
7 Beobachtung zweiter Ordnung 81
8 Zusammenfassung 82

Zweiter Teil: Systemische Grundhaltungen

VI Die Haltung des Nichtwissens 89
1 Die Grundhaltung 89
2 Die Leitlinie: Wirklichkeitskonstruktionen der Klienten relativieren 92
3 Die Methode: Konstrukte »verflüssigen« 94

VII Die Haltung des Nichtverstehens ... 102
1 Die Grundhaltung ... 102
2 Die Leitlinie: Selbstverstehen des Klienten anregen ... 108
3 Die Methode: Nachfragen nach dem Metamodell der Sprache ... 110
   3.1 Generalisierungen und Techniken des Nachfragens ... 111
   3.2 Tilgungen und Techniken des Nachfragens ... 114
   3.3 Verzerrungen und Techniken des Nachfragens ... 115

VIII Die Haltung des Eingebundenseins ... 118
1 Die Grundhaltung ... 118
2 Die Leitlinie: Widerstand gibt es nicht ... 120
3 Die Methode: Gegenübertragungsanalyse ... 121

IX Die Haltung des Vertrauens ... 126
1 Die Grundhaltung ... 126
2 Die Leitlinie: Sich am Prozess orientieren ... 127
3 Die Methode: Lösungsfokussierte Techniken ... 129
   3.1 Von der Problemtrance zur Lösungstrance ... 131
   3.2 Fragen nach Lösungen und Ausnahmen ... 132
   3.3 Die Wunderfrage ... 133
   3.4 Skalenfragen ... 135
   3.5 Lösungsorientierte Auftragsklärung ... 138
   3.6 Lösungsorientierte Anknüpfungsmöglichkeiten in den weiteren Sitzungen ... 142

Dritter Teil: Orientierungen auf dem Weg

X Wo liegt der Schlüssel zum Erfolg? Auftragsklärung als Basisintervention des systemischen Beraters ... 146
1 Das Problem des Klienten als Anlass für Beratung ... 146
2 Problemorientiert herangehen ... 152
3 Lösungsorientiert herangehen ... 155
4 Integrative Auftragsklärung ... 160
5 Auftragsklärung bei Geschickten ... 165
6 Auftragsklärung als permanenter Prozess ... 173
7 Auftragsklärung verändert den Auftrag ... 186

XI Ist »gut« nur gut und »schlecht« nur schlecht?
Vom Arbeiten ohne Wertung 195

1 Hypothesenbildung 196
   1.1 Die systemische Schleife 197
   1.2 Wie kreiere ich Hypothesen? 199
2 Umdeutung (Reframing) 206
3 Paradoxe Intervention 210
   3.1 Symptomverschreibung 212
   3.2 Abraten 213
   3.3 Splitting 214
   3.4 »Wasch mich, aber mach mich nicht nass!« 216

XII Wie geht »zirkulär« ohne »Drehwurm«? Vom Einsatz zirkulärer
Fragen und der Arbeit im Mehrpersonensetting 218

1 Zirkuläre Fragen in der Einzelberatung 219
2 Zirkuläre Fragen in der Mehrpersonenberatung 224
3 Weitere Fragetypen für die Mehrpersonenberatung 230
   3.1 Unterschiede erfragen 230
   3.2 Durch Fragen die Information einstreuen: Jeder ist
      (mit-)verantwortlich für die Handlungen aller anderen 231
   3.3 Spielen mit zeitlichen Dimensionen 231
   3.4 Klärung individueller und gemeinsamer Werte 232
   3.5 Subsysteme und Koalitionen erfragen 232
   3.6 Rangfolgen ermitteln 232
   3.7 Hypothetische Fragen stellen 232
4 Neutralität und Allparteilichkeit im Mehrpersonensetting 233
   4.1 Neutralität als Allparteilichkeit 233
   4.2 Neutralität gegenüber Personen 234
   4.3 Neutralität gegenüber Problemen/Symptomen 234
   4.4 Neutralität gegenüber Wirklichkeitskonstruktionen 234
5 Auftragsklärung im Mehrpersonensetting 235
   5.1 Führe ich ein Vorgespräch? 235
   5.2 Wie schütze ich mich vor verdeckten Aufträgen? 236
   5.3 Wie kann Vertrauen entstehen? 236
   5.4 Schritte der Auftragsklärung in einer Teamberatung 237

Schlussbemerkung: Systemische Zumutungen 243

Literatur 245

Einführung

Bei der Beschäftigung mit der eigenen professionellen Haltung geht es um den Kern der beruflichen Expertise: Welches Menschenbild liegt meinem Tun zugrunde? Welches Verständnis von Beratung habe ich? Was ist das, was meiner Meinung nach »wirkt« zwischen mir und meinen Klienten? Sicher, man könnte derartige Fragen auch oberflächlich beantworten, indem man beispielsweise zu Protokoll gibt, welche Technik oder welche Methode man als Berater anwendet. Dabei ist der gekonnte Griff in den »Werkzeugkasten« sicher ein wichtiger Aspekt beraterischen Handelns. Er erklärt jedoch nicht ausreichend, was Professionalität ausmacht.

Die systemische Haltung ist die Basis einer wirklichen, innerlich gereiften persönlichen Beratungskompetenz. Ich habe dieses Buch geschrieben, weil mich seit Jahrzehnten eben genau dies beschäftigt: Was macht systemische Kompetenz aus und wie lässt sie sich beschreiben, erlernen und weiterentwickeln? Dabei kommt der inneren Haltung des systemischen Beraters eine Schlüsselrolle zu, und jede systemische Aus- und Weiterbildung, jede persönliche Professionalisierung und jede Reflexion über die eigene Beraterrolle sollte (auch) auf die innere Haltung fokussieren.

Mit welcher Einstellung begegne ich anderen Menschen? Mit welcher Haltung gehe ich an Dinge heran? Unsere Lebenserfahrung zeigt, dass es auf die innere Haltung ankommt, mit der man sich Herausforderungen stellt. Es wird aufgezeigt, dass dies auch für den systemischen Berater gilt: Es geht nicht nur um das Erlernen und Anwenden beraterischer oder therapeutischer Methoden. Vielmehr führt eine professionelle systemische Grundhaltung zum Erfolg. Systemisch zu arbeiten bedeutet also im Kern, eine bestimmte Haltung verinnerlicht zu haben und ihr im Kontakt mit den Klienten zu folgen. Aus der systemischen Haltung heraus eröffnet sich ein Schatz an Möglichkeiten.

Für Arbeitsfelder wie Psychotherapie, Beratung, Coaching, Supervision und Organisationsberatung ist es somit wichtig zu ergründen: Was verbirgt sich hinter der systemischen Haltung? Wie ist sie theoretisch beschreibbar und praktisch zu erlernen? Wie kann sie in der Beratungspraxis eingesetzt werden, um wirksam zu sein?

Dieses Buch bietet ein klares Verständnis für die innere Orientierung des systemischen Profis, viele Anregungen für die praktische Umsetzung und Tipps zur Selbstreflexion. Es werden keine systemischen Wundertechniken präsentiert. Es geht um mehr, es geht um den Kern der persönlichen Kompetenz: Jenseits von Technik und Methode – was tut ein systemischer Berater? Woran orientiert er sich? Was ist systemische Beratungskompetenz und wie lässt sie sich beschreiben, bewusst machen, entwickeln? Die systemische Haltung mit all ihren Aspekten zieht sich wie ein roter Faden durch dieses Buch. Dabei kommen konkrete Beratungsmethoden und Fallbeispiele nicht zu kurz – sie werden immer im Bezug zur Haltung des Beraters thematisiert.

Als Autor bringe ich meine Erfahrungen als systemischer Therapeut, Coach und Organisationsberater ein, vor allem aber Erfahrungen als Ausbilder für systemische Berater, Therapeuten und Coachs.

Sie begeben sich nun als Leser auf eine Reise durch die Welt der systemischen Kompetenz. Wir erkunden gemeinsam die Expertise eines Systemikers, die in zwölf Kapiteln beschrieben wird: zwölf Zugänge, Türöffner, Blickrichtungen. Dabei wird die systemische Haltung deutlich, an der man sich (immer wieder) ausrichten kann – unabhängig davon, ob man als Berater, Therapeut oder Coach tätig ist.

Die drei Teile und zwölf Kapitel des Buches bauen einerseits aufeinander auf. Von daher empfiehlt sich ein Durchlesen. Andererseits steht jedes der Kapitel für sich und kann nach Bedarf oder Interesse isoliert gelesen werden, um für den Beratungsalltag oder für einen bestimmten Beratungsfall Ideen und Anregungen zu erhalten.

Aus Gründen der guten Lesbarkeit habe ich mich entschieden, in der männlichen Form zu schreiben. Wenn in diesem Buch also von »Beratern«, »Therapeuten« etc. die Rede ist und nicht explizit die weibliche Form mit eingefügt ist, meine ich dennoch immer beide Geschlechter und damit uns alle: Beraterinnen und Berater, Therapeutinnen und Therapeuten.

Ich wünsche Ihnen viel Freude und Erkenntnisse beim Lesen, Nachdenken und Umsetzen. Nun kann es losgehen … Nehmen Sie bitte Haltung ein!

Manuel Barthelmess

**Erster Teil:
Systemische Beratungskompetenz**

Im ersten Teil widmen wir uns der Frage, was eigentlich unter systemischer Beratungskompetenz zu verstehen ist. Es erfolgt eine Annäherung an die systemische Haltung – und zwar aus unterschiedlichen Blickwinkeln:

Im ersten Kapitel wird aufgezeigt, wie bei der Berufswahl eines Beraters oft eine (unbewusste) Hybris eine wichtige Rolle spielt. Diese sollte jedoch überwunden bzw. weiterentwickelt werden, will man wirklich ein systemischer Profi sein.

Im zweiten Kapitel geht es darum, wie wichtig eine klare Unterscheidung zwischen Prozessberatung und Wissensberatung ist. Denn für den Berater kommt es immer wieder darauf an, in seiner Rolle (zwischen Prozess- und Wissensberatung) klar zu sein.

Dieses Thema der Rollenklarheit wird im dritten Kapitel weiterverfolgt und erweitert.

Im vierten Kapitel wird das professionelle Handeln eines Systemikers als systemische Kunst beschrieben: der Berater als Künstler darin, Aufmerksamkeit fokussieren, Geschichten kreieren und Kontexte gestalten zu können.

Schließlich wird im fünften Kapitel betont, wie wichtig es ist, die Kunst des genauen Beobachtens sowie die Kunst des Beobachtens des Beobachtens (Beobachtung zweiter Ordnung) zu beherrschen.

In diesem ersten Teil des Buches wird jedes Kapitel mit einer Übung zur Selbstreflexion abgeschlossen. Sie sind eingeladen, das Gelesene auf ihre professionelle Haltung und ihr Selbstverständnis als Berater zu beziehen und sich dafür Zeit zu nehmen.

I Trägt mich Hybris oder Expertise?
Was unter systemischer Beratungskompetenz zu verstehen ist

Zu Beginn meiner Ausbildungsseminare erkläre ich mit einer einfachen Geste, was ich unter systemischer Beratungskompetenz verstehe. Natürlich ist die systemische Kompetenz etwas sehr Komplexes, weshalb die Darstellung in Abbildung 1 eine fast unzulässige Vereinfachung darstellt. Und dennoch wird etwas sehr Grundlegendes ausgedrückt – es geht um die Grundhaltung des systemischen Beraters:

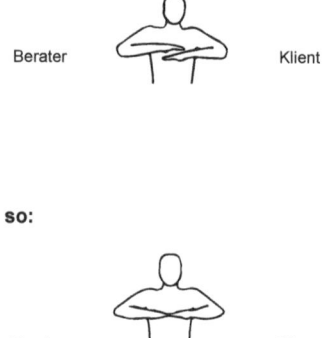

Abbildung 1: Eine Annäherung an die systemische Haltung

Aus dem »Sich-darüber-Stellen« des Beraters über den Klienten wird ein gemeinsames Gehen eines Weges – auf Augenhöhe. Aus der Hybris des Beraters, der sich »darüberstellt«, wird die systemische Expertise eines professionellen, helfenden Begleiters.

Wir betrachten nun diese Zusammenhänge genauer. Wir stellen uns die Frage, was eigentlich systemische Beratungskompetenz ist. Wie kann man sie »fassen« und beschreiben?

Für die Beantwortung dieser Fragen werde ich in diesem Kapitel zwei Leitlinien verfolgen und miteinander verbinden: Zum einen wird vor dem Hintergrund der Systemtheorie und des Konstruktivismus argumentiert, zum anderen werden wir die Beraterperson und seine Kompetenzentwicklung in den Blick nehmen und feststellen, dass die ursprüngliche – und meist unbewusste – Motivation, beraterisch tätig zu werden, im Laufe der persönlichen und beruflichen Entwicklung umgewandelt werden muss, um systemische Beratungsexpertise zu entwickeln.

1 Die Hybris des Beraters

Warum wird man Berater, Coach, Supervisor, Organisationsberater, Therapeut? Nehmen wir als Ausgangspunkt unserer Überlegungen das »Helfersyndrom«, das uns in zugespitzter Form einen Blickwinkel zum Verständnis der Psychologie des Helfens und damit auch Beratens zeigt. Unter dem Helfersyndrom kann man die zur Persönlichkeitsstruktur gewordene Unfähigkeit, eigene Gefühle und Bedürfnisse zu äußern, verstehen (vgl. Schmidbauer, 1998). Die eigene Schwäche, Hilflosigkeit und Ohnmacht werden verleugnet und kompensatorisch in der Rolle des Experten im Beruf ausgelebt. Das eigene Innenleben muss so nicht mehr wahrgenommen werden, die Gefühle werden gleichsam im Außen bearbeitet, die eigene Bedürftigkeit wird auf die Klienten (oder Kunden) projiziert. Insofern stellt in dieser Überspitzung Beratung die Abwehr eigener Ängste, innerer Leere, eigener Wünsche und Bedürfnisse dar.

Beraterisch tätig werden kann man zunächst nur, wenn man die Beziehungen zu den Mitmenschen (Klienten) so gestaltet, dass man in die verantwortungsvolle und überlegene Elternrolle schlüpft. In dieser Position sucht der Berater nur allzu oft nach Bestätigung und Anerkennung, die er – so könnte man psychoanalytisch argumentieren – in seiner bedürftigen Rolle als Kind nie bekommen hat: Beraten als Strategie, seelischen Hunger zu stillen. Dies hat zur Folge, dass Gleichwertigkeit und Gegenseitigkeit zwischen Klienten und Berater oft nicht verwirklicht werden.

Diese Skizzierung eines Psychogramms des Beraters ist zugegebenermaßen einseitig. Dennoch enthält sie für uns wichtige Ansatzpunkte, die Grundmotivation zu erkennen, einen Beratungsberuf zu ergreifen und auszuüben. Das Motiv, eine beraterisch-helfende Tätigkeit anzustreben, hängt eben auch mit einer indirekten Befriedigung des Helfens zusammen, die jedoch nur ungern gesehen wird: Welcher Berater möchte bei sich schon egoistische Züge wahrnehmen? Die (egoistische) Grundmotivation, den Beraterberuf zu ergreifen,

hängt mit einer gewissen Hybris¹ zusammen, die wir in vier Formen ausmachen können:
- »Ich weiß es besser als du«: Hybris des Wissens
- »Ich verstehe dich besser als du dich selbst«: Hybris des Verstehens
- »Ich habe mit dir und deinen Problemen nichts zu tun«: Hybris der Distanzierung
- »Ohne meine Hilfe schaffst du es nicht«: Hybris des Misstrauens

Jeder von uns kann in sich hineinspüren, ob einer oder mehrere dieser Glaubenssätze für ihn zutreffend sind und inwiefern die eigene Berufswahl und die momentane berufliche Tätigkeit damit zu tun haben. Man mag aus seiner Biografie und bei einer Analyse seiner Kindheit und Herkunftsfamiliensituation erkennen, woher diese Glaubenssätze kommen, die sich nun als Lebensskript im Beratungsberuf manifestieren. So kann es beispielsweise sein, dass ein Berater als Kind in einem System aufwuchs, in dem er als verständnisvolle Person gebraucht wurde (»Ohne meine Hilfe schaffst du es nicht«) oder sich aufgrund von Verletzungen in bestimmten Beziehungen distanzierte (»Ich habe mit dir und deinen Problemen nichts zu tun«). Ich bin der Meinung, dass sich für jeden beraterisch tätigen Menschen eine Familienskriptanalyse in dieser Hinsicht lohnen kann und dass es zu einer guten Beraterausbildung gehört, derartige Zusammenhänge bewusst zu machen.

Im Folgenden wird zunächst die Hybris des Beraters in ihren vier Formen dargelegt (1.1–1.4), um anschließend deutlich zu machen, dass mit ihr auch Ressourcen des Beraters (2) zusammenhängen, die schließlich zu einer Expertise (3) weiterzuentwickeln sind.

1.1 Die Hybris des Wissens

Be-rat-ung beinhaltet den Rat. Diesen gibt der Fachmann, also derjenige, der es besser weiß. Fachberatung basiert auf diesem Postulat: Der Mensch holt sich Wissen bei demjenigen, der in einem Fachbereich wissend ist. Während der wissende Berater bei einer Rechtsfrage oder einem Softwareproblem der passende Ansprechpartner ist, verhält es sich bei fast allen Fragestellungen, die unsere psychosoziale Eingebundenheit in die Welt betreffen, anders. Auch wenn man als Klient die schnelle Lösung des Experten möchte. So formuliert ein Ehemann in

---

1 Hybris: Übermut, Stolz, Frevel, Trotz; […] bei den antiken Dichtern und Geschichtsschreibern die Selbstüberhebung des Menschen, bes. gegenüber der Macht der Götter, die deren Neid und Zorn herausfordert (Der Große Brockhaus, 1984, Bd. 10, S. 110).

der ersten therapeutischen Paarsitzung auf die Frage, warum er gekommen sei: »Wir wollten einfach einmal von einem Fachmann wissen, wer von uns Schuld hat an den Problemen.« Bei näherem Nachdenken wird auch dem Klienten klar: Diese Frage ist letztlich objektiv nicht beantwortbar und außerdem würde die Beantwortung der Frage vermutlich nichts zur Problemlösung beitragen. Die Lösung des Problems benötigt also etwas anderes als einen »schnell antwortenden, wissenden Experten«. Doch nicht nur Klienten, auch Professionelle sind geneigt, die Rolle des Beraters mit dem Anspruch zu versehen, es besser wissen zu müssen als die Klienten – schließlich scheint man aus diesem Expertentum seine berufliche Berechtigung herzuleiten.

1.2 Die Hybris des Verstehens

Beratung lebt vom Verstehen und vom Einfühlen – so der zweite Mythos. So gelten Empathie und Joining als Grundlage einer erfolgreichen Beratung. Empathie bedeutet, dass sich der Berater in die Rolle des Klienten hineinversetzen kann. Er betrachtet gewissermaßen die Welt mit den Augen des Klienten und kann dessen Gefühle nachempfinden, sodass der Betreffende sich verstanden fühlt. Joining (wörtlich »sich anschließen«, »eintreten in«) meint den Anfangsprozess einer Beratung, innerhalb dessen ein Arbeitsbündnis zwischen dem oder den Ratsuchenden und dem Professionellen entsteht.

Verstehen ist eine wichtige Grundlage der Beratungstätigkeit. Fokussiert man jedoch nur auf das Verstehen, so verkennt man, dass gerade das Nichtverstehen therapeutisch oder beraterisch zielführend eingesetzt werden kann, wie wir nachfolgend noch sehen werden. Die Hybris des Verstehens liegt darin, dass der Professionelle im Beratungsprozess zu oft und vor allem zu schnell das Gefühl hat, zu verstehen. Er bemerkt nicht, dass die Kommunikation mit dem Klienten seine eigenen Gedanken- und Gefühlsmuster aktiviert, und hält diese für die des Klienten.

1.3 Die Hybris der Distanzierung

»Ich habe mit dir und deinen Problemen nichts zu tun«, lautet ein Glaubenssatz vieler Berater, Therapeuten, Supervisoren und anderer Prozessbegleiter, wenn sie ehrlich in sich hineinhören. Vielleicht sollten wir uns als Berater immer wieder einmal fragen: »Warum spiele ich hier eigentlich den Fachmann?«, »Warum nehme ich Geld für unser Gespräch?«. Die Antwort könnte mit obigem Glaubenssatz in Verbindung stehen. Der Unterschied zur Hybris des Wissens besteht darin, dass sich der Berater als ganze Person gleichsam über den Ratsuchenden erhebt und sich innerlich nicht auf gleicher Ebene empfindet. Die Folge ist die scheinbare Gewissheit, dass man als Berater aus einer gewissen Distanz heraus agieren kann, und man betrachtet die Gefühle, Gedanken und Handlungen des Klienten als von den eigenen Gefühlen, Gedanken und Handlungen im Beratungsprozess unabhängig. Das Augenmerk ist nur auf den Klienten gerichtet.

1.4 Die Hybris des Misstrauens

Die Hybris des Misstrauens im Sinne von »Der braucht meine Hilfe dringend, was täte er nur ohne mich« wird nicht nur aus dem Inneren der Psyche des Beraters genährt, sondern auch durch das Verhalten der Klienten immer wieder aufs Neue entfacht: »Ohne Ihre Hilfe stünde ich noch heute am Abgrund« – welchem Berater ginge ein derartiger Satz nicht »runter wie Öl«? Viele Berater misstrauen innerlich den Fähigkeiten ihrer Klienten. Sie leiten die Berechtigung ihrer beruflichen Rolle ab aus dem scheinbaren Wissen um die Hilflosigkeit, Ohnmacht und Unkenntnis des Betreffenden, um ihm zur Seite zu stehen.

2 Die Hybris als Ressource

Der Berater wird zum Berater, weil er eine Grundmotivation zum Besserwissen, Besserverstehen, Distanzieren und Misstrauen mitbringt – so lautet unsere Ausgangsthese. Dabei sind die dargelegten Kategorien Wissen, Verstehen, Distanzierung und Misstrauen auch als Ressource zu sehen:

Ein Berater, der nicht wissensgeleitet auf einem theoretisch nachvollziehbaren Hintergrund aktiv wird, kann nicht als professionell bezeichnet werden. Ein Berater, der keine empathischen Fähigkeiten mitbringt, nicht zuhören und aufnehmen kann, wird aufgrund der fehlenden Vertrauensbasis zwischen sich und seinen Klienten keine Beratungserfolge erzielen können. Ein Berater, der sich nicht abgrenzen und von seinen Klienten distanzieren kann, wird die nötigen Veränderungsimpulse nicht geben und »neue« Ideen nicht streuen können. Er wird nicht in der Lage sein, dem Klienten Anregungen zur eigenen Weiterentwicklung zu bieten, weil er gleichsam vom System des Klienten »verschluckt« wird. Und schließlich wird ein Berater, der seinen Klienten nicht ein gewisses Maß an Misstrauen entgegenbringt, es deshalb schwer haben, weil Beratungskunden in aller Regel eben dieses von einem Berater erwarten: dass er der Art und Weise ihrer bisherigen Lebensgestaltung und damit ihren bisherigen Kompetenzen misstraut. Der Berater soll sich aus Sicht der Ratsuchenden in einer misstrauischen Weise der Problemsicht und der Selbstsicht (»Wir schaffen es nicht allein – wir brauchen also *Ihre* Hilfe«) anschließen. Ginge ein Professioneller im Erstkontakt radikal und konsequent mit einer vertrauensvollen Grundhaltung an seine Kunden heran (»Ich bin sicher, Sie können das auch allein«), wäre er seinen Auftrag los – entweder machen es die Betreffenden tatsächlich allein oder aber sie suchen sich einen anderen Berater, der ihnen zunächst in dem Maße misstraut, wie sie es von ihm erwarten.

Das bedeutet, dass Wissen und Verstehen, aber auch ein Sich-distanzieren-Können und ein gewisses Misstrauen wichtig sind. Diese Aspekte sind eben auch unsere Ressourcen als Berater (siehe Abbildung 2):

- Wissen: Als Berater bringe ich mein Fachwissen ein, ebenso wird mein Handeln von Erfahrungswissen geleitet.
- Verstehen: Gut zuhören und sich gut einfühlen zu können könnte man als die »Basisfähigkeit« eines Beraters bezeichnen.
- Distanzierung: Bei allem empathischen Einfühlungsvermögen braucht es eine »innere Distanz«, um als Berater eigene Ideen und Impulse geben zu können.
- Misstrauen: Wenn ich den Lösungskompetenzen des Klientensystems misstraue, kann ich die Rolle des Helfers annehmen.

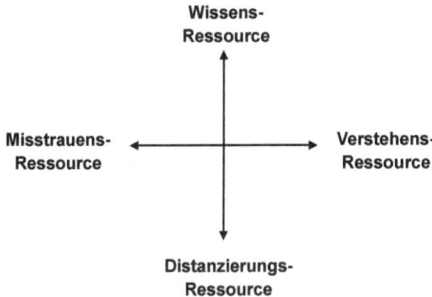

Abbildung 2: Beraterische Ressourcen

Machen wir uns noch einmal bewusst, dass es zwei Gesichter der vier genannten Kategorien gibt: Wir konnten sie einerseits als Hybris des Beraters (kritisch) definieren, wir können sie an dieser Stelle jedoch auch positiv als beraterische Ressourcen formulieren. Dies ist in der Abbildung 2 geschehen. Die Wissensressource wird aus der Hybris des »Ich weiß es besser« gespeist. Die Verstehensressource basiert auf dem Wunsch, »am besten zu verstehen«. Die Distanzierungsressource entwickelt sich aus dem Sich-darüber-Stellen. Schließlich bleibt die Misstrauensressource, welche sich aus dem »Ich-werde-gebraucht-Egoismus« nährt.

Beginnt ein Mensch, Beratungskompetenz zu entwickeln, wird er aufgrund der beschriebenen (unbewussten) Motivationen diesen Beruf ergreifen und sich zunächst über sein Wissen, Verstehen, Distanzieren und Misstrauen »über Wasser« und damit im Gleichgewicht halten. Dazu ist – wenn man es tiefenpsychologisch formulieren will – eine Verdrängung der eigenen Hilfsbedürftigkeit notwendig (»Was weiß ich eigentlich besser?« »Verstehe ich dich wirklich so gut, wie ich meine?« »Bin ich dir wirklich überlegen?« »Kannst du es nicht selbst?«). Viele Professionelle beraten auf der Grundlage der Hybris des Wissens, des Verstehens, der Distanzierung und des Misstrauens – meist ohne dies bewusst zu tun.

Doch muss sich der professionelle Berater wissend und verständnisvoll fühlen und gleichzeitig distanziert und misstrauisch agieren? Gelingt dies immer? Und ist es überhaupt sinnvoll und nützlich für den Klienten? Was ist mit den »unwissenden Seiten« in uns? Oder wie gehen wir als Berater damit um, wenn wir merken, dass wir doch nicht so distanziert sind, wie wir es gern hätten, sondern selbst betroffen werden (und uns berühren lassen)? Ermöglichen wir uns überhaupt, Derartiges wahrzunehmen und zu reflektieren, oder sind wir in einer (in unserer eigenen) Leistungsfalle gefangen, in der von uns immer Wissen, Verständnis, Distanz und Misstrauen verlangt wird?

Ich möchte nun deutlich machen, dass unsere Beratungskompetenz als Systemiker über die Ressourcen des Wissens, Verstehens, Distanzierens und des Misstrauens hinausgehen muss. Der Professionelle sollte gleichsam eine »Metakompetenz« entwickeln, die wir als Expertise bezeichnen wollen. Im gleichen Maße, wie jede der vier Ressourcen die jeweilige Hybris des Beraters in sich trägt und weiterentwickelt, beinhaltet die Beratungsexpertise die vier Aspekte der beraterischen Ressourcen und geht gleichzeitig über sie hinaus. Insofern werden die notwendigen Kategorien Wissen, Verstehen, Distanzieren und Misstrauen relativiert und weiterentwickelt (siehe Abbildung 3).

Ich behaupte, dass die eigentliche systemische Expertise erst dann zum Tragen kommt, wenn man innerlich über die beschriebenen vier Ressourcen hinausgeht. So gelangt man zu einer systemischen Expertise, die teilweise nur paradox beschrieben werden kann: Expertise des Nichtwissens, Expertise des Nichtverstehens. Denn wie wir noch sehen werden, beinhaltet beispielsweise die Expertise des Nichtwissens beides: Wissen und Nichtwissen. Paradoxerweise ist beraterisches Wissen die Voraussetzung für die Expertise des Nichtwissens, wobei die Expertise des Nichtwissens wiederum zu neuem Wissen führt. – Verwirrend?

Erlauben Sie uns einen kleinen theoretischen Ausflug zur Systemtheorie und zum Konstruktivismus (als die beiden Metatheorien, die dem Systeman-

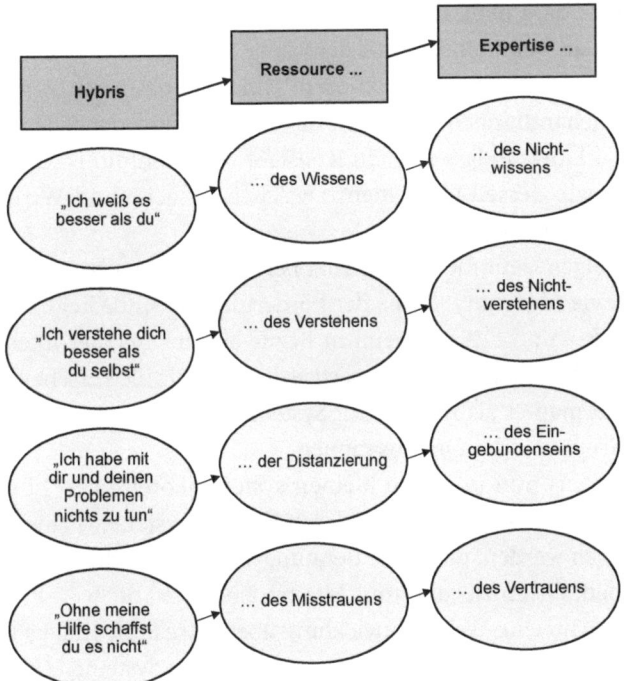

Abbildung 3: Von der Hybris zur Expertise

satz zugrunde liegen, vgl. Simon, 2007; Barthelmess, 2014). Das nötigt uns zwar noch zwei bis drei Seiten harte theoretische Arbeit ab, schafft aber Klarheit. Schließlich wollen wir dieses erste Kapitel abschließen mit einer klaren Ausrichtung für alle weiteren elf Kapitel. Wir dringen zum Kern dessen vor, was systemische Expertise ausmacht. Wir beschreiben sie in ihren vier Aspekten, die als Grundhaltungen die Arbeit des Systemikers leiten und die sich wie vier rote Fäden durch dieses Buch ziehen.

3 Die Expertise des systemischen Beraters

Um zu einer Formulierung der Beratungsexpertise zu gelangen, betrachten wir zunächst eine mögliche Definition von Beratung:

> Beratung ist intentionales Handeln im Eingebundensein in soziale Interaktion innerhalb eines Kontextes mit dem Ziel der fördernden Einwirkung auf personale und/oder soziale und/oder organisationale Systeme.

Dies bedeutet, dass man als Berater eben nicht distanziert, sondern eingebunden ist: Man befindet sich mit dem oder den Klienten in einem eigenen System, welches durch die Interaktion miteinander bestimmt wird. Handlungen und Folgehandlungen vonseiten des Beraters und der Klienten geraten in Wechselwirkung, sodass sich ein Kreislauf von Kommunikationsbeiträgen ergibt, innerhalb dessen nicht mehr zwischen Ursache und Wirkung unterschieden werden kann.

Aus der obigen Definition geht ferner hervor, dass einer beraterischen Tätigkeit immer eine Absicht im Sinne der Förderung zugrunde liegt.

Schließlich – und dies erscheint in Bezug auf die uns hier interessierende Frage nach der Kompetenz bzw. Expertise des Beraters die entscheidende Komponente – hat man es als Berater mit Systemen zu tun, seien dies nun Einzelpersonen, Gruppen oder Organisationen.

Wenn wir uns nun in einem kleinen systemtheoretischen Einschub den Charakteristika von Systemen (und damit Klientensystemen) zuwenden, wird schnell deutlich werden, dass eine Beratungskompetenz, die sich nur auf Wissen, Verstehen, Distanzierung und Misstrauen stützt, nicht zielführend sein kann und deshalb eine Weiterentwicklung über diese Stufe hinaus wichtig ist.

Lebende Systeme – der Berater hat es mit lebenden Systemen (Klienten oder Kunden) zu tun – zeichnen sich durch die grundlegende Fähigkeit zur Selbstorganisation aus. Dies bedeutet, dass ein System einer Eigenlogik gehorchend operiert, ohne dass diese Eigenlogik von außen absichtsvoll veränderbar wäre. Die momentane Struktur der Einheit legt ihr weiteres Potenzial fest und enthält somit eingrenzende als auch erweiternde Momente. Ferner bedeutet Selbstorganisation, dass die Einheit in der Lage ist, durch ihre interne Dynamik die eigenen Strukturen und Prozesse hervorzubringen und aufrechtzuerhalten. Zu beachten ist, dass Klienten (als Systeme betrachtet) zwar eine gewisse Umweltoffenheit aufweisen, jedoch auf der informationsbildenden Ebene intern geschlossen arbeiten. Dies bedeutet, dass Informationen nicht (von einem Berater zu einem Klienten) übertragen werden können, sondern immer systemintern konstruiert werden: Beraterisches Wissen oder »Besserwissen« hilft dem Klienten also überhaupt nicht weiter. Dies hängt damit zusammen, dass ein Klient bzw. Kunde (als Person, Gruppe oder Organisation) die Umwelt immer nur gemäß den eigenen Strukturen wahrnehmen kann. Die Wahrnehmung der Umweltreize ist jedoch etwas völlig anderes als die Umweltreize selbst. Es gibt Zusammenhänge zwischen außen und innen, diese sind jedoch nicht berechenbar. Das macht (Klienten-)Systeme relativ autonom gegenüber ihrer (Berater-)Umwelt, weil Impulse von außen auf ganz eigene und individuelle Art wahrgenommen und verarbeitet werden.

Die Adressatensysteme, mit welchen man es als Berater zu tun hat, sind durch eine Paradoxie gekennzeichnet: Sie sind einerseits autonom, andererseits jedoch kontextabhängig. Legt man einen Systeminnenblick an (das heißt, versucht man, ein System aus seiner inneren Logik heraus zu beschreiben), so wird man aufgrund der intern permanent an sich selbst anschließenden Prozesse zu dem Schluss kommen, dass das System in der Art und Weise, wie es von außen kommende Informationen verarbeitet, autonom ist. Wird dagegen das Zusammenspiel zwischen System und Umwelt analysiert, so kann man Zusammenhänge zwischen bestimmten Umweltreizen (z. B. Interventionen des Beraters) und bestimmten Systemreaktionen (z. B. Reaktionen des Klienten) feststellen, wobei diese Systemreaktionen wiederum nicht vorhergesagt und von außen »verstanden« werden können. Sie können nur beobachtet werden. Weil er in den Klienten nicht hineinschauen kann, bleibt dem Berater nur die Möglichkeit, aufgrund des spezifischen Zusammenspiels von Intervention und Reaktion seine Rückschlüsse auf die inneren Strukturen und Prozesse im Klientensystem zu ziehen. Systemanalysen von Beratern werden also immer konstrukthaft bleiben. Diese Überlegungen haben weitreichende Folgen für unser Realitätsverständnis:

> »Realität ergibt sich [...] aus dem erkennenden Tun des Beobachters, der Unterscheidungen trifft und somit den Einheiten seiner Beobachtung Existenz verleiht. [...] Realität erweist sich als ein Konzept. Allerdings brauchen wir nicht auf den Begriff zu verzichten, wenn wir ihn in Klammern schreiben. (Realität) – so geschrieben steht der Begriff für subjektgebundene Konstrukte, die, einmal mit anderen Menschen abgestimmt, den Charakter des Realen, das heißt, des von uns unabhängig Existierenden, bekommen« (Maturana u. Varela, 2015, S. 13 f.).

Wenn wir von subjektiven Wirklichkeiten, also von (Realitäten) in Klammern ausgehen, müssen wir uns in Bezug auf die beraterische Kompetenz folgende Fragen stellen:
- Wie kann man als Berater etwas besser wissen, wenn die Realität, auf welche dieses Wissen bezogen ist, ein Konstrukt darstellt, welches jedes System anders kreiert?
- Wie kann man als Berater verstehen, wenn man in den Klienten nicht hineinschauen kann?
- Wie kann man die Hybris der Distanzierung aufrechterhalten, wenn man zusammen mit den Klienten eingebunden ist in ein Beratungssystem, in welchem man nicht nur agiert, sondern auch auf die Klienten reagiert?

- Wie kann man überhaupt absichtsvoll und damit professionell beraten, wenn Klienten Informationen (Interventionen) nur auf ihre eigene Art aufnehmen und verarbeiten können und dies wiederum zu Ergebnissen führt, die nicht planbar sind?

Nimmt man die Selbstorganisation von Systemen ernst, so bedeutet dies, dass man als Professioneller darauf verwiesen ist, von außen diese Selbstorganisation so mit Informationen, Reizen, Kontexten, Umgebungen und Interventionen zu versorgen, dass die Chance erhöht wird, dass sich das betreffende Klientensystem positiv weiterentwickelt. Planbar ist ein solcher Prozess allerdings nicht. Er beschränkt sich auf Kontextsteuerung und Prozessorientierung, wobei man mit dem Betreffenden gemeinsam (man steht nicht nur »darüber« im Sinne der Distanzierung) einen Weg beschreitet, auf dem versucht wird, die Selbstorganisation des Klienten anzuregen. Hierzu ist eine Expertise notwendig, wie sie durch Abbildung 4 illustriert wird.

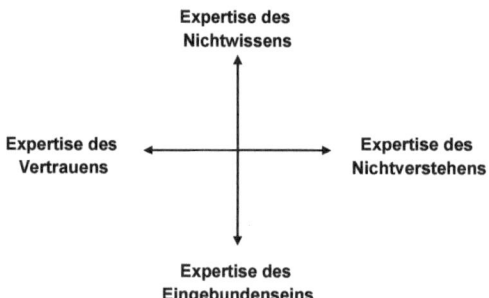

Abbildung 4: Beraterische Expertisen

3.1 Die Expertise des Nichtwissens

Aus dem »Ich weiß es besser als du« wird die Bewusstheit um die Relativität des Wissens und der Objektivität. Subjektive Bedeutungen gelangen in den Vordergrund, für den Klienten kann etwas ganz anderes wichtig, richtig und gut sein als für den Berater. Diese Expertise des Nichtwissens schließt das Wissen der ersten Stufe mit ein. Insofern handelt es sich beim Nichtwissen nicht um weniger, sondern um mehr Wissen: Wissen, das Wissensrelativierung mit einschließt. Das Nichtwissen des Beraters steht dem schnellen Abspeisen des Klienten mit Rat und Tat entgegen. Man will ja den Klienten dazu aktivieren, dass er für sich selbst neues Wissen schafft, anstatt es vom Berater »zu konsumieren«. Die Chance besteht also darin, dass gerade durch das Verweigern von

Wissensangeboten vonseiten des Beraters neues Wissen im Beratungsprozess entwickelt werden kann, welches adäquat für die Klientensituation passend ist.

Wie sieht das konkret in der Praxis aus? Als systemische Berater fragen wir viel, und oft fragen wir einfach »dumm« weiter. Dies hat die Wirkung, dass durch das Fragenbeantworten auf Klientenseite neue Gedanken und Sichtweisen entwickelt werden. Denn Fragen können wie Küsse schmecken (vgl. Kindl-Beilfuß, 2008), den Horizont erweitern und glücklich machen (vgl. Beilfuß, 2015). Es findet angeregt durch den Berater ein neues Reflektieren statt.

3.2 Die Expertise des Nichtverstehens

Das »Ich verstehe dich besser als du dich selbst« verwandelt sich in die Erkenntnis, dass Verstehen immer nur ein »so tun als ob« bedeutet. Man findet im Kommunikationsprozess tragfähige (Realitäten) in Klammern, über die man das Gefühl des Verständnisses erlangt. Tatsächlich jedoch bleiben die sich verstehenden Systeme (z. B. Berater und Klient) füreinander nicht einsehbare Systeme, Blackboxes. Die Chance liegt hier darin, dass man permanent eine beraterische Neugierde aufrechterhält und nicht der Versuchung erliegt, sofort zu verstehen, wie und warum der Klient sich so fühlt und weshalb er in dieser Situation ist und nicht mehr ein und aus weiß. »Moment mal – das habe ich noch nicht verstanden …« kann ein erster Schritt sein, Nichtverstehen für den erfolgreichen Beratungsprozess nutzbar zu machen.

Jeder von uns hat diesen inneren Anteil: Man hört jemandem zu, und in uns sagt eine Stimme: »Klar«, »Logisch«, »Ich verstehe«, »Das kenne ich auch«. Wenn man als Berater dieser Stimme Raum gibt, wird man nicht mehr nachfragen, denn: »Es ist ja alles klar!« Die Expertise des Nichtverstehens anzuwenden, bedeutet aber, gerade dieser inneren Verstehensstimme sehr wenig Raum zu geben. Stattdessen fragt man immer wieder neugierig nach – aus der Haltung des »Es ist noch nicht klar« heraus. Das Bewusstsein, dass ich letztlich nie ganz verstehen kann und werde, lässt mich die Klientensituation als einmalig wertschätzen und weiter gut zuhören. Es lässt mich auch meine Meinung zurückhalten und eine »Beratung ohne Ratschlag« (vgl. Radatz, 2008) durchführen.

3.3 Die Expertise des Eingebundenseins

Die Hybris des distanzierten Sich-darüber-Stellens wird durch die Einsicht ergänzt, dass wir als Berater immer Teil eines »Tanzes« sind, welchen wir mit dem Klienten »aufführen«. Somit ist man gleichzeitig Führer und Geführter. Man agiert nicht nur und setzt bestimmte Interventionen, sondern reagiert auch, sodass sich immer wieder von Neuem die Fragen stellen: »Warum habe ich ausgerechnet so reagiert oder so interveniert in dieser Situation, bei diesem Klienten …?« »Wie muss sich der Klient verhalten, damit ich so und nicht anders (re-)agiere?« Die Expertise des Eingebundenseins meint nicht ein völliges Aufgehen in der Situation ohne distanzierte Betrachtung – im Gegenteil. Eingebundensein meint, sich als Berater als sowohl distanzierten Beobachter als auch als »Mitspieler« zu sehen und aus dieser Spannung einen Nutzen für den Erfolg der Beratung zu ziehen. Insofern liegt die Chance darin, die eigene Eingebundenheit als Berater in systemische Prozesse zu akzeptieren und nutzbar zu machen. Dies geschieht, indem man sich immer wieder aufs Neue die Abhängigkeit des eigenen professionellen Tuns von der gegenwärtigen Situation mit dem Klienten und seinem Verhalten bewusst macht. Das Gewahrwerden der eigenen Eingebundenheit ermöglicht im weiteren Beratungsprozess ein freieres Agieren, da einem dadurch plötzlich andere Deutungsmöglichkeiten und Handlungsalternativen zur Verfügung stehen.

Beispielsweise höre ich schon seit Längerem meinem Klienten zu, wie er sein Leid klagt. Als Zuhörer werde ich trauriger und trauriger – der Klient versetzt mich gleichsam in eine »Traurigkeitstrance«: Meiner Sitzhaltung fehlt Spannung, mein Gemüt ist gedrückt. Im nächsten Moment aber »rappele ich mich auf«, setze mich aufrecht hin und atme tief durch; ich mache mir als Berater bewusst, wie ich gerade – einer Paartänzerin gleich, die sich vom Tänzer führen lässt – vom Klienten »geführt« werde. Ich gehe in eine andere innere Haltung. Dieses Bewusstmachen des Eingebundenseins oder Eingebundenwordenseins (in die Traurigkeit) ermöglicht mir, nun selbst »den Tanz zu übernehmen« und zu führen. Vielleicht mache ich eine humorvolle Bemerkung oder ich führe meinen Klienten mit einer Frage in eine neue Richtung …

3.4 Die Expertise des Vertrauens

Schließlich können sich Selbstorganisationsprozesse am besten verändern, indem man ihnen vertraut. Dies klingt wohl profaner als es ist. Die Expertise des Vertrauens schließt das Misstrauen der basalen Kompetenz mit ein. Es bedeutet nicht Nichtstun. Vielmehr geht es darum, dass sich der Berater die Möglichkeit des eigenen Scheiterns bewusst macht und lernt, mit ihr spielerisch und nicht angstbesetzt umzugehen. Etwas überspitzt können wir formulieren: Die eigene Unwirksamkeit wird zur Notwendigkeit einer positiven Veränderung des Klienten, denn dieser kann sich nur selbst verändern.

Die Chance liegt darin, dass man als Berater eine verantwortungsvolle Haltung des Nicht-verantwortlich-Seins einnimmt. Damit ist gemeint, dass man niemals das Problem des Klienten zu seinem eigenen macht. Es bleibt während des gesamten Prozesses auf der Seite des Ratsuchenden. Die dem Berater verbleibende Verantwortung bezieht sich auf die professionelle Gestaltung des Beratungsprozesses. Nur so kann der Betreffende bewusst oder unbewusst einsehen, dass ihm der Berater nur insofern helfen kann, als er Hilfe zur Selbsthilfe anbietet.

Nur zu gern geben Klienten jedoch ihre Verantwortung beim Berater ab. Umso wichtiger für uns ist die klare gedankliche Trennung: Ich übernehme als systemischer Berater Verantwortung für den Prozess der Beratung. Hier bin ich Profi. Aber ich übernehme keine Verantwortung für das Problem oder die Problemlösung – das belasse ich beim Klienten, denn hier ist er der Profi. Somit arbeiten zwei Profis zusammen! Der Prozessprofi und der Problemlösungsprofi: eine sich ergänzende Teamarbeit. Das kann nur gut gehen!

4 Zusammenfassung

Ich verwende für einen systemischen Professionellen den Begriff der Expertise, um zu beschreiben, dass er gleichsam jenseits von Fachwissen und Kompetenz eine verinnerlichte Haltung des Nichtwissens, Nichtverstehens, Eingebundenseins und Vertrauens wirken lassen kann.

Systemische Expertise drückt sich in Grundhaltungen aus. Diese werden im zweiten Teil dieses Buches ausführlich beschrieben: In Kapitel VI wird die Haltung des Nichtwissens ausführlich dargelegt; Kapitel VII vertieft die Haltung des Nichtverstehens; in Kapitel VIII geht es um die Haltung des Eingebundenseins; und schließlich befassen wir uns im Kapitel IX mit der Haltung des Vertrauens.

Sie können somit direkt im zweiten Teil des Buches weiterlesen, wenn Sie sofort anknüpfend die hier herausgearbeiteten Haltungen vertiefen möchten. Oder Sie lesen zunächst in Ruhe diesen ersten Teil des Buches zu Ende – schließlich eröffnet der Weg durch die Welt der systemischen Beratungskompetenz, dem wir uns in diesem ersten Teil verschrieben haben, noch weitere spannende Blickwinkel auf unser Thema.

Übung zur Selbstreflexion

- Wenn ich ehrlich mit mir selbst bin: Welche Hybris ist in mir am stärksten angelegt? Ist es das ...
  - ... »Ich weiß es besser als du«?
  - ... »Ich verstehe dich besser als du dich selbst«?
  - ... »Ich habe mit dir und deinen Problemen nichts zu tun«?
  - ... »Ohne meine Hilfe schaffst du es nicht«?
- In Bezug auf meine »Haupt-Hybris«: Was erschwert oder verhindert sie im Kontakt mit meinen Klienten?
- Inwiefern ist sie eine Ressource für mich?
- Welche der vier genannten Expertisen setze ich als Grundhaltung in meiner Beratungstätigkeit bereits bewusst ein? Ist es ...
  - ... die Haltung des Nichtwissens?
  - ... die Haltung des Nichtverstehens?
  - ... die Haltung des Eingebundenseins?
  - ... die Haltung des Vertrauens?
- Was bewirkt diese meine »Haupt-Haltung« für mich?
- Was bewirkt diese Haltung für meine Klienten?
- Welche der Expertisen könnte ich noch »ausbauen« und »mehr pflegen«?
- Wenn ich das tun würde, was würde sich in meinen Beratungen ändern?

II Welchen »Beraterhut« habe ich eigentlich auf? Beraterrollen zwischen Prozess- und Wissensberatung

Im ersten Kapitel haben wir uns erarbeitet, was unter systemischer Expertise zu verstehen ist. Jetzt wollen wir in einem zweiten Schritt diese systemische Expertise gegenüber der Wissensberatung abgrenzen. Es wird deutlich werden, dass sich die systemische Expertise auf die Prozessberatung (der Berater als Prozessbegleiter) bezieht. Wissensberatung (der Berater als Fachexperte) dagegen erfordert ein anderes Grundverständnis.

Wir werden jedoch auch feststellen, dass zur systemischen Kompetenz nicht nur gehört, bewusst zwischen Prozess- und Wissensberatung unterscheiden zu können; es geht auch darum, an passender Stelle Wissensberatung *mit* anbieten zu können.

Wenn ich als professioneller Berater gleichsam den Hut des Prozessberaters trage, impliziert dies im Vergleich zu Kontexten, in welchen ich als Wissensberater/Fachexperte (»Wissenshut«) engagiert bin, andere Grundhaltungen. Die Haltungen (bzw. Expertisen), die wir im Kapitel I erarbeitet haben und die im zweiten Teil des Buches noch vertiefend behandelt werden, stellen dabei die basalen Orientierungen für den systemischen Prozessberater dar.

Wir werden nun auf die Haltungsunterschiede zwischen Prozessberatung und Wissensberatung eingehen und sodann die Verbindung von Prozess- und Wissensberatung thematisieren, welche zu einem gekonnten Jonglieren mit »Beraterhüten« führt. Und diese Fähigkeit zum bewussten Jonglieren stellt gleichsam eine Metakompetenz des systemischen Beraters dar.

In vielen Praxisfeldern, in denen Berater tätig sind, bestehen diffuse und unklare Klientenerwartungen, die gleichsam »zwischen« Prozess- und Wissensberatung liegen. Hier kommt dem Beratenden die Aufgabe zu, für Klarheit in seiner Rollengestaltung zu sorgen: Ist mein Job nun der eines Prozessbegleiters oder der eines Fachexperten? Welche Haltung ist zum einen gefragt und zum anderen dem Klientenanliegen angemessen, um hilfreich tätig werden zu können? Ganz offensichtlich lassen sich diese Fragen oft nicht eindeutig in die eine oder andere Richtung beantworten, womit ein gekonntes Jonglieren mit den beiden »Beraterhüten« – dem des Prozessexperten und dem des Fachexperten – gefragt ist.

1 Der Unterschied zwischen Prozessberatung und Wissensberatung (Fachberatung)

Im Deutschen verfügen wir nur über den Begriff »Beratung«, um das komplexe Geschehen zwischen Klient und Berater zu beschreiben. Im Englischen wird dagegen zwischen »counseling« (Beraten durch Fragen) und »advising« (Beraten durch Ratschläge) unterschieden. Diese Unterscheidung der englischen Sprache spiegelt sich in den inzwischen in der deutschen Fachliteratur unterschiedenen deutschen Begriffen »Prozessberatung« und »Wissensberatung«.

Prozessberatung zielt darauf ab, für die Betreffenden selbstorganisiertes Lernen zu ermöglichen, sodass die Klienten bzw. Kunden mithilfe des Beraters, gleichzeitig jedoch selbstverantwortlich und eigenständig, Weiterentwicklung und Wachstum generieren können. Insofern umfasst der Begriff der Prozessberatung eine große Bandbreite an professionellen Tätigkeiten wie Psychotherapie, Supervision, Coaching, Organisationsberatung und anderem.

Wissensberatung (Fachberatung) zielt darauf ab, dem Klientensystem als fachlicher Experte zur Verfügung zu stehen und, ohne die (Problem-)Sichtweisen der Betreffenden infrage zu stellen, durch Wissens-Know-how zu helfen. Dabei fokussiert der Berater im Gegensatz zur Prozessberatung nicht auf die Gestaltung des gemeinsamen Entwicklungsweges, sondern auf das Angebot bzw. die Erreichung der vom Berater als Experten »gewussten Lösung«.

Man kann grundsätzlich formulieren, dass systemische Beratung ihrem Wesen nach Prozessberatung ist. So kann man Arbeitsfelder der systemischen Einzel-, Paar- und Familientherapie ebenso wie das Setting der Supervision als prozessberaterische »Spielfelder« in Reinform betrachten. Hier steht Hilfe zur Selbsthilfe im Mittelpunkt, eine Arbeitsform, die es über anregungsreiche Fragen und andere Methoden dem Klientensystem ermöglicht, aus sich selbst heraus neue Perspektiven und Lösungen zu entwickeln. Dabei wird das fachliche Wissen des Beraters nicht explizit in den Prozess eingespeist. Allerdings dürfen wir daraus natürlich nicht schließen, dass ein guter systemischer Therapeut oder Supervisor gleichsam ohne Wissen auskommt – im Gegenteil: Er benötigt eine Menge an psychologischem, kommunikationstheoretischem, therapeutischem Wissen, das seinem Prozesshandeln zugrunde liegt. Seine anregungsreichen Fragen, die Auswahl der Methodik sowie die jeweils eingeschlagenen Fokussierungen im Beratungsprozess basieren auf einer Hypothesenbildung, die sich innerhalb des psychischen Systems des Beraters »im Stillen« vollzieht. Damit gründet sich systemische Prozessexpertise letztlich auch auf fachlichem Wissens-Know-how sowie auf einem breiten Erfahrungswissen.

Neben den reinen Prozessberatungssituationen werden zunehmend in als »systemische Beratung« deklarierten Settings Elemente aus der Wissensberatung integriert. Dies ist beispielsweise beim Coaching oder der Organisationsberatung der Fall. Hier ist der Professionelle zwar zuallererst im Sinne der Prozessberatung (counseling) tätig, denn dem Erwartungsdruck der Klienten/Kunden, der Berater möge doch für schnelle Lösungen sorgen, wird dieser mit Optionen und vor allem Fragestellungen begegnen, die nur durch Reflexion durchgearbeitet werden können und so zu passenden Lösungen führen. Der Berater wird aber – je nach Typ, Haltung, Situation und Auftrag – auch im Sinne der Wissensberatung (advising) inhaltliche Vorschläge, Trainingselemente oder Fachwissen zur Verfügung stellen.

Die Unterscheidungen in Tabelle 1 sind hilfreich (vgl. Schulte-Derne, 2005, S. 26), um sich selbst seiner Beraterrolle bewusst zu sein und um sich gegebenenfalls auch mit seiner eigenen Zwitterstellung zwischen Prozess- und Wissensberater als Systemiker auseinanderzusetzen. Je bewusster man sich seiner Rolle ist, umso klarer und produktiver kann man sie dann auch (für sich allein in Klarheit oder mit dem oder den Klienten gemeinsam definiert) nutzbar machen.

Tabelle 1: Beraterrolle in Prozess- und Wissensberatung

	Prozessberatung (counseling)	Wissensberatung (advising)
Grundannahme	Problemsicht des Klienten wird selbst als Problem gesehen	Problemsicht des Klientensystems ist »korrekt« (ausreichend)
Intention	Hilfe zur Selbsthilfe	Fremdhilfe
Bewertung der Situation	durch Klient	durch Berater
Lösung	findet Klientensystem	weiß Berater
Instrumente	Fragen/Beobachten, Hypothesen, Interventionen, Orientierungsmodelle	Antworten, Ratschläge/Expertisen, Anweisungen/Rezepte
Verantwortung	für den Prozess und die eingesetzten Methoden beim Beratersystem, für Richtigkeit (»Passung«) beim Klientensystem	für das Finden der Lösung und die Richtigkeit von Antworten beim Beratersystem, für die Umsetzung (je nach Beratungsansatz) beim Beratersystem oder Klientensystem
Haltung	Widersprüche anerkennen, Neutralität, Anregen statt Steuern, Dialektik	Wissen, objektive Urteilskraft, Logik
Motto	»Sei Anwalt der Ambivalenz!«	»Beziehe Stellung, urteile richtig!«

Systemische Therapie und Supervision stellt in der Regel reine Prozessberatung dar. Hier geht es im Wesentlichen um das reflektierende Aufarbeiten von Anliegen und Problemstellungen. Perspektivenerweiterungen durch Fragen und durch das zur Anwendung kommende »systemische Handwerkzeug« des Beraters helfen dem Betreffenden, von einer »Problemtrance« zu einer Lösungsfindung zu gelangen. Diese wird im und durch den professionell gestalteten Beratungsprozess ermöglicht, im Kern jedoch selbstorganisiert vom Klienten entwickelt.

Systemisches Coaching und systemische Organisationsberatung hingegen betrachte ich als Formen der Prozessberatung, innerhalb derer mehr oder weniger stark Elemente der Wissensberatung integriert werden müssen, um für das Kundensystem Nutzen zu stiften. So ist es beispielsweise im Rahmen einer systemischen Strategieberatung einer Organisation notwendig, auf dem beraterischen Fachwissen über strategisches Management sich gründende Theorien, Klassifikationsschemata und Tools zur Verfügung zu stellen. Damit wird Fachwissen (in diesem Fall Wissens-Know-how des strategischen Managements) zur Verfügung gestellt (sinnvollerweise nutzerorientiert aufbereitet, beispielsweise im Sinne von zur Reflexion anregenden Denkmodellen), anhand dessen die Manager angeleitet werden, für sich und ihr Unternehmen eine adäquate und bedeutungsvolle Strategie zu entwickeln. Dieser Prozess wiederum – als Kernprozess der Beratung – geschieht durch die Führungskräfte selbstverantwortlich und selbstorganisiert. Der Professionelle übernimmt also wieder – nach dem auf Wissen basierenden Zur-Verfügung-Stellen von Denkmodellen – den »Job« des Moderators, Fragenstellers, Prozessbeobachters und Prozesssteuerers.

2 Beraterische Haltungen

Im Folgenden beschreiben wir die Ausformung der beiden Beratungsarten noch detaillierter, und wir stoßen auf folgende Unterscheidung:

Der Prozessberater agiert auf der Basis der modernen Systemtheorie (»Selbstorganisierte Systeme sind nicht von außen direktiv steuerbar«; »Dem Berater kommt die Rolle eines Impulsgebers und Kontextgestalters zu«) und des Konstruktivismus (»Jedes Klientensystem konstruiert seine eigene Wirklichkeit und damit auch seine eigenen Probleme und Lösungen«). Diese Erkenntnisse aus der Wissenschaft ernst nehmend basiert die beraterische Identität auf einer Haltung des Nichtwissens, des Nichtverstehens, des Eingebundenseins und des Vertrauens. Wir hatten formuliert, dass diese Haltungen die systemische Expertise kennzeichnen. Der Wissensberater dagegen identifiziert sich mit einer Haltung des (Besser-)Wissens, des Verstehens, der Distanzierung und des Misstrauens.

So stehen sich vier Haltungen gegenüber, welche die beiden »Beraterhüte« (»Prozesshut« und »Wissenshut«) und die zugrunde liegende Philosophie in der jeweiligen Rollenausübung charakterisieren. Wir hatten die vier Haltungen des systemischen Prozessberaters bereits in Kapitel I kennengelernt – sie begleiten unsere Überlegungen als die »vier roten Fäden« weiter. Die vier Haltungen des Wissensberaters in Tabelle 2 machen Sinn in der Fachberatung. In der systemischen Prozessberatung allerdings wären sie beraterische Hybris – auch das hatten wir im vorigen Kapitel festgestellt.

Tabelle 2: Beraterische Haltungen in Prozess- und Wissensberatung

Modus	»Prozesshut« Prozessberatung	»Wissenshut« Wissensberatung
des Umgangs mit Wissen (2.1)	Haltung des Nichtwissens	Haltung des Wissens
des Umgangs mit Verstehen (2.2)	Haltung des Nichtverstehens	Haltung des Verstehens
des Umgangs mit der Beziehung zum Klientensystem (2.3)	Haltung des Eingebundenseins	Haltung der Distanzierung
des Umgangs mit dem Können des Klientensystems (2.4)	Haltung des Vertrauens	Haltung des Misstrauens

Wir erkennen nun, dass das, was im vorigen Kapitel als Hybris bezeichnet wurde, die Kernkompetenz des Wissensberaters ausmacht. Wir erkennen, dass dieser auf der Basis von Wissen, Verstehen, Distanzierung und Misstrauen arbeiten sollte, um seiner Rolle gerecht zu werden. Und wir stellen erneut fest, dass in der systemischen Prozessberatung Haltungen gefragt sind, die darüber hinausgehen.

Für den wissenden Experten (»Wissenshut«) sind die Kategorien Wissen, Verstehen, Distanzierung und Misstrauen unverzichtbar und Basis seiner Arbeit. Für den systemischen Prozessberater jedoch sind sie »Stolperfallen«. Er orientiert sich am Nichtwissen, Nichtverstehen, seiner eigenen Eingebundenheit und er vertraut den Fähigkeiten des Adressatensystems.

Betrachten wir nun die zwischen Prozess- und Wissensberater zu unterscheidenden Haltungen noch etwas genauer.

2.1 Der Umgang mit Wissen

Der systemische Prozessberater arbeitet mit
der Haltung des Nichtwissens

»Wissen« wird grundsätzlich relativ gesehen. Das Nichtwissen des systemischen Prozessberaters steht dem schnellen Abspeisen des Klienten mit Rat und Tat entgegen. Der Klient wird angeregt, selbst neues Wissen zur Problemlösung zu generieren. Die Chance besteht also darin, dass gerade durch das Verweigern von Wissensangeboten vonseiten des Beraters neues Wissen im Beratungsprozess entwickelt werden kann, welches für die Klientensituation passend ist.

Der Wissensberater nutzt die Haltung des Wissens

Der Wissensberater würde den Teufel tun, sein Wissen nicht anzubieten – schließlich ist er ja dafür engagiert, als »besserwissender« Experte zu agieren und damit auf direktem und schnellem Wege zu helfen. Wissensberatung beinhaltet den Rat. Diesen gibt der Fachmann, also derjenige, der es besser weiß. Der Klient bzw. Kunde holt sich Wissen bei demjenigen, der in einem Fachbereich wissend ist. Damit ist Fachwissen die entscheidende Komponente der Beratungskompetenz des Wissensberaters. Während der Prozessberater die Expertise des Nichtwissens einsetzt, um nützliche Prozesse der Lösungsfindung im Klienten anzuregen, setzt der Wissensberater sein Know-how ein, um dem Klienten Lösungen zu präsentieren.

2.2 Der Umgang mit Verstehen

Der systemische Prozessberater handelt auf
der Grundlage der Haltung des Nichtverstehens

Vor dem konstruktivistischen Hintergrund der eigenlogisch-geschlossenen Systeme (Blackboxes), die miteinander in Kommunikation treten, liegt die Chance für den Berater darin, die professionelle Neugier aufrechtzuerhalten und nicht der Versuchung zu erliegen, zu schnell das Gefühl des Verstehens zu haben (was die beraterische Hauptfunktion, nämlich anregende Fragen zu stellen, eliminieren würde).

Der Wissensberater arbeitet auf der Grundlage
einer Haltung des Verstehens

In der Wissensberatung nimmt der Berater die Situation so auf, wie sie ist, und versteht sie (hier wird sinnvollerweise ganz »unkonstruktivistisch« davon ausgegangen, dass es die *eine* objektive Sichtweise gibt). Auf dieser Basis weiß oder entwickelt der Berater die Lösung. Diese ist eine Leistung des Beraters und nicht wie in der Prozessberatung eine Leistung der Kooperation zwischen Klientensystem und Berater.

2.3 Der Umgang mit der Beziehung zum Klientensystem

Der systemische Prozessberater nutzt die Haltung des Eingebundenseins
Wir hatten bereits festgestellt, dass sich der Prozessberater als Teil des Tanzes sieht, den er mit dem Klienten gemeinsam aufführt. Somit ist er gleichzeitig Führer und Geführter. Der Professionelle macht die eigene Eingebundenheit als Berater in systemische Prozesse nutzbar. Dies geschieht, indem er sich immer wieder aufs Neue die Abhängigkeit des eigenen professionellen Tuns von der gegenwärtigen Situation mit dem Klienten und seinem Verhalten bewusst macht. Das Gewahrwerden der eigenen Eingebundenheit ermöglicht im weiteren Beratungsprozess ein freieres Agieren, da einem dadurch plötzlich andere Deutungsmöglichkeiten und Handlungsalternativen zur Verfügung stehen.

Der Wissensberater arbeitet basierend auf der Haltung der Distanzierung
Der Wissensberater agiert hingegen in einer gewissen Distanz zum Klientensystem. Damit ist gemeint, dass für ihn die Sichtweisen und Gedanken des Klientensystems mit seinen Gedanken und Lösungsvorschlägen für die Problembehebung nichts zu tun haben. Der Klient/Kunde kann bereits als Laie in diese oder jene Richtung im Sinne einer Lösungsfindung gedacht haben – als Experte für inhaltliche Lösungen interessiert dies den Wissensberater nicht. Es wird nicht – wie in der Prozessberatung – der gemeinsame Prozess der Koevolution zwischen Berater und Klient betrachtet. Es geht um die unabhängig und von außen (Distanz) angebotene fachliche Antwort bzw. Lösung, die der Berater erbringt.

2.4 Der Umgang mit dem Können des Klientensystems

Der systemische Prozessberater arbeitet mit der Haltung des Vertrauens
Prozesse der Selbstorganisation im Kundensystem können sich am besten verändern, wenn man ihnen als Berater vertraut. Dies bedeutet nicht Nichtstun. Vielmehr »kümmert« sich der Professionelle um den Prozess der Beratung. Er schafft eine Atmosphäre des Vertrauens. Und im Laufe des gemeinsamen Arbeitens »springt dieses Vertrauen über« und wird zu einem zunehmenden Selbstvertrauen des Klienten. Dieser spürt immer deutlicher, dass er mithilfe des Beraters seinem eigenen Weg der Lösungsfindung vertrauen kann.

Der Wissensberater arbeitet mit der Haltung des Misstrauens

Im Gegensatz zum Prozessberater, der von den Ressourcen des Klienten ausgeht und seine Rolle darin sieht, im Vertrauen auf die Fähigkeiten des Klienten begleitend und reflektierend zur Verfügung zu stehen, wohnt dem Paradigma der Wissensberatung das Misstrauen gegenüber dem Klienten/Kunden inne: Fachberater leben in einer Welt, in welcher immer wieder aufs Neue bestätigt wird, wie sehr die Ratsuchenden doch ihre Hilfe brauchen. Die eigene inhaltliche Kompetenz ist in bestimmten Kontexten eine unersetzliche.

Wir haben nun herausgearbeitet, worin genau der Unterschied zwischen Prozess- und Wissensberatung besteht. Wir konnten dies festmachen am unterschiedlichen Umgang mit Wissen, mit Verstehen, mit der Beziehungsgestaltung zum Klientensystem sowie mit dem Können des Klientensystems. Jetzt wenden wir uns den Möglichkeiten zu, wie man als Systemiker auch Elemente der Wissensberatung integrieren kann. Wie nutzt man »beide Hüte«?

3 Das Jonglieren mit »Beraterhüten« – Integrationsansätze von Prozess- und Wissensberatung

Für all die Arbeitsfelder, in welchen die »Spezies« des systemischen Beraters inzwischen unterwegs ist (wir hatten Therapie, Supervision, Coaching und Organisationsberatung als die gebräuchlichen Hauptkategorien genannt), erscheint es mir wichtig, sich als Professioneller der nötigen systemischen Expertisen bzw. Grundhaltungen des Nichtwissens, Nichtverstehens, Eingebundenseins und Vertrauens bewusst zu werden. Es ist aber auch wichtig zu prüfen, in welchen Settings man als systemischer Berater sein »gewohntes Terrain« verlassen kann bzw. sogar verlassen sollte, um auf wissensberaterische Expertisen zurückzugreifen.

Hier stellt sich dann die Frage nach dem notwendigen Fachwissen, welches mit dem Annehmen eines bestimmten Beratungsauftrages einhergehen muss. Es ist kein Zufall, dass insbesondere aus der Richtung der systemischen Organisationsberatung die Rufe lauter wurden, wonach es eben nicht reicht, für einen Beratungsauftrag systemische Prozesskompetenz mitzubringen. Wenn es beispielsweise um die Neuausrichtung der vorhandenen Führungsstrukturen in einem Unternehmen geht, wird man mit einer beraterischen Expertise des Nichtwissens allein nicht punkten können. Vielmehr ist hier diese wertvolle und prozessorientierte systemische Grundhaltung mit fachlichem Know-how (Theorien von Führung und Führungsstrukturen, Organisationstheorien etc.) anzureichern, um zum Wohle des Kunden sowohl prozessorientiert als auch inhaltlich-ergebnisorientiert arbeiten zu können. Insofern tun sich für die systemischen Prozessprofis bei einer Integration eines bestimmten fachlichen Knowhows Arbeitsfelder im Sinne einer Komplementärberatung (Königswieser, Sonuc u. Gebhardt, 2006) auf. Diese speist ihr Selbstverständnis aus der Synthese von Fach- und Prozessberatung (siehe Abbildung 5).

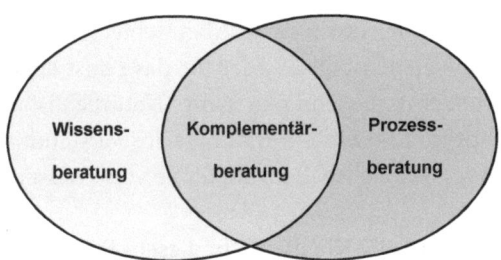

Abbildung 5: Wissens-, Prozess- und Komplementärberatung

Bislang betrachteten wir das Problem der Integration von Prozess- und Wissensberatung aus der Sicht eines Professionellen, der sich ursprünglich ganz und gar als Prozessberater identifiziert. Jetzt werfen wir einen Blick auf die Menschen, die berufsbiografisch und auch organisatorisch in der Wissensberatung verwurzelt sind. Denn die Frage nach dem »richtigen Mischverhältnis« zwischen »Prozess-« und »Wissenshut« stellt sich auch für Berufsbilder, die aus einer bestimmten Fachexpertise heraus ihre beraterische Identität herleiten (z. B. Juristen, Betriebswirte, Logopäden, Physiotherapeuten …). Nun – beispielsweise nach einer systemischen Zusatzausbildung – geht es darum, wie der systemische Ansatz bzw. die entsprechende Haltung in ihr Arbeitsfeld integriert werden kann.

Es lassen sich zwei Grundarten des »Handlings« der Beraterhaltungen ausmachen: Entweder jongliert man für sich allein bewusst mit den »Beraterhüten« (3.1) oder aber man bezieht das Klientensystem klärend mit ein (3.2).

3.1 Das Jonglieren mit den »Beraterhüten« erfolgt allein

Wir hatten zwei Beispiele aus der Organisationsberatung erwähnt, welche die Ergänzung der reinen prozessberaterischen Haltung durch Wissenselemente zeigen. In dem Moment, in dem ein Organisationsberater wissensbasierte Denkmodelle und Tools verwendet, ist er sich als Professioneller bewusst (diese Klarheit findet einzig und allein im psychischen System des Beratenden statt), dass er als Fachexperte agiert. Er stellt dieses Wissen als gewissermaßen »nicht zur Diskussion stehend« in den Raum. Denn es geht ihm nicht um einen fachlichen

Austausch, sondern um den Anregungsgehalt seines »Inputs« für das Klientensystem. In diesem Sinne wird der Berater eine Diskussion nicht nur zulassen, sondern auch befördern, die sich mit der Brauchbarkeit und der organisationsspezifischen Umsetzung dieses Wissens auseinandersetzt.

Der Berater ist auch offen für die Möglichkeit, dass die Führungskräfte für sich befinden, dass der Anregungsgehalt des Beraterinputs gleich null ist (sozusagen der »worst case«). Der Professionelle betrachtet sein Zur-Verfügung-Stellen von Wissen als »Versuchsballon«, der für das selbst entscheidende Klientensystem passend oder unpassend sein kann. (Natürlich ist er bestrebt und es macht einen wichtigen Teil seines Beratungsselbstverständnisses aus, dass er möglichst »passende« Versuchsballons im Sinne von »Wissens-Tools« zur Verfügung stellt.)

Entscheidend ist, dass die Klienten – in diesem Fall die Manager beispielsweise während eines Strategieworkshops – vom bewussten Jonglieren des Beraters zwischen seiner grundlegenden und sich durch den gesamten Prozess ziehenden Grundhaltung des Nichtwissens (»Ich weiß nicht, was für die spezifische Organisation das Passende ist«) und der Grundhaltung des Wissens (auf Fachwissen basierende Tools des strategischen Managements) nichts mitbekommen. Es würde auch keinen Sinn machen, wenn der Berater anmerken würde: »Übrigens, jetzt bin ich für Sie als Fachexperte aktiv, wenn ich Ihnen dieses auf den Erkenntnissen des strategischen Managements aufbauende Arbeitsblatt austeile«, und wenige Minuten später: »Ach, übrigens, jetzt ist es mir aus der prozessberaterischen Perspektive des Nichtwissens und Nichtverstehens wichtig, Fragen zu stellen und Ihr inhaltliches Arbeiten zielorientiert zu begleiten ...«

Für den Berater allerdings ist es umso wichtiger, für sich selbst, gleichsam minütlich, seine Rolle klar zu haben: Bin ich gerade (wie zumeist) als Prozessbegleiter aktiv, indem ich Fragen stelle, die das Adressatensystem neuartig reflektiert und zu neuen Sichtweisen anregt? Oder »schiebe« ich als Fachexperte wissensbasiertes Know-how ein, indem ich mithilfe eines Arbeitsblattes Grundlagen des strategischen Managements erläutere? Diese innere Bewusstheit verhilft dem Professionellen zur Rollenklarheit. Diese ist dadurch gekennzeichnet, dass auf der grundlegenden Basis der Rollenausübung als systemischer Prozessberater sequenziell der »Hut« eines Fachberaters aufgesetzt wird – im Kern nicht deshalb, weil Wissen weitergegeben werden soll, sondern weil angeregt durch Fachwissen selbstorganisiert neues, eigenes und adäquates Wissen im Klientensystem ermöglicht werden soll.

3.2 Das Jonglieren mit den »Beraterhüten« erfolgt gemeinsam mit dem Klientensystem

Eine andere Möglichkeit des professionellen Jonglierens mit der Prozess- und der Wissensexpertise besteht darin, gemeinsam mit dem Klienten zu definieren, wann und wie Raum für das eine und wann und wie Raum für das andere gegeben werden soll. Bei dieser Variante wird der Klient gleichsam in die bewusste Handhabung der »Hüte« mit einbezogen. Gemeinsam werden Settings definiert, welche entweder unter der Überschrift »Der Berater ist für mich als Fachexperte da« oder unter der Überschrift »Der Berater ist für mich als Prozessbegleiter da« stehen.

Eine Sozialpädagogin, welche in einer Beratungsstelle für alleinerziehende Frauen tätig ist, kann in der Supervision eine sequenzielle Lösung in diesem Sinne für sich erarbeiten. Sie ist immer wieder mit diffusen Klientinnenanliegen konfrontiert, die einerseits als Wunsch nach fachlicher Auskunft daherkommen (»Welche Fördermöglichkeiten bestehen für mein Kind?«; »Wo kann ich Wohngeld beantragen?«; »Welche rechtlichen Möglichkeiten stehen mir gegenüber dem Vater des Kindes zur Verfügung?« etc.) und sich andererseits jedoch auch um psychosoziale Bedürfnislagen drehen (»Was soll ich nur machen, mein Sohn folgt mir nicht?«; »Ach, wissen Sie, ich bin da immer wieder depressiv ...«).

In der Supervision kann festgestellt werden, dass die Wünsche nach Fachberatung zumeist offen ausgesprochen, die Bedürfnisse nach psychologischer Begleitung dagegen eher diffus und unterschwellig angemeldet werden. So besteht eine wichtige Erkenntnis für die Supervisandin darin, gerade bei »Vielrednerinnen« und »Klagenden« (aber nicht nur bei diesem »Klientinnentyp«) eine klare Auftragsklärung herbeizuführen: Auf der Basis ihrer eigenen inneren Klarheit über die beiden »Beraterinnenhüte«, welche mit der Ausübung der Beratungstätigkeit in der Beratungsstelle für alleinerziehende Frauen einhergehen (Wissensberatung auf der einen Seite, psychologische und erzieherische auf der anderen Seite), ist es der Sozialpädagogin möglich, gemeinsam mit ihren Klientinnen zu definieren, ob die ausgemachte Zeit (ein oder mehrere weitere Sitzungstermine nach dem Erstgespräch) für Wissens- oder Prozessberatung genutzt wird.

Übung zur Selbstreflexion

Schließen Sie die Augen, entspannen Sie sich und lassen Sie ein paar innere Bilder entstehen zu den Fragen:
- Meine »persönlichen Wurzeln« als Berater: Liegen sie eher in der Prozess- oder eher in der Wissensberatung?
- Woher kommt das?
- Wer und was hat mich geprägt?
- Wann und wo war ich (zuletzt) einmal als Berater in der Situation, dass mir oder zwischen mir und dem Klientensystem nicht klar war, ob ich nun die Rolle des Prozess- oder die des Wissensberaters innehabe?
- Wie bin ich damit umgegangen?
- Hätte ich aus heutiger Sicht anders damit umgehen können?
- Wenn ich meine Kunden bzw. Klienten einmal innerlich »so durchgehe«: Bei wem habe ich mit den beiden »Hüten« zu jonglieren?
- Was erwarten meine Klienten hier konkret von mir?
- Was erwarte ich von meinen Klienten?
- Was erwarte ich von mir selbst?
- Sollte ich das »Jonglieren der Beraterhüte« allein für mich klarmachen oder sollte ich das Klientensystem klärend mit einbeziehen?

III Wie klar bin ich? Meine Rolle als Berater, Therapeut, Coach

1 Wer bin ich eigentlich?

Wenn unsere Kunden oder Klienten uns aufsuchen, werden begriffliche Rollenzuschreibungen formuliert: »Ich gehe zum Psychotherapeuten.« Ein anderer hat einen Coach, der dritte einen Supervisor oder Organisationsberater. Manch ein Professioneller nennt sich Trainer. Derartige Berufsbezeichnungen sind so klar wie unklar; einerseits stecken sie einen gewissen Bedeutungsrahmen ab: Es ist gesellschaftlich ungefähr im Konsens geklärt, was mit einem Psychotherapeuten gemeint sein könnte, und vor allem scheint geklärt, dass das Aufsuchen eines Coachs in jedem Fall harmloser und weniger »störungsassoziativ« gesehen wird als der Gang zur therapeutischen Sitzung. Beim Coaching sprechen nicht wenige denn auch nicht von Sitzungen, sondern von Meetings, Terminen oder Gesprächen.

Doch ist andererseits wirklich klar, was gemeint ist? Und vor allem: Verstehen wir alle wirklich das Gleiche darunter? Noch spannender ist die Frage: Versteht der Professionelle auf der einen und der Kunde auf der anderen Seite unter der als Supervision, Teamberatung oder Coaching bezeichneten beraterischen Dienstleistung wirklich das Gleiche? Ich behaupte: Das ist nicht der Fall. Und ich füge hinzu: Es lohnt, sich insbesondere am Anfang einer (möglichen) Zusammenarbeit gemeinsam mit dem (potenziellen) Kunden diesen Fragen zu widmen. Dies muss nicht in eine übertriebene fachliche Diskussion münden, und es sind auch keine allgemeingültigen Definitionen notwendig. Jedoch zu fragen oder gut zuzuhören, wie der Kunde die Dienstleistung bezeichnet, die er mit mir als Professionellem verbindet, kann ausgesprochen hilfreich sein. Durch Fragen wie »*Was bedeutet für Sie Coaching?*«, »*Welche Vorerfahrungen haben Sie im Bereich Coaching?*«, »*Was haben Sie bisher davon gehört?*«, »*Woran würden Sie merken, dass es kein Coaching ist, was wir hier machen, sondern vielleicht Therapie?*« bekomme ich eine Ahnung, welche Bedeutung mein Kunde dieser Dienstleistung zuschreibt.

Wenn ich derartige Fragen nicht stelle (mehr dazu im Kapitel X zum Thema Auftragsklärung), laufe ich Gefahr, dass ich stillschweigend davon ausgehe, dass mein Kunde die gleichen Annahmen und Sichtweisen zu Coaching, Psychotherapie oder Organisationsberatung hat wie ich.

Gut möglich, dass ich als Professioneller erst einmal nichts merke von einer gewissen Unstimmigkeit. Doch die Erfahrung lehrt, dass bei einer fehlenden (begrifflichen) Bedeutungsklärung der Beratungsdienstleistung (häufig erst nach einigen Sitzungen) offenbar wird, dass das eigene Rollenverständnis des Beratenden und das dem Beratenden zugeschriebene Rollenverständnis vonseiten des Kunden nicht übereinstimmen. Dies kann sich beispielsweise in der Bemerkung eines Teamleiters offenbaren: »Der Berater mischt sich zu sehr in Fragen der Organisationsstruktur unserer Firma ein – der soll doch nur unseren Teamkonflikt lösen!« Hier scheint eine Rollenzuschreibung an den externen Berater vorzuliegen, dieser möge sich doch bitte als reiner Moderator eines vom Teamleiter so gesehenen Teamkonflikts betrachten. Der Berater seinerseits versteht jedoch vielleicht seine Rolle auch und gerade darin, den Teamkonflikt als Folge einer unklaren Hierarchie oder Organisationsstruktur ins Bewusstsein der Führungskraft zu bringen.

Man kann sich vorstellen, wie oft Beratung scheitert oder zumindest nicht optimal erfolgreich verläuft, weil zu Beginn im Sinne einer klaren Auftrags- und Rollenklärung versäumt wurde, gegenseitige Erwartungen abzuklären und abzugleichen. In diesem Sinne stellen die scheinbar so klaren Begrifflichkeiten (Coaching, Supervision, Therapie …) Fallen dar – Fallen der vermeintlichen Klarheit dessen, was wir hier gemeinsam tun oder tun werden und tun sollen.

2 Hilfreiche begriffliche Unterscheidungen

Trotz der durchaus begriffsrelativierenden Gedankenanstöße will ich dennoch den Versuch wagen zu erläutern, was ich unter den Begriffen Beratung, Psychotherapie, Coaching und Supervision verstehe.

Beratung

Beratung verwende ich als Überbegriff für ein breites Bündel an professionellen Settings, innerhalb derer ein Berater einem Klienten(system) hilft, ein Problem zu lösen. In diesem Sinne gibt es beispielsweise Einzelberatung, Teamberatung, Familienberatung, Organisationsberatung.

Es ist wichtig, zwischen Wissens- und Prozessberatung zu unterscheiden (siehe Kapitel II). Für mich impliziert der Überbegriff Beratung, dass für einen konkreten Beratungsauftrag näher zu definieren ist, ob es sich um eine Wissensberatung (der Berater wird wegen seines Wissens engagiert) oder um eine Prozessberatung (der Berater wird als »Hilfe zur Selbsthilfe« engagiert) oder um eine Mischung aus beiden handelt bzw. handeln soll.

Manchmal wird der Begriff Beratung in Abgrenzung zum Coaching-Begriff auch im Sinne einer psychosozialen Beratung verwendet; dann lässt sich unter einer psychosozialen Beratung eine gleichsam an den persönlichen und privaten Problemen orientierte Hilfestellung verstehen, gleichsam mit einer gewissen Nähe zur Psychotherapie bzw. in einem fließenden Übergang dazu.

Psychotherapie

Im Rahmen einer persönlichen Beziehung zwischen Therapeut und Klient werden gemeinsam psychologische bzw. psychische Probleme des Klienten/Patienten bearbeitet und Hilfestellungen zur Bewältigung bereitgestellt. Ziel ist eine Veränderung des Erlebens und Verhaltens des Patienten. Der Begriff »Patient« deutet darauf hin, dass – in vielen Definitionen von Psychotherapie wird dies betont – die Person, welche therapeutische Hilfe in Anspruch nimmt, in irgendeiner Form »geheilt« werden soll bzw. muss. Es handelt sich so betrachtet um eine Problemlage, die als »krank« oder als »Störung« betrachtet wird und demzufolge »heilbedürftig« ist.

Hierin kann man auch die Abgrenzung zum Beratungsbegriff (psychosoziale Beratung) sehen: Personen erwarten (psychologische) Hilfestellungen für ihre persönlichen Problemlagen. Werden diese Problemlagen als Ausdruck einer »Krankheit« oder »Störung« betrachtet, mag der Begriff der Psychotherapie gewählt werden; werden die Problemlagen jedoch als nicht so gravierend eingestuft, mag der Begriff der (psychosozialen) Beratung als passend erscheinen.

Dennoch bleibt für mich Beratung auch ein genereller Überbegriff unter anderem auch für Psychotherapie – in diesem Sinne stellt Psychotherapie eine »Sonderform« der Beratung dar.

Coaching

Coaching hat sich als aus dem Sport kommender Begriff insbesondere für Beratungsdienstleistungen herauskristallisiert, die im Zusammenhang mit beruflichen Fragestellungen in Anspruch genommen werden. Im Einzelcoaching geht es beispielsweise um die Klärung und/oder Neuausrichtung der eigenen beruflichen Rolle, um Karriereplanung oder um eine Optimierung des Führungsverhaltens eines Vorgesetzten. Im Teamcoaching (ein Synonym für Teamberatung) geht es beispielsweise um die Klärung von Arbeitsbeziehungen und Aufgabenverteilungen im Team, um Konfliktlösungen zwischen Teammitgliedern, zwischen Team und Teamleitung und so weiter.

Für mich ist dies eine sinnvolle und klare begriffliche Definition: Coaching steht für Beratung, die im Zusammenhang mit beruflichen Fragestellungen aufgesucht wird. Ich weiß jedoch von vielen Kollegen, dass sie den Coaching-Begriff »weiter fassen«. In diesem Sinne wäre Coaching eigentlich ein Synonym für Beratung, vielleicht sogar (teilweise) für Psychotherapie; hier wäre nur an so manchen Manager zu denken, der auch wegen psychischer Probleme – nicht weniger persönlichkeitsgestört als so manch offizieller Patient in einer Psychotherapie – einen Coach aufsucht; einen »Coach« ganz einfach deshalb, weil es besser klingt und dem Ego besser tut, als zu einem »Therapeuten« zu gehen.

Supervision

Supervision bedeutet wörtlich »Darüber-Sehen« bzw. ein »Von-oben-Blicken«. Es handelt sich ursprünglich um eine Beschreibung eines Verfahrens, um Psychotherapie zu lehren und zu lernen: Ein erfahrener Therapeut bearbeitet, reflektiert und bespricht »Fälle« von weniger erfahrenen Therapeuten, sodass das professionelle therapeutische Handeln innerhalb eines konkreten therapeutischen Prozesses gemeinsam durchleuchtet wird und Anregungen für die Weiterarbeit mit dem Klienten/Patienten gegeben werden.

Supervision wird aber inzwischen auch längst als Begriff verwendet, um Beziehungen zwischen Menschen (beispielsweise in einem Team in einer sozialen Einrichtung) zu reflektieren, eventuelle Konflikte und Probleme in der Interaktion ausfindig zu machen und zu lösen. Ein so gebrauchter Begriff von Supervision kommt damit bereits dem Begriff der Teamberatung oder der Teamentwicklung sehr nahe, hat aber mit dem erstgenannten Supervisionsbegriff (im Sinne von Fallbearbeitung unter Therapeuten) wenig bis gar nichts gemein.

Dies zeigt, wie wichtig es ist – nicht nur, aber gerade auch bei der Supervision –, gemeinsam mit den Beteiligten zu besprechen, was mit dem jeweiligen Dienstleistungsbegriff gemeint ist.

Ich werde im Folgenden Beratung als Oberbegriff verwenden und dabei auch Psychotherapie, Coaching und auch Supervision als spezifische Unterformen davon ansehen. Insofern darf der in diesem Buch oft verwendete Begriff des systemischen Beraters variabel gedacht werden, den Coach, Supervisor und Psychotherapeuten mit einschließend. Die Beschreibungen der in Anspruch genommenen Dienstleistung mögen sich unterscheiden, die Aufgaben für den Professionellen ähneln sich. »Es geht um Veränderung: wie wir die Welt sehen und erleben, wie wir gefühlsmäßig reagieren und wie wir in unserem Denken und Handeln mit der Welt in Beziehung treten. Es geht darum, heilsame Erfahrungen in unseren Beziehungen zu ermöglichen und neue Wege zu (er-)finden, wenn wir uns in Sackgassen fühlen« (Schwing u. Fryszer, 2015, S. 13).

Für unser Gegenüber, für den Klienten wähle ich an dieser Stelle als Oberbegriff den Adressaten von Beratung bzw. das Adressatensystem. Wir können also im Weiteren den Ratsuchenden als Klienten, Kunden und auch als Adressaten der beraterischen Dienstleistung bezeichnen. Daraus ergibt sich: Es sind unterschiedliche Adressatensysteme denkbar. Wir unterscheiden zwischen Einzelpersonen (Einzelberatung), mehreren Personen (Mehrpersonenberatung wie beispielsweise Paarberatung, Familienberatung, Teamberatung) und Organisationen (Organisationsberatung für eine ganze Organisation mit ihren individuellen Mitgliedern, mit ihren unterschiedlichen Abteilungen und Teams, mit ihren unterschiedlichen Hierarchieebenen usw.) als Adressat von Beratung.

3 Als wer bin ich wann für wen was, und das wie genau?

Vor einigen Jahren war ich Teilnehmer in einer Supervisionsgruppe für Organisationsberater. Ich nutzte damals die Supervision, um meine Rolle in unterschiedlichen Beratungsprojekten zu reflektieren und Anregungen für eine gute Weiterarbeit zu erhalten. Die Supervisorin damals prägte den Leitsatz: »Als wer bin ich wann für wen was, und das wie genau?«

Seit dieser Zeit hat mir dieser Satz als Orientierung zur Selbstreflexion große Dienste geleistet. Auch als Supervisor habe ich ihn oft für meine Supervisanden dann eingebracht, wenn ich das Gefühl hatte, dass es um eine (eigene) Klärung des Rollenverständnisses geht – insbesondere dann, wenn der Auftrag an den Supervisanden »multipel« ist, also von unterschiedlichen Personen oder Stellen unterschiedliche Erwartungen auf den Professionellen gerichtet sind.

In der Zeit der Organisationsberater-Supervision lernte ich als Teilnehmer, wie wichtig es für mich als externer Berater in einer Organisation ist, immer wieder für mich selbst, aber auch im Austausch mit den beteiligten Akteuren in der Firma zu klären, in welcher Rolle ich mich betrachte und betrachtet werde. Ich lernte, dass es Teil des Beratungsverständnisses und Beratungsauftrages eines seriösen Organisationsberaters ist, derartige Klärungsprozesse immer wieder aufs Neue zu initiieren. Dies ist umso wichtiger, je komplexer ein Beratungsauftrag ist. Wer ich für wen bin und wann ich das bin und wie genau das gemeint ist und sich konkret zeigt – das ist in einer Einzelberatung relativ leicht gemeinsam im Dialog zu definieren. In einer Familienberatung oder Teamberatung, also in einem Setting, in welchem mehrere Personen das Klientensystem darstellen, ist das bereits deutlich schwieriger, da unterschiedliche Perspektiven, Meinungen, Ziele etc. im Raum sind. Geht es um ein ganzes Organisationssystem und dessen Veränderung oder Entwicklung, so hat man es als professioneller Berater in der Regel nicht nur mit mehreren Personen, sondern auch mit einer Vielzahl an Gruppen (Teams), unterschiedlichen Hierarchieebenen, unterschiedlichen Arbeitsfeldern, unterschiedlichen Standorten etc. zu tun.

In einem derart komplexen Gefüge werden Berater in unterschiedlichen Settings auftreten: Vermutlich gibt es Einzelgespräche (beispielsweise mit dem Vorstand zur Abklärung der großen und groben Ziele, wohin sich die Organisation als Ganzes bewegen soll), Führungskräfte-Meetings zu ersten Umsetzungsideen der Vorstandsvorgaben, Teammeetings, Kick-off-Veranstaltungen für eine zu implementierende Projektgruppe und so weiter.

Möglicherweise bin ich dabei als Berater für den Vorstand jemand, der klare Vorstellungen »entgegennimmt« und mithilft, die Führungskräfte auf diesem Weg »mitzunehmen«. Beim ersten Zusammentreffen mit den Führungskräften kommt mir aber unter Umständen die (zunächst unausgesprochene) Erwartung entgegen: Ich soll doch bitteschön auch mithelfen, den Vorstand davon zu überzeugen, dass seine Vorgaben zumindest teilweise nicht umsetzbar sind; insofern bin ich für die Führungskräfte in diesem ersten Meeting jemand, der die Vorstandsvorgaben nicht verteidigen und stärken soll (derjenige bin ich aber in diesem Moment für den Vorstand), sondern ich soll in den Augen der Führungskräfte jemand sein, der moderierend eine gemeinsame Zielrichtung herauszuarbeiten hilft. Auf der einen Seite also die (Vorstands-)Erwartung an die Beraterrolle, die Zielvorgaben unhinterfragt und möglichst unmoderiert umsetzen zu helfen, auf der anderen Seite die (Führungskräfte-)Erwartung an die Beraterrolle, dem Vorstand doch klarzumachen, dass hier eine Modifizierung zu erfolgen hat und die Führungskräfte ihrerseits mit einbezogen werden wollen in einen Prozess der gemeinsamen Zieldefinition.

Ähnliches ist in der Familientherapie die Regel: Als Therapeut bin ich für Vater, Mutter und Kind (in deren individuellen Augen) jeweils ein anderer. So erwartet beispielsweise der Vater, dass ich als Berater seine Autorität stärke und (wie auch immer ich das hinbekomme) den Sohn dazu bringe, endlich zur Vernunft zu kommen und doch noch seine Ausbildung, die gerade auf der Kippe steht, abzuschließen. Der Vater stellt sich dabei vor, dass er mit der »eigentlichen Beratung« nichts zu tun hat, denn das Problem sei ja der Sohn, und es gelte nun, diesen wieder zum Funktionieren zu bringen. Insofern bin ich als ein »Zum-Funktionieren-Bringer« beraterisch tätig bzw. soll auf diese Weise tätig werden. Die Mutter hingegen äußert die Ansicht, dass es letztlich nur zu einer guten Lösung kommen könne, wenn sich Vater und Sohn wieder miteinander unterhalten würden und mit mehr gegenseitiger Achtung und Wertschätzung über die Situation des Sohnes reden würden. Insofern bin ich als ein »In-Beziehung-Setzer« beraterisch tätig. Der Sohn schließlich sieht mich als verlängerten Arm der Eltern, gegen den Widerstand geboten ist. Der Sohn wurde in seinem Erleben mehr oder weniger zu dieser Beratung gezwungen und nun sitzt er da und erwartet, dass ich nun ins gleiche Horn blasen werde wie sein Vater ... Insofern bin ich für den Sohn – zumindest zu Beginn der Beratung – beraterisch tätig als ein »Druckmacher«.

Nur logisch, dass ein Vater mit dem Beraterbild des »Zum-Funktionieren-Bringers« sich in der Beratungssituation anders einbringt als eine Mutter mit dem Beraterbild des »In-Beziehung-Setzers«. Ob und wie sich der Sohn überhaupt einbringt, solange er das Beraterbild des »Druckmachers« hat, bleibt offen. Die Frage »Als wer bin ich wann für wen was, und das wie genau?« kann derartige innere Bilder der Beteiligten offenlegen. Und nur wenn sie offengelegt, also ausgesprochen sind, kann ich als Berater auch mit ihnen umgehen und damit beginnen, mit diesen Zuschreibungen und Erwartungen an mich, an meine Rolle, zu »spielen«.

Spielen ist hier nicht despektierlich und locker gemeint. Es geht um einen spielerischen Umgang mit diesen Erwartungen, der gleichzeitig professionell ist. Denn an dem soeben skizzierten Beispiel der Familienberatung wird klar, dass der Berater nicht die Chance hat, gleichzeitig die unterschiedlichen Rollenzuschreibungen der Beteiligten zu erfüllen. Er wird vielmehr darauf setzen, dass durch geschickte Fragestellungen den Beteiligten klar wird, dass eine einseitige Ausführung nur einer Rollenerwartung nie zielführend sein kann. Beispielsweise könnte der Berater den Vater fragen, wie er (der Vater) bislang versucht hat, Druck aufzubauen, und was damit erreicht wurde. Vermutlich folgt eine Ausführung des Vaters, der zu entnehmen ist, dass Druckaufbauen bisher nicht zielführend war. Man könnte weiter fragen, was der Vater denkt, wenn der Berater nun Druck auf den Sohn aufbauen würde, wie der Sohn reagieren würde oder ob das die Motivation des Sohnes, an dieser und eventuell an weiteren Sitzungen teilzunehmen, eher stärken oder eher schwächen würde ... Vermutlich würde der Vater antworten (müssen), dass dies die Motivation des Sohnes eher schwächen würde, und damit wäre bereits implizit im Raum, dass es doch erst einmal darum gehen müsste, für den Sohn eine tragfähige Basis in der Beratung zu schaffen, sodass überhaupt Vertrauen und Motivation entstehen kann ...

»Als wer bin ich wann für wen was, und das wie genau?« bedeutet als Leitsatz, dass ich in meiner Rolle als Berater vertiefend weiterfragen kann.
- So könnte ich beispielsweise bei dem Bild der Mutter ansetzen und den Aspekt des »Was?« und des »Wie genau?« weiter explorieren: »Ich habe Sie

nun so verstanden, dass Sie von mir eine Hilfe auch dahingehend erwarten, dass sich Vater und Sohn wieder besser verstehen und wertschätzender miteinander umgehen ...« (Nicken der Frau) »Was meinen Sie mit ›besser verstehen‹?«
- Und dann: »Woran würden Sie merken, dass sich Ihr Mann und Ihr Sohn wieder besser verstehen?«
- Und dann: »Was ist dann genau anders als jetzt? Wie genau zeigt sich die Wertschätzung der beiden?«
- Im Anschluss könnte man dann den Vater direkt ansprechen: »Woran würden Sie erkennen, dass Ihnen Ihr Sohn mehr Wertschätzung entgegenbringt?« Oder man könnte den Sohn fragen: »Woran würdest du erkennen, dass dir dein Vater mehr Wertschätzung entgegenbringt?«

Ich möchte Ihnen ans Herz legen: Stellen Sie sich die Leitfrage »Als wer bin ich wann für wen was, und das wie genau?« in Ihrer beruflichen/beratenden Tätigkeit immer wieder. Zum einen im Sinne einer Frage, die Sie an sich selbst, an Ihr Inneres richten. Dies dient dann dazu, dass Sie sich klarer ausrichten können. Sie bleiben dadurch eher Herr des Geschehens, indem Sie sich bewusst machen, wer Sie für unterschiedliche Personen sind bzw. sein wollen, wie Sie also zunächst einmal für sich selbst Ihre Rolle sehen und definieren.

Stellen Sie diese Frage aber auch immer wieder Ihren Kunden bzw. Ihren Klienten. Damit meine ich nicht, dass Sie die Frage genau so stellen, wie sie oben formuliert ist. Es geht vielmehr darum, aus dieser allgemeinen Leitfrage dann für die Situation passende Fragen abzuleiten. Dies ermöglicht Ihnen Rollenklarheit im Kontakt mit Ihren Klienten.

4 Tun und geschehen lassen

Als Berater werden wir aktiv: Wir tun etwas. Was tun wir eigentlich genau? Wir planen – zumindest in gewisser Weise – unsere beraterische Vorgehensweise. Wir verfolgen eine Absicht. Wir strukturieren unser Handeln. Wir helfen. Wir lehren. Wir erzählen. Wir schaffen einen angemessenen Rahmen. Wir beeinflussen. Wir erklären. Als systemische Prozessberater stellen wir vor allem Fragen.

Aber was geschieht eigentlich noch innerhalb eines Beratungsgeschehens? Ist es nur das Tun des Beraters, das Einflussnehmen, und dann klappt alles? Natürlich nicht. Jede Einflussnahme bzw. jeder Einflussnahmeversuch des Beraters trifft auf der anderen Seite auf ein Adressatensystem, welches nicht unbedingt genau so beeinflussbar ist, wie es der Beratende gern hätte. Oft stellt sich heraus, dass das Kundensystem eben nicht planbar zu verändern ist. Es weist eine gewisse Starrheit auf, vielleicht sogar eine Resistenz gegenüber Veränderung.

Wer kennt die Erfahrung nicht: Man hat das Gefühl, dass der Klient oder die Kunden einem doch ganz klar den Auftrag gegeben haben: Hilf mir, mich oder uns zu verändern! Wir wollen weg vom Problem und Leidensdruck! Doch immer dann, wenn ich mich als Berater besonders anstrenge, gute Beiträge bereitzustellen, die doch meiner Meinung nach genau diesem Ziel dienen würden, stellt sich das Adressatensystem quer ...

Man kommt sich vor wie in einem Spiel, in dem einem zugerufen wird: »Wasch mich (Hilf mir, neue Lösungen zu finden und mich zu verändern ...), aber mach mich nicht nass (... aber ich will alles beim gewohnten Alten belassen)«. Diese Paradoxie scheint mir in praktisch jeder Beratung zu liegen: Auf der einen Seite gibt es sicherlich und glaubhaft und hochoffiziell den Wunsch nach Veränderung. Auf der anderen Seite aber gibt es so etwas wie systemerhaltende Kräfte; Kräfte, die am Status quo festhalten wollen, die vielleicht Angst vor Veränderung haben. Für jede Veränderung – auch wenn es eine Lösung eines Problems ist – muss ein Preis bezahlt werden. Doch ist der Adressat auch bereit, diesen zu bezahlen?

Sie kennen vielleicht das Buch von Eric Berne (2002): »Spiele der Erwachsenen«. Berne beschreibt darin das sogenannte Ja-aber-Spiel. Die eine Person erzählt und klagt, wie schlecht es ihr doch gehe, und findet sogleich das Mitleid der anderen Person. Diese möchte helfen und versucht, immer wieder gute Vorschläge zu machen. Die erzählende und klagende Person hört den Lösungsvorschlag und erwidert: »Ja, aber ... du kennst meinen Chef nicht ... da habe ich überhaupt keine Chance, ein Gespräch zu führen ...« Die Person des Mitgefühls und Mitleids hört wieder eine Weile lang zu, um dann erneut eine Idee für eine Verbesserung der Situation zu formulieren. Erneut beginnt die Erwiderung der klagenden Person mit einem »Ja, aber ... du musst wissen, das habe ich schon ausprobiert und es hat nicht funktioniert ...«

Wir können uns als Berater noch so anstrengen und noch so viel tun, wir sind darauf verwiesen und davon abhängig, ob und wie uns – bildlich gesprochen – das Adressatensystem mit unseren gut gemeinten Vorschlägen oder Ideen »hineinlässt«. Im Rahmen des systemischen Beratungsansatzes sprechen wir von der Eigenlogik und von der Selbstorganisation des Klientensystems (vgl. Kapitel I). Damit ist gemeint, dass jeder Adressat als System zu sehen ist, das sich von der Umwelt (und damit auch vom Berater und dessen Ideen) auf spezifische Weise abgrenzt. Es werden nur diejenigen Umweltreize (Beraterideen) »hineingelassen«, die das Adressatensystem als »wichtig« oder »nützlich« betrachtet. Und dies kann etwas ganz anderes sein als das, was der Berater als »wichtig« oder »nützlich« ansieht.

Damit ist der passive Aspekt der beratenden Tätigkeit angesprochen: Neben dem Tätigsein ist es wichtig, dass der Berater auch geschehen lassen kann. Dies hängt mit der Selbstorganisation und Eigenlogik des Adressatensystems zusammen und damit, dass ich als Berater von außen diese Eigenlogik nicht sehen kann. Was letztendlich geschieht, wenn Beratung erfolgreich (im Klientensystem) wirkt, kann ich als Berater nicht sehen, ja nicht einmal direkt und linear planen und beeinflussen. Ich kann Möglichkeiten schaffen und anbieten, ich kann Anregungen geben, aber ich kann nicht die Wirkung im Kundensystem entfalten. Das tut es letztendlich selbst – wenn es geschehen lässt, dass meine Interventionen als »relevant« eingestuft und weiterverarbeitet werden.

Als Berater hat man also immer auch mit Unplanbarkeit, Ungewissheit und Komplexität zu tun. Und es gehört zur professionellen Rollenausübung dazu, dass man sich dieser Unplanbarkeit und manchmal auch Unsicherheit stellt, mit ihr umgeht, sie sogar nutzt: Dies kann Kreativität freisetzen und einen als Berater vom hohen Ross der Besserwisserei herunterholen.

Die Beraterrolle ist also dadurch gekennzeichnet, dass man gleichzeitig tut und geschehen lässt. Ein guter Berater wird eher das tun, was das Adressatensystem auch geschehen lässt. Er wird aber auch versuchen dafür zu sorgen, dass das Klientensystem möglichst offen ist für Geschehenlassen. Der Berater selbst braucht Gelassenheit und Geduld, um Raum für das Geschehenlassen zu ermöglichen. Dies ist ein wichtiger Aspekt der Rolle eines systemischen Beraters: Raum geben, ermöglichen, wirken lassen.

So mache ich beispielsweise oft die Erfahrung, dass Fragen, die ich meinen Kunden stelle, zunächst nicht oder nicht klar beantwortet werden. Manchmal entscheide ich mich für ein hartnäckiges Nachsetzen und wiederhole die Frage. Manchmal aber lasse ich die Frage unbeantwortet im Raum stehen – dann setze ich in Ruhe darauf, dass die Frage wahrscheinlich im Klienten weiter wirken wird. Eine andere Möglichkeit, das Geschehenlassen zu ermöglichen, besteht darin, scheinbar belanglos den einen oder anderen Gedanken zu äußern oder die eine oder andere Frage zu stellen – dabei aber nicht auf eine Beantwortung zu drängen, sondern im Gegenteil es wirken zu lassen. Häufig stellt man fest, dass später im Gespräch oder beim Folgetermin der Klient davon etwas aufgreift: »Das, was Sie in der letzten Sitzung gesagt haben, hat mich noch beschäftigt ...«

Übung zur Selbstreflexion

- Wie geht es mir mit dem Geschehenlassen?
- Gebe ich meinen Klienten genug Raum und lasse ich Dinge wirken?
- In welchem »Takt« bin ich unterwegs?
- Bin ich eher (zu) schnell (z. B. hohes Sprechtempo, viele Redeanteile, mehrere Aspekte oder Fragen gleich hintereinander) oder (zu) langsam (z. B. langsames Sprechen, viele Pausen zum Nachwirken des Gesagten)?

Nehmen Sie sich eine Extrazeit für folgende Übung:
Reflektieren Sie unter der Leitfrage: »Als wer bin ich wann für wen was, und das wie genau?«

Nehmen Sie sich dazu einen Stapel Karteikarten oder Papier zur Hand.

Notieren Sie in Bezug auf Ihr Berufsleben alle Rollen, die Ihnen zu obiger Frage einfallen: Wer sind Sie alles, wann für wen was? Nehmen Sie hierzu jeweils eine Karte.

Beschriften Sie am Schluss eine Karte mit »Ich«. Dann gruppieren/kreieren Sie auf dem Boden oder auf einem großen Tisch eine Anordnung der Karten zueinander bzw. der »Rollen-Karten« zu Ihrer »Ich-Karte«. Dabei achten Sie auf »Stimmigkeit« oder auf »Welche Rolle ist meinem Ich näher/ferner?« und legen ein passendes Bild. Betrachten Sie Ihr »Werk« und reflektieren Sie darüber ...

- Was fällt mir an meinem Bild auf?
- Welche Rollen sind besonders wichtig?
- Welche Rollen liegen meinem Ich näher/ferner?
- Warum ist das so?
- Welche Rollen passen eher gut zueinander, welche nicht?
- Habe ich das Bild so gelegt, wie ich es gerade empfinde? Oder handelt es sich um ein Wunschbild?
- Wenn Sie das Bild so gelegt haben, wie Sie es gerade empfinden: Wie sieht mein Wunschbild aus? Welche Rollen würde ich gern abgeben/reduzieren? Welche Rollen würde ich gern übernehmen/mehr ausfüllen?

In gleicher Weise ist es möglich, für Ihr Privatleben »Rollen-Karten« zu kreieren oder auch für Privat- und Berufsleben gemeinsam.

Ebenso ist es möglich, in Bezug auf einen konkreten Kunden/Klienten die Rollen auf Karten zu notieren, die einem dazu einfallen (in welchen man sich – teilweise – sieht). Auch hier empfiehlt es sich, bildhaft mit der Positionierung der Karten zu spielen und dabei die unterschiedlichen Rollenaspekte zu reflektieren.

IV Was mache ich eigentlich jenseits von Technik und Methode? Eine Einführung in die »systemische Kunst«

Auf unserer Forschungsreise, was systemische Beratungskompetenz ausmacht und was zu ihr dazugehört, wählen wir in diesem Kapitel einen weiteren Zugang. Wir fragen, was ein systemischer Berater macht. Was tut er? Damit knüpfen wir an die Überlegungen zum Ende des vorherigen Kapitels an und vertiefen diese: Was tut also ein systemischer Berater, um (etwas im Klientensystem) geschehen zu lassen? Am einfachsten ist es sicherlich, diese Frage zu beantworten, indem man beschreibt, welche Techniken und Methoden er anwendet. Aber führt das wirklich weiter? Ich möchte hier versuchen, zum Kern des Tuns vorzudringen, und damit »hinter« das zu sehen, was methodisch passiert oder welche Technik gerade angewendet wird.

Was macht eigentlich ein systemischer Berater im Sinne seines kompetenten Handelns jenseits von Technik und Methode? Drei Hauptantworten haben wir bereits herausgearbeitet:

a) Der systemische Experte wendet Nichtwissen, Nichtverstehen, Eingebundensein und Vertrauen als Grundhaltungen an. Diese bewirken ein Ermöglichen von selbsttätiger Lösungsfindung im Adressatensystem (vgl. Kapitel I sowie den zweiten Teil dieses Buches).

b) Der systemische Experte macht sich in seiner Tätigkeit bewusst, welchen »Hut« er aufhat: In der Regel den des Prozessberaters. Er jongliert jedoch auch bei Bedarf mit den beiden »Hüten« des Prozessberaters und des Wissensberaters, indem er phasenweise auch Wissen zur Verfügung stellt (vgl. Kapitel II).

c) Der systemische Experte schafft immer wieder Rollenklarheit für sich und auch für die Klienten (vgl. Kapitel III).

Nun fügen wir eine vierte Antwort hinzu:

d) Der systemische Experte ist gleichsam ein Künstler, der den Aufmerksamkeitsschwerpunkt des Klientensystems verändern, für die Klienten wirksame Geschichten kreieren und durch einen anregungsreichen Kontext Entwicklung anregen kann.

Ausgangspunkt der folgenden Überlegungen ist die Grundannahme, dass systemische Beratung Kunst ist. Damit gelingt es uns, unser professionelles systemisches Handeln als künstlerische Tätigkeit zu begreifen, die nicht allein durch Techniken oder Tools zu fassen ist. Es steckt eben eine tiefere Ebene hinter unserem Tun, auch wenn es eigentlich üblicherweise erklärt wird mit der Anwendung von Techniken und Methoden – die systemische Fachliteratur ist voll davon.

Ich habe nichts gegen die Beschreibung und das Erlernen von Techniken und Methoden. Im Gegenteil: Im zweiten und dritten Teil des Buches werden viele praxisrelevante Methoden zur Sprache kommen und vorgestellt – natürlich im Sinne unseres Hauptinteresses immer in Verbindung mit den systemischen Grundhaltungen, die wirksam werden. Ich bin nur der Meinung, dass das Anwenden von Tools auf einer klaren und fundierten inneren Ausrichtung des systemischen Beraters basieren sollte. Er sollte wissen, warum er eine Technik einsetzt. Er sollte verstehen, welche Dynamiken er auslösen kann. Er sollte eine Ahnung haben von komplexen Zusammenhängen und ein Gefühl für das Ganze. Er sollte ein klares Verständnis für systemische Zusammenhänge und ein klares Interventionsverständnis haben.

Unser professionelles systemisches Tun als Kunst zu betrachten bedeutet zu fragen: Was wirkt »hinter« den Techniken? Was kommt da zum Tragen, zur Entfaltung? Es ist nicht einfach, diese Fragen zu beantworten. Es wäre auch nicht einfach, die Frage zu beantworten, was bei einem künstlerischen Steinmetz dazu führt, dass er aus einem rohen Stein eine grazile Figur herausarbeitet – oder sollte man sagen »zaubert«? Vermutlich würde man antworten, dass er einfach die Steinmetz-Technik perfekt beherrscht. Doch reicht das, um das aus einem rohen Stein entstehende Gesamtkunstwerk zu erklären? Wohl kaum.

Also machen wir uns auf den Weg und versuchen zu beschreiben, was wir als Systemiker tun – jenseits von Technik und Methode. Unsere Ausgangsfrage lautet: Wie lässt sich unter der beschriebenen Kunst-Prämisse des Beratungshandelns professionelles systemisches Agieren beschreiben?

Im Folgenden werden drei Zugänge vorgeschlagen, durch welche man gleichsam jeweils unterschiedliche künstlerische Facetten des beraterischen Tuns erkennen kann. Aus dem hypnosystemischen Blickwinkel erkennen wir den Berater als Fokussierer von Aufmerksamkeit (1), die narrativ-systemische Sichtweise erschließt uns den Kreateur von Geschichten (2) und aus konstruktivistisch-systemischer Sicht wird der Gestalter von Kontexten erkennbar (3) (siehe Abbildung 6).

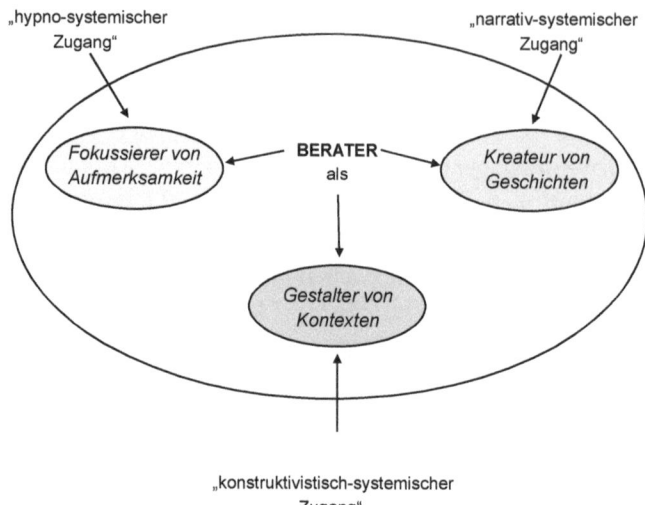

Abbildung 6: Drei Zugänge zur Betrachtung der »Kunstform systemische Beratung«

1 Der Berater als Fokussierer von Aufmerksamkeit

Die erste Perspektive zeigt uns den systemischen Prozessberater als Fokussierer der Klientenaufmerksamkeit, was im Folgenden ausgeführt wird.

Während wir miteinander kommunizieren, fokussieren wir unsere Aufmerksamkeit auf die Kommunikation und damit auf deren Inhalte und die dazugehörige Beziehung. Hierbei ist interessant, dass sich Bewusstseinsmuster bilden. Diese sind dadurch gekennzeichnet, dass sich im Zuge des Denkens an eine bestimmte Sache parallel entsprechende Gefühle, Wahrnehmungen, Körperhaltungen etc. zeigen, so dass der Mensch, der sich beispielsweise wieder an den bereits lange zurückliegenden Tod eines ihm nahestehenden Menschen denkt, auch in diesem Bewusstseinsmuster fühlt, wahrnimmt, seine Körperhaltung ausrichtet und so weiter. So wird in diesem Moment zum Beispiel »der Trauernde« aktiviert – mit all seinen Facetten.

Durch eine andere Bewusstseinsausrichtung ist es nun möglich, mehr oder weniger im nächsten Moment »den sich Freuenden« oder einen anderen inneren Anteil zu aktivieren, wenn die Aufmerksamkeit des Bewusstseins in diese Richtung geht. Dieses Phänomen kann man gut bei kleineren Kindern beobachten, die auf der einen Seite aus Leibeskräften weinen und Schmerz ausdrücken können, wenn sie gestürzt sind. Die nahende Mutter, die das Kind auf den Arm nimmt und tröstet, wird nach kurzer Zeit die Aufmerksamkeit ablenken (das

Plüschtier wird aktiviert und spricht mit dem Kleinen): Der Schmerz ist vergessen und die Freude am Spiel wiederhergestellt. Diese Bewusstseinsausrichtungen mit ihren Entsprechungen auch im emotionalen und körperlichen Bereich können wir Hypnose nennen. Diese wird durch Kommunikation erreicht, wie wir am Beispiel der Mutter mit dem Plüschtier erkennen können. Sie stellt ein Kommunikationsangebot an ihr Kind in den Raum, wobei mit diesem Kommunikationsangebot eine bestimmte Aufmerksamkeitsfokussierung verbunden ist.

Ähnliches passiert im Austausch zwischen Berater und Klient: Durch unsere Fragen bieten wir Kommunikationsangebote mit einer bestimmten Aufmerksamkeitsfokussierung an, wobei der Klient seinerseits natürlich auch durch die Schilderung seines Leids, seines Anliegens und seiner Wirklichkeitssicht den Berater hypnotisiert. Insofern findet in jeder Kommunikation (und in der Kommunikation zwischen Berater und Klient zumal) »hypnotische Kommunikation« (Schmidt, 2004) statt.

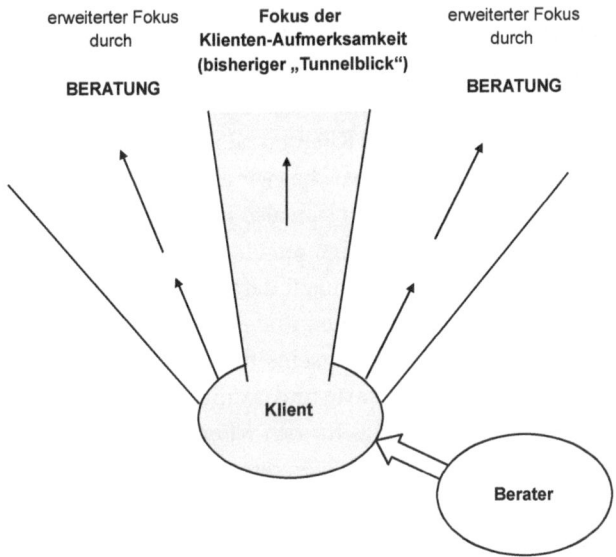

Abbildung 7: Die Veränderung und Erweiterung von Klientenaufmerksamkeit

Der Berater klopft gleichsam dem Klienten von hinten auf die Schulter und lädt dazu ein, seine bisherige Fixierung der Aufmerksamkeit zu verlassen und immer wieder den Fokus zu verändern und zu erweitern (siehe Abbildung 7).

Unser Erleben der Welt ist an die skizzierten Muster der Aufmerksamkeitsfokussierung bzw. Bewusstseinsfokussierung gebunden. Wir leben in der Welt, die wir gerade wahrnehmen, auf die wir im Moment unsere Aufmerksamkeit lenken. So befinden wir uns gewissermaßen in einer anderen Welt, wenn wir nicht mehr an den Verstorbenen, sondern an unseren letzten großen beruflichen Erfolg oder an ein schönes und freudiges Ereignis in der Familie oder Partnerschaft denken. Wir wechseln permanent unsere Aufmerksamkeitsmuster, ohne dies bewusst zu steuern. Insofern gehen wir immer wieder in neue Trancen hinein, wechseln sie und werden so zu einer multiplen Persönlichkeit. Denn mit jedem Bewusstseinszustand (mit jeder Trance) ist gleichsam ein anderer Persönlichkeitsanteil des Individuums aktiv (beispielsweise »der Ängstliche« versus »der Mutige«). Es wird deutlich, dass ich in dieser Beschreibung auf einen erweiterten Trancebegriff zurückgreife, wie er in der modernen Hypnotherapie verwendet wird: Trance als Aufmerksamkeitsfokussierung, die durch sprachliche Intervention erzielt wird. Mit Trance ist also nicht gemeint, den Klienten in eine »ausgelieferte« Hypnose zu versetzen. Trance findet vielmehr permanent in der Beratungskommunikation statt, indem durch das Gesagte Aufmerksamkeit auf Bestimmtes gelenkt wird.

Wir können davon ausgehen, dass Klienten, die zu uns in Beratung kommen, ihre Aufmerksamkeit überwiegend auf Problemlagen und Symptome fokussieren. Das erste Zusammentreffen findet also zunächst unter einem problemfokussierten Bewusstseinsmuster des Klienten (»Problem führt zu professioneller Hilfe führt zur Lösung«) statt, auf welches wir als systemische Berater einzugehen haben. Der Betreffende befindet sich also in einer »Problemtrance«: Seine Aufmerksamkeit und sein Erleben sind auf ein Problem (oder mehrere) ausgerichtet. Je mehr er seine Aufmerksamkeit darauf fokussiert, desto detaillierter wird er das Problem auch wahrnehmen und empfinden können, was leicht zu einer Steigerung des Problembewusstseins führen kann. Betrachtet man das Problem als notwendige Eintrittskarte und damit als Zugangsberechtigung für eine gewünschte Beratung, kann es für den Klienten unter dem Aspekt, Beratung in Anspruch nehmen zu wollen, geradezu sinnvoll sein, die Aufmerksamkeit auf Probleme zu fokussieren.

Beginnt sich das Gespräch zwischen Ratsuchendem und systemischem Prozessberater zu entfalten, so wird der Betreffende eine Vielzahl von Kommunikationsbeiträgen anbieten, welche mit seiner Problemtrance verbunden sind. Somit wird der Beratende – wenn er nicht aufpasst und bewusst gegensteuert – in diese Problemtrance hineingezogen. Dies kann so perfekt funktionieren, dass am Ende der Sitzung zwar völlige Übereinstimmung und das Gefühl von viel Verständnis vorhanden sind, sich beim Berater jedoch totale Ratlosigkeit breitmacht. Der Klient hat ihn gleichsam perfekt von seiner Sichtweise und seinem Bewusstseinszustand überzeugen können. Ähnliche Prozesse finden in sozialen Situationen eigentlich immer statt:

»In Interaktion ›hypnotisieren‹ (durch entsprechende Aufmerksamkeitsfokussierung) wir uns ständig (und oft ungewollt) gegenseitig in einer bewusst nicht wahrnehmbaren, aber höchst wirksamen Weise. Die dabei entstehenden Muster können nach einiger Zeit wie automatisiert ganz unwillkürlich abgerufen werden. Ich nenne das ›systemische Regeltrance‹ ... Dazu tragen nicht nur kognitive Prozesse, sondern auch die Art der Körperkoordination, der Atmung, des Muskeltonus und multiple andere unbewusste Prozesse bei, die bis zur Produktion fast identischer Erlebnisprozesse bei allen Beteiligten führen können. In therapeutischer Interaktion geschieht dies selbstverständlich auch« (Schmidt, 2004, S. 187 f.).

Der Berater als Aufmerksamkeitsfokussierer nutzt eben diese Chance zur Hypnose des Gegenübers, die in jeder Kommunikation liegt, professionell. Durch entsprechende Fragen bietet er ausgewählte Aufmerksamkeitsfokussierungen an, sodass der Betroffene im Gespräch die Möglichkeit erhält, neue oder andere Aufmerksamkeiten und Bewusstseinszustände einzunehmen und somit »ein anderer« zu werden. Dies erweitert den Horizont und ermöglicht mehr Wahlmöglichkeiten zwischen Perspektiven (und damit einhergehend auch zwischen unterschiedlichen Denkmustern, Gefühlen, Motivationslagen, Verhalten und so weiter).

Der systemische Berater tut in diesem Sinne eigentlich nichts anderes, als über sprachliche und nonverbale Angebote die Aufmerksamkeitsprozesse des Klienten in neuer und verstörender Weise anzuregen. Arbeite ich mit dieser Haltung der Aufmerksamkeitsfokussierung, so mache ich mir als Berater bewusst, wie stark ich durch meine Fragen die Themen setze: Die Aufmerksamkeit des Adressatensystems kann ich lenken. Ich steuere und versetze in Trance und sorge damit dafür, dass bestimmte Themen durchgearbeitet werden, indem sie vom Klientensystem mit Aufmerksamkeit und neuer Energie versorgt werden. Meine Kunst ist die Aufmerksamkeitsfokussierung.

2 Der Berater als Kreateur von Geschichten

Nun verlassen wir die hypnosystemische Sichtweise, die uns den systemischen Berater als Veränderer und Fokussierer der Klientenaufmerksamkeit erklärt und gezeigt hat. Im Rahmen unserer Betrachtung dessen, was unsere Profession als Kunstform ausmacht, wechseln wir die Perspektive: Nun wird durch den narrativ-systemischen Blick deutlich, dass wir als Berater gemeinsam mit dem Klientensystem erzählte Geschichten ergänzen, verändern oder neu kreieren.

Der Beratungsprozess ist in sehr starkem Maße von Sprache und damit von sprachlicher Interaktion geprägt. Es finden Sprachspiele statt, innerhalb derer (neue) Geschichten erzählt werden. Der Klient sucht den Berater auf und bietet ihm zunächst seine Geschichte an, indem er in der Exploration dazu gebeten wird. Insofern ist der Berater ein aufmerksamer Hörer von Geschichten. Die Expertise des Beratenden umfasst das Hören, aber vor allem auch die Unterstützung des Klienten beim Erfinden und Erzählen neuer Geschichten (Kaimer, 1999). Diese beraterische Unterstützung vollzieht sich im Wesentlichen durch die Art und Weise des Fragenstellens. Fragen erfordern Antworten. Die Antworten des Klienten auf die Beraterfragen werden seine (bisher erzählte) Geschichte erweitern und damit verändern. Diese Sichtweise von Beratung entspricht einem narrativen und hermeneutischen Zugang (vgl. hierzu und im Folgenden Anderson u. Goolishian, 1992).

Menschliche Systeme können als sprachliche Systeme betrachtet werden, sodass jegliche Kommunikation zwischen Menschen als sprachliches Ereignis aufgefasst werden kann. Aus dieser Sicht heraus steht auch die nonverbale Kommunikation mit Sprache in Verbindung, da jegliches (kommunikatives) Verhalten eines Menschen kognitiv und damit im Zusammenhang mit seinen internen sprachlichen Strukturen erzeugt wird. Alles, was für uns Menschen Bedeutung hat, steht mit Sprache in Verbindung. Sie ist zentrales Element sowohl der Kommunikation mit anderen als auch unserer Psyche.

Sprache hat also eine Doppelfunktion: Zum einen dient sie uns Menschen als Kommunikationsmittel, um gezielt und konkret in Kontakt treten und sich austauschen zu können. Zum anderen stellt sie ein Repräsentationssystem dar, welches jedem Individuum ermöglicht, seine Erfahrungen intern zu speichern und kognitiv zu organisieren, um sie dann auch sprachlich anderen Menschen mitteilen zu können.

Für beide Funktionen stellt die Sprache ein geniales und präzises Werkzeug dar. Beginnen wir mit der kommunikativen Funktion: Sprache ermöglicht Kommunikation gleichsam auf der Metaebene. Was ist damit gemeint? Maturana (1994) spricht davon, dass Sprache Verhalten koordiniert, ja sogar »koordinierte Verhaltenskoordination« ermöglicht. Mit der evolutionären Entwicklung des Sprachsystems konnte der Mensch das gegenseitige Verhalten besser aufeinander abstimmen, als dies in der vorsprachlichen Zeit möglich gewesen war. Sprachliche Kommunikation ermöglicht eine Abstimmung nicht nur im Hier-und-Jetzt, sondern auch auf die Vergangenheit und Zukunft bezogen. Vor allem wird durch Sprache ermöglicht, detaillierter und auf einer höheren Ebene Koordination zwischen Menschen herzustellen. Durch diese Metaebene der Kommunikation wird durch Sprache eine eigene Welt erschaffen. Der Mensch ist so stark von Sprache und damit von Geschichten umgeben, dass er es gar nicht merkt – wie der Fisch im Wasser das Wasser nicht wahrnimmt. Wir bewegen uns in Sprache, in sprachlichen Geschichten und in einem sprachlich-kommunikativen Raum. Diese sprachliche Welt wirkt zurück auf unsere Gefühle, auf unsere Denkweisen und auf unser Tun. Insofern besteht eine enge Verknüpfung zwischen dem »In-Sprache-Sein« und dem Verhalten des Individuums.

Damit sind wir bereits bei der zweiten Funktion der Sprache: Sie dient dem Individuum als Repräsentationssystem. Die unmittelbare Erfahrung des Menschen, wie sie über seine Sinne aufgenommen wird und damit verbunden mit seinen körperlichen und emotionalen Empfindungen einhergeht, ist zunächst nichtsprachlich. Wenn die Psyche nun diese nichtsprachliche Natur der eigenen Erfahrungswelt ordnen und ihr Sinn geben will, ist die kognitive sprachliche Struktur des Gehirns eine wesentliche Hilfe. Sie stellt gleichsam ein sprachliches Abbildungssystem und ein Speichersystem für nichtsprachliche Ereignisse dar. Nun wird jedoch unsere Wahrnehmung der Welt bereits durch unsere (sprachlichen) Vorannahmen und Wirklichkeitskonstruktionen geprägt, sodass das sprachliche Repräsentationssystem auch weitere Erfahrungen steuert und prägt. Wir haben es also mit einer Wechselwirkung zwischen Sprache als Repräsentation von Erfahrung auf der einen Seite und Erfahrung als durch die sprachliche Repräsentation geprägte Sinneswahrnehmung des Menschen auf der anderen Seite zu tun (siehe Abbildung 8).

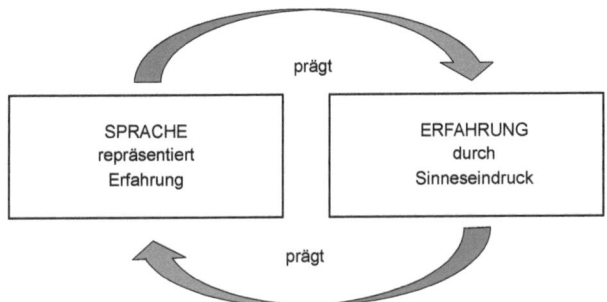

Abbildung 8: Interdependenz von innerpsychischer sprachlicher Repräsentation und Erfahrung der Lebenswelt

Was bedeutet dies für unsere Arbeit? Beratung stellt ein sprachliches Ereignis dar, das sich im Umfeld um ein »Problem« etabliert. Dieses Problem zeigt sich insbesondere sprachlich: Die Klienten haben im Vorfeld der Beratung ein (sprachliches) System entstehen lassen oder wurden Teil davon. Innerhalb dieses Systems erhält die sprachliche Organisation ein Problem aufrecht. Insofern stellen Probleme Handlungen dar, die vom Klienten sprachlich so zum Ausdruck gebracht werden, dass sie seine Handlungsmöglichkeiten einschränken.

Der Betreffende hat also eine spezifische Verknüpfung zwischen bestimmten Handlungen und seiner Sprache hergestellt, deren Ergebnis ist: Er hat ein Problem – Er sieht ein Problem – Er konstruiert ein Problem. Oder eben aus hermeneutischer Sicht: Er spricht über ein Problem.

Damit wird auch die intern repräsentierte problematische Erfahrung der Welt offenbar, welche ja die weiteren Erfahrungsoptionen des Klienten »problemorientiert einfärbt«. Unser Ziel als Berater ist es nun, den Teufelskreis »problematische Erfahrung« führt zu »problematischer sprachlicher Repräsentation« führt zu weiterer »problematischer Erfahrung« und so weiter zu durchbrechen. Wir wollen verhindern, dass die sprachliche Repräsentation des Klienten, problemgefärbt, wie sie nun einmal ist, dafür sorgt, dass die Lebenswelt vom Klienten weiterhin als problemgefärbt wahrgenommen wird. Hier bietet sich systemische Beratung als Sprachkunst an: Im Beratungssetting werden die internen sprachlichen Repräsentationen des Klienten durch das Aussprechen »nach außen gestülpt« und durch Ko-Kreation (Klient und Berater gemeinsam) verändert.

Wenn sprachliche Strukturen geschaffen werden können (sprachliche Spiele gespielt werden können, Geschichten erzeugt werden können), welche dem Problem nicht mehr diese Aufmerksamkeit zuteilwerden lassen, kommt der Klient einer Lösung näher. Es geht also darum, die erzählerische Identität des Klienten durch gemeinsame sprachliche Kreationen von Berater und Betroffenen zu erweitern und zu verändern. Angestrebt wird eine dialogische Kreation neuer Erzählungen im Beratungsprozess. Dadurch wird der Klient in die Lage versetzt, neue Möglichkeiten für kompetentes Handeln zu entwickeln.

Arbeite ich als Berater mit der Haltung der Geschichtenkreation, ziele ich nicht vorwiegend auf verändertes Verhalten ab, sondern zunächst auf die Schaffung eines erweiterten sprachlichen Raumes. Innerhalb dieses Raumes wird es für meinen Klienten möglich, die Geschichte über sich selbst und über seine ihm wichtigen Lebenszusammenhänge neu bzw. erweitert zu erzählen. Diese seine neue Erzählung wird positive Auswirkungen auf sein Leben haben, weil es eine enge Verknüpfung zwischen Sprache, Psyche und Verhalten gibt. Die Auflösung des Problems findet gleichsam in der Sprache statt und setzt sich dann auf anderen Ebenen fort.

Um gemeinsam mit dem oder den Klienten nützliche Geschichten kreieren zu können, wird der Kreateur von Geschichten zunächst einen Rahmen für (sprachliche) Begegnung herstellen und die Geschichten des/der Klienten ans Licht bringen (dies sind in der Regel Geschichten über Probleme oder Leid), um sie im Beratungssetting gleichsam in Szene setzen zu können. Durch seine sprachlichen Beiträge (überwiegend Fragen) wird der Berater nun auf dieser Basis alternative Geschichten fördern und gemeinsam mit den Betreffenden entwickeln.

So enthält die Schilderung einer Lebenssituation immer bestimmte Deutungen des Klienten, die verändert werden können. Der Berater schließt beispielsweise an sein Zuhören an und fragt: »Könnten Sie die Situation vielleicht auch so sehen …?«, um dann die Geschichte des Klienten mit denselben Ereignissen, jedoch anders konstruierten Zusammenhängen neu zu präsentieren. Eine Geschichte, die also unter Problemgesichtspunkten dargestellt wurde, wird nun unter Lösungs- und Ressourcengesichtspunkten neu erzählt. Damit wird ein neues Deutungsangebot gemacht. Andere konkrete Anknüpfungsmöglichkeiten wären (Hammel, 2015, S. 272 f.):

- »Angenommen, jemand würde die Situation so sehen …, welchen Unterschied würde das machen?«
- »Wie würde Ihr Mann die Situation sehen …, und welcher Unterschied besteht zu Ihrer Sichtweise?« (zirkuläre Frage unter Einbezug einer wichtigen Bezugsperson)
- »Ich habe einen Kollegen, der, wenn er diese Geschichte hören würde, sagen würde …« (als elegante Form, eventuell weniger Widerstand und mehr positive Auseinandersetzung beim Adressaten zu erwirken)

Die in der Beratung entwickelten Geschichten müssen sich dann gleichsam im Alltag des Klienten bewähren, weshalb der systemische Berater auf die Wechselwirkung zwischen den »Geschichtenkreationssitzungen« und der Alltagswirklichkeit des Betreffenden achtet und offen für die Weiterentwicklung der Geschichten durch den Klienten in dessen Wirklichkeit ist (Kaimer, 2003).

Neben dem hier dargestellten gemeinsamen Kreieren (neuer) Geschichten stellt es auch eine beraterische Fähigkeit dar, an passender Stelle eine Geschichte zu erzählen oder eine Metapher für die Situation des Klienten einzuführen. Denn »Erzählungen geben der Beratung […] eine Leichtigkeit, die in kognitiv orientierten Gesprächen oft fehlt. Die Lösung wird dem Unbewussten überlassen, dessen Suchmöglichkeiten reicher sind als die des rationalen Denkens« (Hammel, 2015, S. 14).

Es wird deutlich, dass sich das hermeneutisch-narrative Verständnis von Beratung gut versteht mit der Sichtweise der lösungsorientierten Beratung, innerhalb derer ja versucht wird, nicht mehr Aufmerksamkeit auf das Problem zu richten als nötig. Der lösungsorientierte Berater gestaltet den Prozess so, dass die Aufmerksamkeit auf Lösungen und Ausnahmen vom Problem fokussiert wird, dass Lösungsgeschichten und weniger Problemgeschichten erzählt werden (vgl. Kapitel IX, 3). Ferner hängt das hier dargelegte Verständnis des Beraters als Kreateur von Geschichten auch mit der systemisch-konstruktivistischen Sichtweise von Beratungsprozessen eng zusammen (der Berater als Kontextkünstler), welcher wir uns im Folgenden näher widmen wollen.

3 Der Berater als Gestalter von Kontexten

In unserer Beschreibung der systemischen Beratung als Kunstform verändern wir erneut unseren Zugang. Unser dritter Blickwinkel (der konstruktivistisch-systemische) zeigt uns den Berater als Gestalter von Kontexten.

Aus systemischer Sicht stellt der Versuch, beraterisch beeinflussen, also intervenieren zu wollen, eine Paradoxie dar: Man wirkt auf Menschen ein, die sich eigentlich nur selbst verändern können. Als selbstorganisierte Systeme können unsere Klienten die eigenen psychischen Strukturen selbst herstellen und aufgrund dieser selbst hergestellten Strukturen wiederum die Umwelt wahrnehmen. Insofern weisen Menschen, die beraten werden wollen, eine besondere Eigenschaft auf: Sie sind beratungsresistent insofern, als sie sich nur selbst ändern können. Jede Veränderung eines Systems stellt Selbstveränderung dar. Andererseits sind selbstorganisierte Systeme auf den Kontakt und den Einfluss der Umwelt angewiesen, ja sie gehen auf Umweltimpulse und -veränderungen ein. Sie verarbeiten jedoch Umwelt gemäß ihren eigenen Strukturen. Für Beratungsklienten bedeutet dies, dass sie die Impulse des Beraters gemäß ihrer Weltsicht, ihrer Wirklichkeitskonstruktionen, ihrer Bedeutungszuschreibungen und Werte aufnehmen und verarbeiten.

Als Berater haben wir keine direkte Einflussmöglichkeit, weil wir die inneren Strukturen des Ratsuchenden nicht verändern können. Wir können jedoch durch das Schaffen möglichst wirksamer und hilfreicher äußerer Anregungsbedingungen dafür sorgen, dass der Betreffende die Möglichkeit erhält, sich weiterzuentwickeln. Beratung stellt eine Kunst der Kontextgestaltung dar, weil wir aus der Sicht des Klienten von außen (Kontext) versuchen, die eigenen inneren Strukturen zu verändern, die der Betreffende nur selbst verändern kann. Andererseits hängen die Möglichkeiten der Selbstveränderung des Klienten mit den Umweltbedingungen und damit mit unseren beraterischen Kommunikationsbeiträgen zusammen.

Der systemische Berater ist also auf die Gestaltung des Kontextes verwiesen, weil er in selbstorganisierte (Klienten-)Systeme keinen direkten Einfluss ausüben kann.

Die Umweltwahrnehmung eines (Klienten-)Systems ist streng genommen immer Selbstwahrnehmung, da das Umfeld nur aufgrund der internen Strukturen wahrgenommen und verarbeitet werden kann. Informationen aufzunehmen und nutzbar zu machen stellt also eine interne Leistung der Einheit dar. Damit basiert die moderne Systemtheorie auf dem Informationsbegriff von Bateson (1995, S. 123): »Informationen bestehen aus Unterschieden, die einen Unterschied machen«.

Über diesen für Systemiker berühmten Satz kommen wir zu einem klaren Interventionsverständnis des systemischen Künstlers: Er fragt sich in seiner Arbeit immer wieder, welche Informationen er als Berater geben muss. Er ist permanent damit (künstlerisch) beschäftigt, sich zu fragen, welche Unterschiede er »setzen« kann oder soll. Ob diese Unterschiede (ausgewählte Informationen, die der Künstler von außen gibt) auch für das Adressatensystem »einen Unterschied machen«, steht auf einem anderen Blatt. Wenn dies allerdings geschieht, wirkt die Information/Intervention des Künstlers.

»Eine Information kommt immer dann zustande, wenn ein selektives Ereignis (externer oder interner Art) im System selektiv wirken, das heißt Systemzustände auswählen kann« (Luhmann, 1994, S. 68).

Diese Sichtweise von Information bzw. Intervention hat nichts mit dem »Nachrichtenmodell« zu tun, nach welchem man sich Information als von einem Sender zu einem Empfänger übertragbar vorstellt. Vielmehr betrachtet man den Klienten als eigenständiges hochkomplexes System und interessiert sich eben für diese komplizierte innere Struktur. Man interessiert sich dafür und nimmt diese interne Komplexität ernst, obwohl man sie von außen als Berater nicht betrachten kann. Was einem bleibt, ist, über Äußeres auf das Innere des Klienten zu schließen. Das Äußere ist hier vorwiegend die Sprache, aber auch andere Repräsentationen wie beispielsweise Körperhaltung und -ausdruck spielen natürlich eine Rolle. Ebenso können Bilder, Aufstellungen oder in der Sitzung kreierte Symbole oder Metaphern für die Beratungsarbeit genutzt werden.

Arbeiten wir mit der Haltung der Kontextgestaltung, dann betrachten wir unsere Adressaten als autonome Wesen, die ihre eigene Art aufweisen, Umwelteinflüsse (und damit auch Beratungsinterventionen) intern zu repräsentieren und dementsprechend auf diese Repräsentationen zu reagieren. Der Adressat entscheidet, was für ihn »einen Unterschied macht« und was nicht. Gleichzeitig ist uns bewusst, dass die Klienten als selbstorganisierte Systeme kontextabhängig sind, und genau darin liegt unsere Chance als Berater, wirksame Impulse für die Betreffenden im Beratungssetting geben zu können. Das Klientensystem wird mit anregungsreichen und die bisherigen Sicht- und Erlebensweisen potenziell erweiternden Kontexten angeregt.

Der Kontextgestalter sieht seine Interventionen als »Versuchsballons«. Diese Metapher, von einem meiner familientherapeutischen Lehrer geprägt, macht den kreativen Versuchscharakter des Intervenierens deutlich: Man lässt gleichsam unterschiedliche »Versuchsballons« steigen und beobachtet, ob – und wenn ja, wie – das Klientensystem darauf reagiert. Lässt es sich »verstören«? Welcher »Versuchsballon« hat Relevanz für mein Adressatensystem? Der Berater versucht also am Feedback zu bemerken, ob und inwiefern die vorangegangene Intervention für den oder die Betreffenden unwichtig oder wichtig ist.

Der systemische Berater arbeitet hypothesengestützt, er macht sich also so seine Gedanken über den Klienten, seine Themen und mögliche Interventionen. Gleichzeitig weiß er, dass die beste Theorie, die beste Hypothese unter Umständen nichts hilft, denn »die Wahrheit liegt auf dem Platz«. Damit ist gemeint, dass sich ein Fußballtrainer noch so viele Gedanken über die Aufstellung und Taktik seiner Mannschaft machen kann, letztendlich entscheidet sich im konkreten Spiel gegen diesen einen Gegner auf diesem spezifischen Fußballplatz, ob diese Taktik aufgeht … Oder, um es aus der Fußballersprache in die systemische Sprache zu überführen: Das Klientensystem in seiner Eigenlogik entscheidet, was Bedeutung hat und was nicht – daran hat sich der Berater immer wieder aufs Neue in seiner Gestaltung des Kontextes für das Kundensystem auszurichten.

4 Zusammenfassung: Systemische Beratung als Kunstform

Systemische Kunst bedeutet, …

a) … das Gerichtetsein von Klientenaufmerksamkeiten verändern (und erweitern) zu können.
Aufmerksamkeit, die im Beratungsprozess zunehmend aus einer Problemtrance herausgelöst und in Richtung einer Lösungstrance genutzt werden kann.

b) … Geschichten verändern (und erweitern) zu können.
Geschichten, die für Klienten wahr sind, weil sie sie für wahr halten, indem sie in ihnen leben und durch sie und ihre Beschränktheit (Problemgeschichten) bzw. durch sie und ihre ermöglichende Offenheit (Lösungsgeschichten) Lebenswelt wahr-nehmen und intern repräsentieren.

c) … durch anregungsreiche Kontexte Entwicklungen anzuregen (und zu fördern).
Kontexte, die dem Klientensystem als Versuchsballons im Rahmen der professionellen Prozessgestaltung zur Verfügung gestellt werden, ohne dass der Künstler vorher definitiv weiß, welche Impulse für das selbstorganisierte Klientensystem die passenden und anregungsreichen sein werden.

Übung zur Selbstreflexion

- Wie stehe ich dazu, mein beraterisches Tun als Kunst zu betrachten?
- Was würde es für mich für einen Unterschied machen, dies zu tun?
- Welcher Zugang zur Beschreibung meiner künstlerischen Beratungstätigkeit liegt mir persönlich am nächsten? Sehe ich mich vorwiegend als ...
  ... Fokussierer von Aufmerksamkeit?
  ... Kreateur von Geschichten?
  ... Gestalter von Kontexten?
- Wenn ich mich auf diese Art als Berater betrachte: Worin liegen meine Stärken?
- Welcher der drei Zugänge zur Beschreibung meiner künstlerischen Beratungstätigkeit liegt mir bislang fern?
- Bei einer inneren Annäherung zu diesem mir bislang fern liegenden Kunstverständnis: Welche zusätzlichen Potenziale könnte ich entfalten?

V Sehe ich die Brille, durch die ich sehe?
Von der Kunst des Beobachtens

Nach unseren Ausführungen zur systemischen Kunst widmen wir uns in diesem Kapitel der Kunst des Beobachtens.

1 Laien und Experten

Was Experten von Laien unterscheidet, liegt auch und gerade in der Kunst der genauen Beobachtung. Ein Experte hat einen Lern- und Qualifizierungsprozess durchlaufen, in dem seine Fähigkeit, zu beobachten, geschult und entwickelt wurde. Wir kennen das aus der Freizeit ebenso wie aus beruflichen Erfahrungen: Sie fangen erstmals an, sich intensiver mit Fahrrädern zu beschäftigen, und stellen fest, dass es Cityräder, Trekkingräder, Mountainbikes, Reiseräder und Rennräder gibt. Eine weitere intensive Einarbeitung eröffnet uns über diese Unterscheidungen nach dem Fahrradrahmen auch einen Zugang zu einer Unterscheidung nach der hauptsächlichen Nutzungsart: Alltagsräder, Fahrräder für den sportlichen Gebrauch, Militärfahrräder (!) und »sonstige Fahrradtypen«. Die Fahrräder für den sportlichen Gebrauch lassen sich wiederum unterteilen in Rennräder, Zeitfahrmaschinen, Bahnräder, Triathlonräder, Mountainbikes, Kunsträder und so weiter.

Oder Sie arbeiten sich als Coach und Organisationsberater neu in das Fachgebiet des strategischen Managements ein. Sie starten mit der laienhaften Annahme, dass es gleichsam »ein« strategisches Management gibt. Sie sichten Fachliteratur und stellen schon bald fest, dass der Fachmann unterschiedliche Definitionen von »Strategie« unterscheidet und vor allem: dass es eben nicht nur *einen* Zugang zum Thema gibt, sondern dass man von unterschiedlichen Schulen der strategischen Planung spricht, innerhalb derer Strategieentwicklung von Managern und Organisationen stattfinden kann. Entsprechend einer spezifischen Sichtweise von Strategie und Strategieentwicklung kann also der Experte wie in Tabelle 3 notiert unterscheiden (Mintzberg, 2007).

Tabelle 3: Strategien und entsprechende Schulen des strategischen Managements

Strategieentwicklung als …	Schule des strategischen Managements
… konzeptioneller Prozess	Designschule
… formaler Prozess	Planungsschule
… analytischer Prozess	Positionierungsschule
… visionärer Prozess	Unternehmerschule
… mentaler Prozess	Kognitive Schule
… sich herausbildender Prozess	Lernschule
… Verhandlungsprozess	Machtschule
… kollektiver Prozess	Kulturschule
… reaktiver Prozess	Umweltschule
… Transformationsprozess	Konfigurationsschule

Der Laienstatus ist durch eine äußerst grobe Differenzierung gekennzeichnet: Man unterscheidet zwischen »Fahrrad« und »Nicht-Fahrrad«, zwischen »strategischem Management« und »nichtstrategischem Management«. Diese Grobunterscheidung reicht völlig aus, die Welt des Nicht-Fahrradfahrens ist von der Welt des Fahrradfahrens getrennt, und Letztere ist nicht weiter untersucht worden. Ebenso verhält es sich in beruflichen Bereichen: Der Novize kann lediglich das Thema Strategieentwicklung/strategisches Management benennen, ohne weitere Ausdifferenzierung. Erst in der tieferen Auseinandersetzung mit dem Thema erkennt man, dass es unterschiedliche Auffassungen und Wege gibt, wie unternehmerische Strategien entwickelt und umgesetzt werden können. Man macht Bekanntschaft mit den unterschiedlichen Schulen des strategischen Managements und erarbeitet sich für weitere Beratungsaufträge ein ausdifferenzierteres Know-how, als man es bislang zur Verfügung hatte.

Auf dem Weg zum Experten wird in der Beschäftigung mit einem Fachgebiet die Fähigkeit, zu differenzieren, immer größer. Man kommt von anfänglichen Grobunterscheidungen immer mehr in feinere Unterunterscheidungen hinein und entwickelt »kognitive Landkarten« von Unterscheidungen (siehe Tabelle 4).

Tabelle 4: Unterscheidungen von Laien und Experten im Vergleich

Fachgebiet	Unterscheidungen des Laien	Unterscheidungen des Experten
Fahrräder	Fahrrad/Nicht-Fahrrad	*Unterscheidungen nach Rahmen:* Cityrad, Trekkingrad, Mountainbike ... *Unterscheidungen nach Benutzungsart:* Alltagsrad, Sportrad ...
strategisches Management	strategisches Management/ nichtstrategisches Management	Designschule, Planungsschule, Positionierungsschule, Unternehmerschule, Kognitive Schule, Lernschule ...

Der Weg zur Expertise lässt sich als das immer weitere Hinzulernen von Unterscheidungen bzw. Unterscheidungsmöglichkeiten beschreiben. Während der Laie mit Grobunterscheidungen operiert, wendet der Experte in seinem Denken weitere Unterscheidungen und weitere Unterscheidungen von Unterscheidungen an. Er sieht mehr. Ein Coach, der sich intensiver in das Feld der strategischen Planung eingearbeitet hat, kann seine Kunden und Kundenorganisationen sehr differenziert diagnostizieren: Wie läuft (bewusst oder unbewusst) der Prozess der Strategieentwicklung in diesem Unternehmen ab? Er kann ferner sehr differenziert unterschiedliche Anregungen zur Verfügung stellen, wie strategische Planung in der Organisation optimiert werden kann. Dazu kann er passend aus unterschiedlichen Schulen des strategischen Managements Anregungen und Tools zur Verfügung stellen und die Führungskräfte begleiten. Dabei zeichnet es den Berater aus, dass er nicht immer nach der gleichen Schule berät, sondern flexibel auf die Gegebenheiten der jeweiligen Organisation eingehen kann.

Der Expertenstatus ist also gekennzeichnet dadurch, dass im spezifischen Fachgebiet eine sehr differenzierte Wahrnehmung möglich ist. Der erfahrene Arzt, Fotograf oder Lehrer registriert Abweichungen, Auffälligkeiten, Unterschiede, die dem Novizen (noch) verschlossen bleiben. Den Meister eines Fachgebiets zeichnet aus, dass er die Fähigkeit besitzt, relevanten Unterschieden auf die Spur zu kommen. Im Laufe der Professionalisierung wird der Blick geschult, also die Fähigkeit perfektioniert, zu Beobachtungsmöglichkeiten zu kommen, die andere nicht sehen.

Der an der Straße stehende Laie kann beobachten, wer mit dem Fahrrad unterwegs ist und wer nicht. Der Experte hingegen kann die Fahrräder anhand unterschiedlicher Differenzierungen (und Differenzierungen von Differenzierungen) beobachten und erkennen. Unser Laienbeobachter kommt zu einer anderen (gröberen) Sicht der Fahrradwelt als unser Expertenbeobachter, der aufgrund seines Wissens und seiner Erfahrung deutlich feinere Unterscheidungen zur Verfügung hat.

Gleiches gilt für die systemische Beratung: Als erfahrene Berater nehmen wir unsere Klienten sehr viel ausdifferenzierter wahr als ein Laie. Uns fällt neben dem Inhalt des Gesagten auf, wie etwas gesagt wird. Uns fällt auf, wie wer im Team nonverbal reagiert, während ein Kollege seine Meinung kundtut. Uns stehen viele »Input-Kanäle« offen, um auf verschiedenen Kanälen wahrzunehmen.

Nicht nur die langjährige Praxiserfahrung macht den Berater zum geschulten Beobachtungsprofi seiner Klienten. Auch eine langjährige Beschäftigung mit unterschiedlichen Theorien der Beratung und der therapeutischen Beeinflussung gibt ein großes Repertoire an Beobachtungsmöglichkeiten an die Hand. Je mehr psychologische und kommunikationstheoretische »Hintergrundfolien« ich als Berater habe, umso mehr »Brillen« zur Beobachtung meiner Klienten stehen mir zur Verfügung. Ich kann mich noch gut erinnern, als ich noch vor meinem Studium ein Buch über Transaktionsanalyse (Thomas A. Harris: »Ich bin o. k. Du bist o. k.«) in die Hand bekam. Das Modell der Transaktionsanalyse mit den drei Ich-Zuständen (Eltern-Ich, Erwachsenen-Ich und Kind-Ich) war für mich die erste Kommunikationstheorie, die ich »verschlang«. Ich lief monatelang mit dieser »Transaktionsanalysebrille« herum, beobachtete die Kommunikationsbeiträge in meinem sozialen Umfeld und nahm wahr, aus welchem Ich-Zustand heraus meine Mutter mit mir sprach oder meine Freunde sich austauschten. Alles, was ich beobachtete, waren Ich-Zustände, die entweder in parallele oder gekreuzte Transaktionen gerieten ...

Ich will damit sagen: In dieser Zeit hatte ich eine neue Brille zur Wahrnehmung menschlicher Kommunikation – aber es war eben nur diese eine Brille. Weil sie so neu für mich war, war ich begeistert und ich hätte mir als 17- oder 18-Jähriger nicht vorstellen können, dass es auch andere wichtige Brillen zur Beobachtung von Kommunikation gibt. Heute ist die Transaktionsanalysebrille eine unter vielen theoretischen Zugängen, die mir automatisch in Beratungs- und Therapiesituationen zur Verfügung stehen. Ich finde es wichtig, sich als Beratungsprofi immer wieder fort- und weiterzubilden, immer wieder neue Brillen und damit Wahrnehmungsmöglichkeiten kennenzulernen. Berater, die nur nach einem Modell vorgehen, sind ideologisch verengt. Sie sehen nur durch diese eine Brille. Das Schöne am systemischen Ansatz ist, dass er in sich keinen Anspruch auf alleinige theoretische Wahrheit postuliert. Denn aus systemisch-konstruktivistischer Sicht kann es die *eine* Sichtweise, die *eine* Wahrheit nicht geben. Und der systemische Ansatz ist auch offen für andere theoretische Ansätze, für die Verbindung mit anderen Schulen. Diese Offenheit bei einer dennoch klaren theoretischen Fundierung ist seine ganz große Stärke.

Kehren wir noch einmal zu unserem Beispiel mit dem strategischen Management zurück. Ein Organisationsberater, der nicht im strategischen Management geschult ist, wird feststellen, ob und wie Strategieentwicklung im Kundenunternehmen gelebt wird. Eine grobe Beobachtung zwischen »Die machen das«/»Die machen das nicht« ist möglich. Falls im betreffenden Unternehmen Strategien vorhanden sind und Raum für Strategieentwicklung unter den Führungskräften vorgesehen ist (»Die machen das«), kann der Berater jedoch nicht weiter differenziert wahrnehmen, unter welchen Prämissen und theoretischen Bezügen Strategieentwicklung stattfindet. Will man hier eine beraterische Dienstleistung zur Unterstützung der Führungskräfte bei der Strategieentwicklung anbieten, braucht es ein Fachwissen im Bereich des strategischen Managements (ein Beispiel für den »Wissenshut« des systemischen Prozessberaters; vgl. Kapitel II). Verfügt der externe Berater darüber, kann er zum einen sehr differenziert beobachten, wie die Prozesse der Strategieentwicklung in der Firma ablaufen und was optimiert werden kann, zum anderen kann er aus einem breiten Repertoire an theoretischem und praktischem Wissen schöpfen, um gemeinsam mit dem Kunden einen (neuartigen) Strategieentwicklungsprozess zu gestalten. Er wird aus unterschiedlichen Schulen passende Bausteine für das Kundenprojekt auswählen. Damit ist die Wahrscheinlichkeit hoch, »passgenau« Hilfestellungen für den Kunden zur Verfügung stellen zu können.

2 Beobachtung beruht auf Unterscheidungen

Wenn wir von einem Tisch sprechen, so basiert dies darauf, dass wir ein Konglomerat von Atomen, welche stabil die Form eines Tisches einnehmen, von anderen Atomen, welche den ihn umgebenden Raum gestalten, unterscheiden. Von einem Tisch zu sprechen bedeutet, (unbewusst) in der Differenz »Tisch«/»Nicht-Tisch« zu denken. Da die Unterscheidung zwischen »Tisch« und den anderen ihn umgebenden Atomen (»Nicht-Tisch«) für uns im Alltag so logisch ist und »so klar auf der Hand liegt«, ist sie uns nicht mehr bewusst. Wir sprechen also von »Tisch« und merken nicht mehr, dass dem die Unterscheidung »Tisch«/»Nicht-Tisch« zugrunde liegt.

Das Beispiel mit dem Tisch mag etwas eigenartig erscheinen. Der Tisch ist materiell vorhanden und physikalisch von seiner Umwelt getrennt. Richten wir unseren Fokus auf den Bereich unserer Beratungstätigkeit, wird schnell deutlich, dass nicht klar und eindeutig eine objektive Welt »da draußen« vorgegeben ist. Welche Eigenschaften meine Klienten haben, hängt (natürlich auch, aber) nicht nur von ihnen ab, sondern vor allem von mir selbst als Berater.

Ob meine Klienten »motiviert« oder »unmotiviert« sind, ob sie »zuverlässig« oder »unzuverlässig« sind, ob sie »klar« oder »unklar« sind …, ist sehr stark eine Frage der Beobachterperspektive. Betrachtet der Berater seine Kunden durch die Brille der Motivation, wendet er für seine Beobachtung die Unterscheidung »motiviert«/»unmotiviert« an und kommt zu bestimmen Schlüssen (»Der Klient ist unmotiviert«). Wechselt er die Brille und wählt als zu beobachtendes Merkmal das Thema Zuverlässigkeit, kommt er zu anderen Schlüssen und Eigenschaftszuschreibungen (»Der Klient ist zuverlässig«).

Immer wenn wir Personen Eigenschaften zuschreiben, geschieht dies auf der Basis einer (unbewusst) gewählten Beobachterperspektive. Diese Beobachterperspektive nenne ich an dieser Stelle »Brille«: Die Brillenmetapher macht deutlich: Die Wahl der Brille entscheidet darüber, was ich sehe bzw. was ich deutlicher sehe und was nicht. Brillen können rosarot sein, sie können verdunkeln (Sonnenbrillen), sie können Aspekte aus der Ferne vergrößern (Fernglas) oder als Lesebrille nur den Fokus auf den Bereich 50 Zentimeter vor mir richten.

3 Bewusstes Beobachten ist bewusstes Unterscheiden

Ein Experte zeichnet sich dadurch aus, dass er mit bestimmten und durchaus unterschiedlichen Brillen an seine Aufgabe herangeht. Er hat eine Vielzahl von Brillen zur Verfügung, gewissermaßen ein ganzes Optikerfachgeschäft zur Verfügung. Dies ist es, was ihn vom Laien unterscheidet und es ihm ermöglicht, anhand einer in seiner Person entstandenen differenzierten (Unterscheidungs-)Struktur zu analysieren und zu handeln.

Brille steht hier nicht nur als Metapher für eine Beobachterperspektive. Die Brille mit ihren beiden Gläsern steht auch für das Machen einer Unterscheidung zwischen zwei Polen (den beiden Gläsern, durch die man schaut). In diesem Sinne ist die Brille auch eine Metapher für das Machen einer Unterscheidung; dafür also, dass aufgrund einer bestimmten, der Beobachtung zugrunde liegenden Unterscheidung geschaut wird.

Setzt ein Berater die Motivationsbrille auf, so betrachtet er die Klienten durch die beiden Brillengläser, welche die der Beobachtung zugrunde liegende Unterscheidung symbolisieren: Im Abgleich der Differenz zwischen dem einen Glas (»motiviert«) und dem anderen Glas (»unmotiviert«) entsteht eine Beschreibung

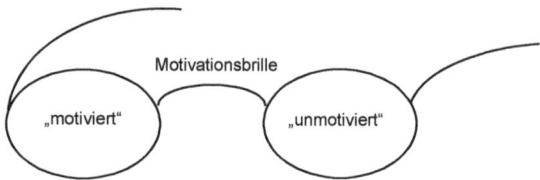

Abbildung 9: Brille als Metapher für das Machen einer Unterscheidung

seiner Kunden zum Thema Motivation (siehe Abbildung 9). Es ist nun möglich, den Personen unterschiedliche Grade von Motiviertheit oder Unmotiviertheit zuzuschreiben. Der Berater wird darauf aufbauend Hypothesen bilden und seine weiteren Interventionen planen. Setzt er dagegen eine andere Brille auf (beispielsweise die Zuverlässigkeitsbrille), kommt er zu anderen Analysen, die sein Handeln prägen (»Stimmt, ich empfinde Teammitglied A zwar als unmotiviert, aber doch sehr zuverlässig – so habe ich das bisher gar nicht gesehen«).

Im Alltag ist uns meist nicht bewusst, mit welcher Brille wir gerade unterwegs sind, aufgrund welcher Unterscheidungen wir also Analysen anfertigen. Im normalen Leben brauchen wir uns unserer Brille nicht bewusst zu sein, um klar sehen zu können. Erst das Fehlen einer Brille (Sonnenbrille bei starkem Licht, Lesebrille bei kleiner Schrift etc.) zeigt uns deutlich, dass wir ohne die Sehhilfe in derartigen Situationen nicht zu einer gewünschten und hilfreichen Beobachtung der Welt kommen können.

Einen guten systemischen Berater zeichnet es jedoch aus, dass er nicht nur (durch eine Brille) gut sehen kann, sondern dass er auch sieht, durch welche Brille er sieht. Er kann sich also beim Beobachten beobachten. Und er kann Brillen auf- und absetzen, also mit Brillen spielerisch umgehen, und in dem Bewusstsein agieren, dass die Rückschlüsse, zu denen er in Bezug auf das Adressatensystem kommt, immer brillenabhängig sind (siehe Abbildung 10).

Je nach verwendeter Brille kommt der Berater zu unterschiedlichen Beobachtungen. Sehen wir während einer Teamberatung durch die Redeanteilbrille, werden wir wahrnehmen, wie hoch die Redeanteile der unterschiedlichen Teammitglieder sind, welche Person eher zurückhaltend oder sich in den Vordergrund drängend agiert, bei wem wir als Berater eher nachfragen und zum Sprechen animieren müssen, wer eher gebremst werden sollte. Betrachten wir den Gesprächsverlauf durch die Kommunikationsqualitätsbrille, wird uns auffallen, ob insgesamt eher wertschätzend miteinander gesprochen wird oder ob eher Kommunikationsbeiträge vorherrschen, welche andere Personen oder Meinungen abwerten. Setzt der Berater die Konfliktbearbeitungsbrille auf, wird er beobachten, ob Meinungsverschiedenheiten eher offen, deutlich und konflikthaft

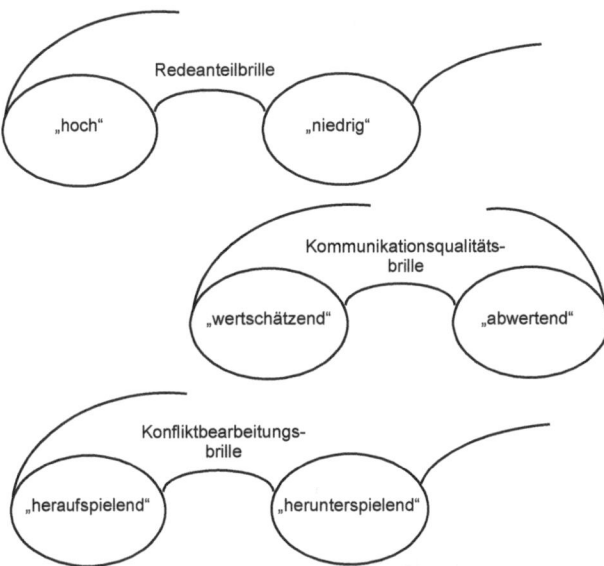

Abbildung 10: Beispiele für unterschiedliche Beraterbrillen im Setting mit mehreren Personen (z. B. Teamberatung)

ausgetauscht werden oder aber ob eher die Tendenz vorherrscht, alles als »Einheitssoße«, nach dem Motto »Wir sind uns alle einig«, abzuhandeln, sodass Konflikte und Meinungsverschiedenheiten eher heruntergespielt und verdeckt werden.

Spannend wird es, wenn es mir als Profi gelingt, mit möglichst vielen Brillen zu jonglieren, möglichst viele Beobachterperspektiven einnehmen zu können. Dazu gehört auch, dass man sich seiner Lieblingsbrillen bewusst ist und flexibel bleibt.

Es zählt also zur basalen Kompetenz eines systemischen Experten, die Brille zu sehen, durch die er sieht. Gleichzeitig hat er eine Vielzahl anderer Brillen zur Verfügung, und er kann flexibel wechseln.

4 Klientenbrillen

Neben dem bewussten Sehen der Brillen, durch die ich selbst als Berater sehe, ist es wichtig zu erkennen, durch welche Brillen meine Klienten sehen (und durch welche nicht).

So fällt beispielsweise dem Berater in einer Familientherapiesitzung auf, dass die Kommunikationsbeiträge der Eltern permanent um das Thema Schule und Noten des Kindes kreisen – andere Aspekte des kindlichen und familiären Lebensraums wie Hobbys, Freundschaften, gemeinsame Aktivitäten etc. werden nicht benannt; sogar auf Nachfragen des Beraters kommen Antworten wie: »Über Hobbys und Freizeitgestaltung brauchen wir gar nicht zu reden, solange die Noten so schlecht sind.« Hier drängt sich die Hypothese auf, dass die Lieblingsbrille der Eltern (»gute Noten« – »schlechte Noten«) und die starke Leistungsorientierung ein Teil des Problems darstellen. Während die Eltern weiterhin (nur) durch die Notenbrille beobachten und kommunizieren, verweigert sich das Kind in Bezug auf Schulleistungen immer mehr, was die Eltern bestätigt, sich über das Thema Noten Sorgen machen und noch mehr Aufmerksamkeit darauf richten zu müssen. Die Notenbrille kann aus Sicht der Eltern nicht mehr abgenommen werden.

In einer Paarberatung geht es um den Kinderwunsch der beiden Klienten, der seit Jahren unerfüllt ist. Die Sexualität leide nach Aussage des Mannes inzwischen sehr darunter. Seine Partnerin wolle seit Längerem auch nur noch Geschlechtsverkehr an ihren fruchtbaren Tagen, was für ihn eine Zurückweisung darstelle. Beide hätten sich auch bereits ärztlich untersuchen lassen, es sei aber kein Befund herausgekommen. Die Frau schildert unter Tränen, wie sehr sie sich ein Kind wünsche. Auch der Mann betont seinen Kinderwunsch, spricht jedoch auch seine Unzufriedenheit in der Partnerschaft und Sexualität an.

Im weiteren Gesprächsverlauf wird deutlich und kann gemeinsam mit dem Paar reflektiert werden, wie sehr seit Jahren die Brille »schwanger? – wieder nicht schwanger!« im Mittelpunkt des Beziehungslebens stand, mit all den belastenden emotionalen Folgen. Der Berater nimmt sich für die nächste Sitzung vor und holt sich dafür auch eine Einladung (oder Zustimmung, Erlaubnis) des Paares, andere für das Paar relevante Brillen wieder aufleben zu lassen oder neu zu kreieren. So kann in der Folge eine Entlastung und wieder mehr Leichtigkeit in die Beziehung einkehren. Außerdem lernt das Paar, unterstützt durch den Berater, zunächst die Brille »schwanger? – wieder nicht schwanger!« weniger zu gewichten. Der Frau wird unter Zustimmung des Mannes empfohlen, aus der monatlich wieder einsetzenden Menstruation kein Thema zu machen. Als sich herausstellt, dass das Thema Sexualität auf der Gesprächsebene ein Tabuthema in der Beziehung ist, kann behutsam ein weiteres Augenmerk (eine neue Brille) entwickelt werden, indem ein intimes Gespräch darüber initiiert wird, was sich die beiden auf körperlich-sexueller Ebene jeweils voneinander wünschen und erträumen.

Nicht nur in der Familien- oder Paarberatung, auch in der Organisationsberatung ist es wichtig, die Lieblingsbrillen der Kunden zu erfassen und neue Brillenangebote in das Gespräch einzubringen. Grundsätzlich hängt es natürlich auch von der jeweiligen Organisation und der Aufgabenstellung ab, welche Brillen verwendet werden und welche nicht. So wird es in der Verwaltung tendenziell weniger wichtig sein, Betrachtungen durch die Kundenorientierungsbrille anzustellen, als bei einem Unternehmen auf einem sich schnell wandelnden Markt. Gleichzeitig stellen die nicht verwendeten Brillen immer den blinden Fleck einer Organisation oder einer Führungskraft dar – und damit die ungenutzten Ressourcen und Potenziale. Beginnen ein Manager und eine Organisationseinheit nach Jahrzehnten der Nichtbeachtung dieses Aspekts nun die Brille der Kundenorientierung aufzusetzen und anhand dieser Beobachtungen sich selbst im Sinne einer Optimierung zu verändern, geschieht Entwicklung. Man kann sagen, dass es aus systemischer Beratersicht auch eine zentrale Aufgabe von Führungskräften ist, für sich und ihren Verantwortlichkeitsbereich immer wieder bewusst zu entscheiden, durch welche Brillen Analysen anzufertigen sind, um Prozesse zu optimieren. »Welche Brillen sind zu verwenden bzw. müssen neu angeschafft werden?« wäre eine zentrale Frage des Managements.

Als Coach arbeite ich mit dieser Haltung: Zum einen versuche ich immer wieder, die Brillen, durch die ich als Berater sehe, zu sehen und mit unterschiedlichen Beobachtungsperspektiven zu arbeiten. Zum anderen begleite ich Führungskräfte dahingehend, dass sie selbst ein Gespür entwickeln, sich selbst beim Beobachten zu beobachten. Und für Organisationen als Ganzes gilt ebenso: Wenn es dem Unternehmen gelingt, sich selbst durch eine neue Brille zu betrachten, geschieht Perspektivenerweiterung, Entwicklung, und neue Handlungsoptionen entstehen für das Management.

So war es vor einigen Jahren noch nicht notwendig (und es gab diese Brillen gleichsam beim Optiker für Manager auch noch nicht), als produzierendes Unternehmen durch die Klimabrille zu schauen. In Zeiten, in welchen der Klimawandel intensiv ins Bewusstsein der Politik und der Bevölkerung (und damit auch der Kunden) rückt und Gesetze und Vorlagen zum Klimaschutz installiert werden, kann es sich kein Unternehmen mehr erlauben, diese Brille nicht zu verwenden. Es sei denn, man will als Automobilhersteller Strafabgaben an die EU bezahlen oder gar vom Gesetzgeber oder vom Kunden aufgrund seiner hergestellten CO_2-Schleudern abgestraft werden.

Eine Führungskraft nimmt in erster Linie die Probleme wahr, für die sie zuständig ist. Damit ist sie gleichzeitig für andere Aspekte der Wirklichkeit blind oder zumindest halbblind. Das Gleiche gilt für die Organisation: Besuchen Sie als Patient ein Krankenhaus, werden Sie zunächst nur in der Anwendung der Unterscheidung »gesund«/»krank« beobachtet. Stellen Sie sich bei einer Bank als potenzieller neuer Kunde bzw. Kreditnehmer vor, werden Sie in der Anwendung der Unterscheidung »vermögend«/»nicht vermögend« analysiert. Dies zeigt die jeweilige Leitdifferenz, mit welcher in einem spezifischen Unternehmen gearbeitet wird. Es soll hier jedoch nicht unerwähnt bleiben, dass es natürlich dennoch für das Krankenhaus von Nutzen sein kann, auch auf die finanzielle Ebene zu achten (Unterscheidung zwischen Kassenpatient und Privatpatient), so wie es für die Bank interessant sein könnte, auch über die Gesundheit des zukünftigen Kreditnehmers Bescheid zu wissen.

Diese Beispiele zeigen, dass die verwendeten Brillen von der Aufgabe der Organisation abhängen. Darüber hinaus hat auch die berufliche Biografie einer Führungskraft bzw. die Geschichte einer Organisation einen hohen Anteil daran, welche Brillen verwendet werden. Hat man mit seinen Handlungsweisen und Strategien Erfolg, führt das zur Bestätigung von Wahrnehmungs-, Denk- und Handlungsmustern – und dies gilt wiederum für Manager und Organisationen gleichermaßen. Die Folge sind stabile (um nicht zu sagen: eingefahrene und starre) Grundüberzeugungen. Das bedeutet, dass die alten Brillen oft auch dann noch aufgesetzt werden, wenn sie aufgrund einer veränderten Umwelt nicht mehr zu angemessenen Beschreibungen führen. Wenn ein Automobilhersteller von sich (und zu sich) sagt, er setze schon immer auf Benzin- und Dieselmotoren und so werde es auch bleiben, kann die mangelnde Beachtung eines sich technologisch rasch entwickelnden Umfeldes (Entwicklung von Elektroautos) sogar das Überleben des Unternehmens gefährden.

5 Die Einheit von Differenzen (Unterscheidungen)

Wenn wir von Brillen sprechen, geht es immer um die Einheit einer Differenz: Die Unterscheidung (Differenz) von »motiviert«/»unmotiviert« beschreibt als Einheit die Eigenschaft der (mehr oder weniger vorhandenen) Motivation. Die Differenz von »kundenorientiert«/»nicht kundenorientiert« ermöglicht als Einheit die Beobachtung der (mehr oder weniger ausgeprägten) Kundenorientierung. Der Clou besteht darin, dass wir im Alltag die Einheit beschreiben und die dahinter liegende Unterscheidung nicht sehen. Ein Brillenträger sieht die beiden Gläser seiner Brille nicht, gleichwohl sieht er durch sie hindurch. Im Abgleich bzw. Zusammenspiel der beiden Perspektiven (linkes Glas, rechtes Glas) entsteht die Wirklichkeitskonstruktion des Betrachters. Erst wenn wir unseren Brillenträger auf einen Schmutzfleck auf einem Glas aufmerksam machen oder generell über das Tragen von Brillen sprechen, kommt ihm die Tatsache des Schauens durch zwei Gläser (in unserem Sinne: Differenzen) bzw. das Schauen durch eine Brille (in unserem Sinne: die Einheit einer Differenz) ins Bewusstsein.

So verhält es sich auch bei uns im Beratungsalltag: Erst der bewusste Blick darauf, durch welche Brille wir blicken, ermöglicht es uns zu erkennen, warum wir was sehen (und was nicht). Und das ist die Voraussetzung für einen Perspektivenwechsel oder eine Erweiterung von Wirklichkeitsbeschreibungen.

Systemisches Denken bedeutet für uns an dieser Stelle ein Denken in Unterschieden. Es geht um Unterschiede (die beiden Brillengläser), die jeweils eine Einheit (die Brille) ausdifferenzieren. So ist das Denken oder Aussprechen von »Tisch« Ergebnis einer ausdifferenzierten Einheit von »Tisch« und »Raum«: Der Tisch wurde von einem Beobachter als eigenständiges Ding identifiziert und von seiner Umgebung (dem Raum) unterschieden. Hätte unser Beobachter dies nicht getan, spräche er (undifferenziert, also nicht ausdifferenziert) beispielsweise von der »Zimmereinrichtung« (siehe Tabelle 5).

Tabelle 5: Die Einheit der Differenz – zwei Beispiele

Einheit: Zimmereinrichtung	Einheit: Kundenorientierung
Differenz: »Tisch«/»Nicht-Tisch«	Differenz: »kundenorientiert«/»nicht kundenorientiert«

Es kommt immer auf den Beobachter an, was er als Einheit wahrnimmt bzw. was er als Differenz konstruiert, um zu dieser Einheit (Wahrnehmung) zu kommen. Das Wahrnehmen (Beschreiben) von Einheiten setzt das Differenzieren voraus. Das Differenzieren ist also die Grundlage von Wahrnehmung bzw. Beobachtung und legt diese auch (in gewisser Weise) fest.

Der systemische Beratungsprofi widersetzt sich somit dem normalen, dem »Alltagswahrnehmen«, denn wenn
a) Beobachtung auf dem Machen einer Unterscheidung beruht und
b) die den Beobachtungen zugrunde liegenden Unterscheidungen uns meist gar nicht mehr bewusst sind und uns deshalb
c) die Welt bzw. das Adressatensystem, wie wir es wahrnehmen, als objektiv so gegeben vorkommt und wir aus diesem Grund
d) glauben, nur eine oder wenige Optionen des Handelns zu haben,

dann ist es von entscheidender Bedeutung, diese dargelegte logische Kette (von a bis d) bereits zu Beginn (bei a) zu unterbrechen bzw. zu reflektieren.

Beobachtung und Intervention hängen eng zusammen: Was und wie wir als Berater wahrnehmen, beeinflusst unsere Möglichkeiten zu handeln und zu intervenieren.

Als Berater können wir Einfluss auf das nehmen, was wir beobachten. Wenn wir durch die Anwendung nicht nur einer, sondern vieler Brillen unsere Beobachtung erweitern, erweitern wir auch unser Interventionspotenzial.

Solange wir keine Unterscheidungen zur Verfügung haben, können wir weder die Unterschiede wahrnehmen noch die sich aus diesen Unterschieden ergebenden Einheiten (die Brillen als Oberthemen) sehen. Solange wir vom Fahrradfahren keine Ahnung haben, fällt uns die Unterschiedlichkeit der Räder gar nicht auf. Solange wir vom Tanzen keine Ahnung haben, fallen uns die unterschiedlichen Figuren als voneinander zu unterscheidende Elemente einer fachmännischen Wahrnehmung nicht auf – für uns als Laien existiert nur der »ganze Tanz«, ohne dass er (wie in der Wahrnehmung des Preisrichters) in zu beobachtende Subeinheiten aufgeteilt wäre. Wir sehen also mit der Differenz »Tanz«/»Nicht-Tanz«, während der Experte mit unterschiedlichen Brillen agieren kann und so zu einer deutlich vielschichtigeren und komplexeren Beschreibung der Tanzaufführung kommt. In jeder Beobachtung, in jeder Analyse steckt also ein vielschichtiger und zunächst unerschlossener Möglichkeitsbereich von Wahrnehmungen, die auf dem Kennen von Unterschieden beruhen. Und das Kennen von vielen Unterschieden macht den Experten aus.

6 Wie Wirklichkeitskonstruktionen entstehen

Voraussetzung für Beobachtung ist nicht nur das Machen einer Unterscheidung. Voraussetzung für Beobachtung ist auch, dass die gemachte Unterscheidung für den Beobachter einen Sinn hat. Während es vor Jahren für die Automobilindustrie noch keinen Sinn gehabt hat, anhand der Differenz »klimabelastend«/»klimaneutral« zu agieren, hat sich das in der Zwischenzeit (aufgrund veränderter Umwelten für die Unternehmen) geändert.

Dies bedeutet, dass wir nicht nur aufgrund von Differenzen beobachten, sondern diese beobachteten Unterschiede auch erklären und bewerten. Erst das Gesamtkunstwerk aus a) Unterschiede zu machen, b) diese zu erklären und c) zu bewerten führt zum Gewinn relevanter Information. Diese dreistufige Verarbeitung entspricht drei Ebenen von Wirklichkeitskonstruktionen: Der Mensch gelangt durch das Anwenden bestimmter Unterscheidungen zu Beobachtungen, die erklärt und bewertet werden und so das Weltbild ausmachen. Man konstruiert also seine Wirklichkeit auf drei Ebenen (Simon, 2007, S. 72 f.):

a) Der Berater beschreibt Unterschiede (Phänomene)

Welche Phänomene nehme ich über meine Sinne (sehen, hören, riechen, tasten ...) überhaupt wahr und welche nicht? Der Systemiker ist sich immer darüber im Klaren, dass seine Aufmerksamkeitsfokussierung im Hier-und-Jetzt auf Bestimmtes, von ihm (bewusst oder unbewusst) Ausgewähltes bezogen ist. Dies schließt anderes, auch potenziell Wahrnehmbares aus. Die Subjektivität der eigenen Wirklichkeitskonstruktion fängt also schon bei der Selektion dessen an, was man als für die Beschreibung/Beobachtung als »relevant« einstuft und was nicht.

Hier ist also zu fragen, welche Phänomene vom Berater überhaupt von anderen unterschieden und damit erkannt werden und welche nicht. Was wird also ausgeblendet, übersehen, vergessen oder verleugnet? Wo liegt der »blinde Fleck«?

Die Aufmerksamkeit des Beraters könnte immer auch auf andere Phänomene (Unterschiede) fokussiert werden.

b) Der Berater erklärt Unterschiede (Phänomene)

Welche Annahmen (Hypothesen) werden konstruiert und welche Ursache-Wirkungs-Zusammenhänge angenommen, um das Vorhandensein eines Phänomens (oder dessen Nichtveränderung) zu erklären? Wichtig ist das Bewusstsein darüber, dass es für jedes wahrgenommene Phänomen unterschiedliche Erklärungen geben kann. So lassen sich auch unterschiedliche Theorien herleiten, die dann zur Grundlage des Handelns werden. Es macht beispielsweise einen Unterschied für die eigenen Gefühle und Reaktionsweisen, ob man sich das eigenwillige und anstrengende Verhalten einer Person als Ausdruck von Bösartigkeit erklärt oder ob man als Ursache eine psychische Erkrankung annimmt.

Hier ist also zu fragen, welche Ursache-Wirkungs-Zusammenhänge vom Berater konstruiert werden, um das Entstehen oder die Konstanz eines Phänomens zu erklären. Welche Hypothesen bildet der Berater zu einem bestimmten Klientenverhalten? Man sollte sich auch auf dieser zweiten Ebene bewusst sein, dass durch die Erklärungen ein Auswahlprozess stattfindet. Der Möglichkeitsbereich wird durch eine gewählte Erklärung eingeengt, denn es kann für jedes Phänomen grundsätzlich immer unterschiedliche Erklärungen geben. Die gewählten Erklärungen wiederum sind die Basis für die Theorie und Logik, nach der jemand sein Handeln ausrichtet.

c) Der Berater bewertet Unterschiede (Phänomene)

Wir können ein beobachtetes Phänomen unterschiedlich einschätzen. Bewerte ich dies positiv oder negativ (beides ist letztlich immer möglich, es kommt auf die Betrachtung an)? Freue ich mich darüber oder leide ich darunter? Will ich es aufrechterhalten oder beseitigen?

Hier ist also zu fragen, ob und wenn ja auf welche Weise ein Berater Wertungen vornimmt. Es steht eine große Bandbreite von Möglichkeiten zur Verfügung: Man kann ein beobachtetes Phänomen positiv oder negativ bewerten, es als Ressource des Klienten oder aber als Defizit sehen, als Krise oder Chance betrachten, sich darüber freuen oder ärgern, es zu bewahren versuchen oder die Beseitigung anstreben und so weiter.

Diese drei Aspekte von Wirklichkeitskonstruktionen (Unterschiede beschreiben, Unterschiede erklären, Unterschiede bewerten) sind nicht unabhängig voneinander (siehe Abbildung 11). Im Gegenteil: Wenn ich als Berater eine neue Erklärung für etwas am Kundensystem Wahrgenommenes konstruiere, so verändert sich auch meine Bewertung. Habe ich nach einem Teamcoaching beispielsweise den Eindruck, ein bestimmtes von mir wahrgenommenes Fehlverhalten der Führungskraft hängt mit ihrer derzeitigen privaten Situation zusammen, die für sie eine extreme Belastung darstellt (etwa der Tod eines nahen Angehörigen), so komme ich zu einer anderen Bewertung und Reaktion, als wenn ich das Verhalten des Chefs als Ausdruck von Desinteresse und Arroganz gegenüber seinen Mitarbeitern interpretiere.

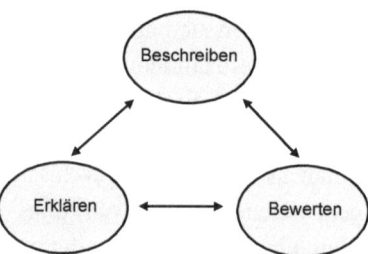

Abbildung 11: Das Wechselspiel zwischen Beschreiben, Erklären und Bewerten

Im Sinne der Verwendung von Brillen behalten wir an dieser Stelle im Hinterkopf, dass man – wenn man es genau nimmt – drei Ebenen von Brillen unterscheiden kann: Die Beschreibungs-, Erklärungs- und Bewertungsbrille. In aller Regel haben wir gleichsam alle drei Brillen gleichzeitig auf. Es fällt uns im Umgang mit Phänomenen im Alltag meist nicht auf, dass sich unser Handeln ableitet aus einer Mischung aus Beschreibung, Erklärung und Bewertung. Verhalten resultiert immer aus diesem »kognitiven Konglomerat«, diesem Dreiklang.

> **Übung**
>
> Wenn Sie sich im Beratungsalltag mit einem bestimmten Problem konfrontiert sehen oder in Bezug auf einen Beratungsfall in einer »Sackgasse« fühlen, wenden Sie folgende Übung an:
> Es geht darum, Ihre Wirklichkeit, nach der Sie handeln, zu dekonstruieren. Dazu nehmen Sie den oben dargelegten Dreischritt, erweitern ihn um einen vierten Handlungsschritt und überlegen sich:
> 1. Wie komme ich überhaupt zu dieser Problembeschreibung? Welche Brille habe ich auf, um zu dieser Problembeschreibung zu kommen? Welche alternativen Brillen gäbe es noch für die Betrachtung? Bei einem Brillenwechsel: Hätte ich/hätten wir dann auch ein Problem?
> 2. Welche Hypothesen habe ich für das beobachtete Problem? Welche Ursachen meine ich als problemauslösend oder -stabilisierend zu erkennen? Welche Hypothesen und möglichen Erklärungen für Ursachen lasse ich außer Acht?
> 3. Wie bewerte ich das Phänomen? Zu welchen anderen (vielleicht zunächst als unpassend erscheinenden) Bewertungen könnte ich (oder eine andere Person an meiner Stelle) noch gelangen?
> 4. Was werde ich als ersten (neuen) Schritt konkret tun? Welche (neuartige) Intervention könnte ich setzen? Mit welchen Wirkungen (und Nebenwirkungen) rechne ich bei wem, wenn ich so vorgehe? Wie sieht sinnvollerweise mein weiteres Beratungshandeln jetzt aus?
>
> Nehmen Sie sich für jede Ebene mindestens fünf Minuten Zeit!

7 Beobachtung zweiter Ordnung

Diese Übung fordert Sie auf, sich immer wieder zu fragen, durch welche Brillen Sie schauen und durch welche Brillen Sie nicht schauen. Was sind die typischen Unterscheidungen, die meiner Wahrnehmung zugrunde liegen? Wie komme ich überhaupt zu dieser oder jener Beobachtung (durch welche Brille habe ich da geschaut)? Welche Brillen stünden noch zur Verfügung? Den Blick darauf zu richten, welche Brillen man verwendet, bedeutet sein eigenes Tun zu reflektieren; es bedeutet, sich selbst beim Beobachten zu beobachten. Diese Fähigkeit wird als Beobachtung zweiter Ordnung bezeichnet. Sie sollte sich auf die dargestellten drei Ebenen der eigenen Wirklichkeitskonstruktionen beziehen:

1. Beobachtung zweiter Ordnung bedeutet, sich selbst zu beobachten, welche Unterschiede man beschreibt und welche Unterschiede man nicht beschreibt.
2. Beobachtung zweiter Ordnung bedeutet auch, sich selbst zu beobachten, wie man sich die beobachteten Unterschiede (Phänomene) erklärt und welche Erklärungen man außer Acht lässt.
3. Und Beobachtung zweiter Ordnung meint schließlich, dass man sich dabei beobachtet, wie man das Beobachtete bewertet und welche Bewertungen man nicht wählt.

Indem man seine eigenen Sichtweisen und Wirklichkeitskonstruktionen in dieser Art und Weise reflektiert, kommen sie ins Bewusstsein und Veränderung wird möglich. Es gelingt leichter, neue Brillen auszuprobieren und aus chronischen oder stagnierenden Problemkonstellationen auszusteigen. Die Wirklichkeit verändert sich durch eine neue Brille, neue Lösungen für ein altes Problem können entdeckt werden.

8 Zusammenfassung

Beobachten gehört zum Kerngeschäft des systemischen Beraters.

Der Beobachter beobachtet durch die Anwendung einer Unterscheidung (Aufsetzen einer bestimmten Brille).

Diese Beobachtung (das Schauen durch die Brille) konstruiert die Wirklichkeit.

Wirklichkeitskonstruktionen können auf drei Ebenen unterschieden werden: *Beschreibung* von Unterschieden (Phänomenen), *Erklärung* von Unterschieden (Phänomenen) und *Bewertung* von Unterschieden (Phänomenen).

Wirklichkeit ist somit beobachterabhängig (brillenabhängig).

Durch das Austauschen von Brillen werden neue Sichtweisen und Perspektiven eröffnet.

Die Beobachtung des Beobachtens (der Brillenträger sieht die Brille, durch die er sieht; er beobachtet seinen Umgang mit Brillen) bezeichnet man als Beobachtung zweiter Ordnung. Es geht um die Reflexion darüber, was unterschiedliche Brillen sichtbar machen und was sie verdecken.

Übung zur Selbstreflexion

- Was sind meine Lieblingsbrillen als Berater?
- Malen Sie sich Ihre Lieblingsbrillen auf!
- Wie heißen diese Brillen?
- Was tragen Sie ein in den beiden Brillengläsern? (Welche Differenzen wirken in Ihrer Wahrnehmung?)
- Wie flexibel bin ich beim Brillenwechsel?
- Sehe ich während der Beratungstätigkeit die Brillen, durch die ich sehe?
- Was bewirken diese Brillen?
- Welche Brillen könnte ich öfter aufsetzen?
- Welche Brillen könnte ich neu entdecken?
- Malen Sie sich mindestens eine Brille auf, die Sie in Zukunft öfter gebrauchen wollen!

**Zweiter Teil:
Systemische Grundhaltungen**

Nachdem wir im ersten Teil wichtige Gesichtspunkte der systemischen Kompetenz beleuchtet haben, vertiefen wir nun die im Kapitel I herausgearbeiteten vier Expertisen des Systemikers (Expertise des Nichtwissens, Expertise des Nichtverstehens, Expertise des Eingebundenseins und Expertise des Vertrauens). Wir werden sie nun als »systemische Grundhaltungen« genauer untersuchen:
- die Haltung des Nichtwissens (Kapitel VI),
- die Haltung des Nichtverstehens (Kapitel VII),
- die Haltung des Eingebundenseins (Kapitel VIII),
- die Haltung des Vertrauens (Kapitel IX).

Dabei wird jeweils zunächst die Haltung beschrieben. Als Haltung des systemischen Beraters verstehe ich eine innere Ausgerichtetheit, die konstant bleibt. Der Berater hat eine klare Ausrichtung für sein professionelles Tun, und zwar unabhängig vom konkreten Beratungsfall oder Setting. Somit ist eine systemische Grundhaltung eine feste, verinnerlichte Orientierung für das beraterische Handeln.

Eine Grundhaltung offenbart sich in einer Leitlinie: Diese ist konkreter formulierbar als die eher abstrakt beschreibbare Grundhaltung. Die Leitlinie drückt das Denkmodell aus, wie die Grundhaltung konkret umzusetzen ist. Sie stellt gleichsam das Bindeglied zwischen der systemischen Grundhaltung und der konkret eingesetzten systemischen Methodik dar. Wir werden also zu jeder der vier Grundhaltungen jeweils die dazugehörige Leitlinie beschreiben.

Die innere Orientierung des systemischen Beraters, die in der Grundhaltung ihren Ursprung hat, »mündet« über die Leitlinie schließlich in eine konkrete methodische Umsetzung. In jedem der folgenden Kapitel wird deshalb auch auf Methoden und Techniken eingegangen, die idealtypisch die beschriebene Grundhaltung bzw. die beschriebene Leitlinie in der Beratungssituation ganz konkret umsetzen.

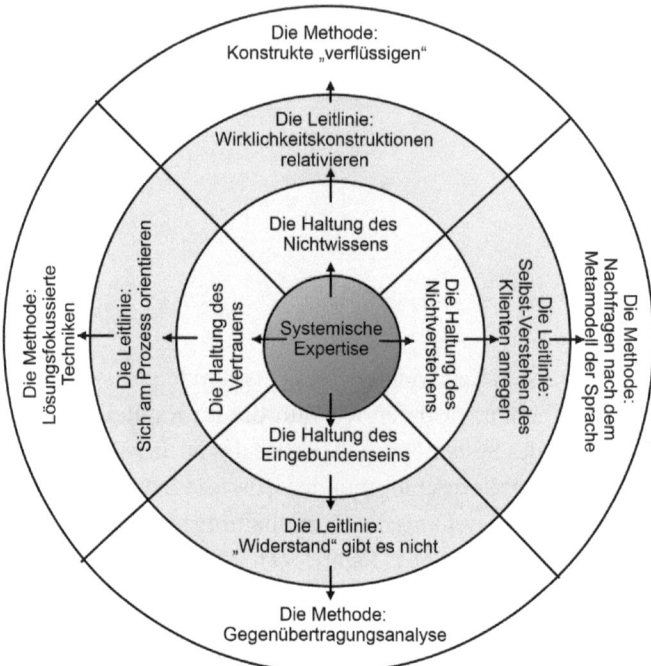

Abbildung 12: Systemische Grundhaltungen, Leitlinien und Methoden

Abbildung 12 gibt einen Überblick über diesen zweiten Teil des Buches. Im Mittelpunkt finden wir die systemische Expertise – diese hatten wir bereits im Kapitel I beschrieben. Sie drückt sich in den vier systemischen Grundhaltungen aus, die wiederum jeweils konkret werden über die dazugehörigen Leitlinien und Methoden.

VI Die Haltung des Nichtwissens

1 Die Grundhaltung

Zu Anfang hatten wir festgestellt, dass eine Berater-Hybris im Sinne eines »Ich weiß es besser als du« aus konstruktivistischer Sicht nicht zu halten ist. Ein Besserwissen des Beraters verhindert geradezu, dass das Adressatensystem selbst für sich neues Wissen entwickeln kann. Die »wissenden« Beratertipps prallen nicht nur an der Eigenlogik und Selbstorganisation des Klientensystems ab, sie provozieren sogar die Ablehnung und verfestigen die Starrheit.

Umgekehrt wird ein Schuh daraus: Wir sollten als systemische Prozessberater auf das Besserwissen verzichten. Dies tun wir, ohne unser Wissen über Beratung, Therapie, Psychologie, Management etc. zu verleugnen – im Gegenteil: Die Möglichkeit, mit der Haltung des Nichtwissens zu arbeiten, erwächst geradezu aus der Basis unseres professionellen Wissens, aus der Basis unserer beruflichen Ausbildung, unseres Erfahrungsschatzes. Und dabei spielt es zunächst einmal keine Rolle, ob wir Mediziner, Psychologe, Betriebswirtschaftler, Manager, Pädagoge etc. sind – jeder von uns bringt in die Tätigkeit des systemischen Beraters sein spezifisches Wissens-Know-how mit ein. Es wirkt gleichsam als »Hintergrundfolie«.

Die Haltung des Nichtwissens umfasst auch Wissen und Kenntnisse über psychische, soziale und organisationale Systeme, über deren Strukturen und Funktionsweisen. Sie beinhaltet die Kompetenz, vernetzte Zusammenhänge zu erkennen, Eigendynamiken von Systemen zu achten und mit unterschiedlichen Wirklichkeitssichten umzugehen. Dies führt zu einer gewissen Bescheidenheit, was die eigenen Interventionsmöglichkeiten angeht. Es braucht Kenntnisse über die Logik von Systemen – seien dies nun psychische Systeme, also Individuen, oder soziale Systeme wie Familien, Teams etc.

Wir wissen, dass sich unsere Klienten(systeme) eigentlich selbst steuern (Selbstorganisation). Wer also beraterisch steuern will, hat es mit Selbststeuerung des Klientensystems zu tun. In diesem Sinne nach der benötigten Haltung zu fragen, die ein Berater braucht, führt zu einer paradoxen Beschreibung der Einflussnahmemöglichkeiten: Die Haltung des Nichtwissens trägt genau dem Rechnung und führt zu einer Abkehr von einer »Machermentalität«, die alles für planbar und beeinflussbar hält. Es führt uns hin zu einem Prozess des begleitenden und Möglichkeiten erweiternden Steuerns.

Halten wir fest: Die Haltung des Nichtwissens schließt professionelles Wissen nicht aus, sondern als einen notwendigen Bestandteil mit ein. Ich werde aber mit meinem professionellen Hintergrundwissen zurückhaltend agieren: Statt direkte Wissensangebote zu bieten, werde ich Fragen stellen. Fragen, die zu einer Reflexion im Klientsystem führen. Fragen, die ein Nachdenken anregen. Fragen, die durch die Bearbeitung und Beantwortung von den Adressaten zu neuem Wissen führen – und zwar selbst organisiert, vom Klienten selbst entwickelt.

Systemische Fragen und Interventionsimpulse setzen genau diesen Prozess im Gegenüber in Gang: Wissen wird generiert. Dabei kommt es sehr darauf an, welche Fragen ich stelle, welche Impulse ich setze. Die Kunst des Fragenstellens und Impulsesetzens rückt somit unter der Haltung des Nichtwissens in den Mittelpunkt. Durch unser Fragenstellen entsteht eine neue Information (neues Wissen) im Kundensystem, denn jede Frage transportiert eine implizite Aussage, welche die bisherige und gewohnte Art, Wirklichkeit zu betrachten, verstören und neu ausrichten kann. Insofern sollte die Kraft der Intervention durch Fragen nicht unterschätzt werden nach dem Motto: »man fragt ja nur« (von Schlippe u. Schweitzer, 2013, S. 249 f.). Wir können als Berater über Fragen steuern, in welcher Richtung das Klientsystem neu nachdenken soll, neues Wissen generieren soll. Wir steuern die Richtungen, unser Gegenüber steuert die Inhalte, die relevant sind. Wir steuern beraterisch das Was (was wir zur Reflexion stellen), das Klientsystem steuert das Wie (wie es auf die Impulse reagiert und neues Wissen generiert). Wir steuern als Berater den Prozess, der Klient steuert innerhalb des Prozesses seinen Inhalt, sein Wissen.

Systemische Prozessberatung ist dann erfolgreich, wenn sie das Adressatensystem so begleitet, dass es für sich zu neuem Wissen findet, was eine neuartige Bewältigung der Herausforderungen ermöglicht. Dies kann auf der Basis neuer Denk- und Sichtweisen passieren oder auf der Basis von neuen Handlungsoptionen.

Die Haltung des Nichtwissens bedeutet, dass sich der Berater in einem Setting aufhält, in welchem Wissen nicht als objektiv und für alle gleich gültig dargestellt werden kann. Erwartungen der Klienten, Wissen konsumieren zu können, werden nicht erfüllt. Vielmehr kommt es darauf an, dass der Adressat selbst die Möglichkeit hat, seine Wissensstrukturen zu überprüfen, zu hinterfragen, zu erweitern, zu relativieren und zu spezifizieren. Als systemische Berater regen wir das betreffende System dazu an, für sich relevante Informationen zu produzieren. Dies tun wir durch neugieriges Nachfragen, das Wiedergeben von Eindrücken und auch durch das Zur-Verfügung-Stellen unserer Hypothesen.

Über unser Hauptinstrument des Fragens findet ein kommunikativer Beeinflussungsprozess statt. Wir wollen dazu anregen, dass das Adressatensystem brauchbares handlungsleitendes Wissen entwickelt, das vorher nicht vorhanden war. Indem der professionell Tätige eine Position des Nichtwissens einnimmt, nachfragt, Eindrücke, Gefühle und Sichtweisenmöglichkeiten als solche deklariert wiedergibt, jedoch nicht Wissen im klassischen Sinne (z. B. in Form von Tipps, Handlungsvorschlägen) zur Verfügung stellt, gestaltet er die Kommunikation. Und zwar so, dass diese Kommunikation dem Ratsuchenden diejenigen Wissenskonstruktionen entlockt, die er zur Erweiterung seiner Sicht- und Handlungsmöglichkeiten braucht. Dabei geht es dem Berater nicht vorwiegend darum, selbst viel zu erfahren, sondern über Kommunikationsprozesse die Wissenskonstruktion und -dekonstruktion des Adressaten anzuregen.

Wissenskonstruktion bedeutet, dass der Klient neues Wissen herstellt: Er bekommt beispielsweise einen neuen Blick auf die Situation im Team, weil durch die Fragen des Coachs plötzlich neben seiner bisherigen Sichtweise »Es gibt einen Konflikt zwischen meinem Mitarbeiter A und meinem Mitarbeiter B« neues Wissen konstruiert wurde: »Stimmt, mir wird jetzt klar, dass der Konflikt der Mitarbeiter auch damit zu tun hat, dass ich als Führungskraft in punkto Prioritätensetzung von Arbeitsaufgaben nicht klar genug kommuniziert habe.«

Wissensdekonstruktion bedeutet, dass der Klient altes Wissen loslässt und damit erkennt, dass seine bisherige Sichtweise auf eine bestimmte Situation nicht passend ist – zumindest nicht, wenn er zu einer Veränderung kommen möchte. So stellt die Führungskraft im Coaching fest: »Solange ich meinen neuen Mitarbeiter C so sehe, dass er unselbstständig ist und viel Anleitung braucht, wird er auch nicht selbstständiger. Ich muss ihm also mehr Aufgaben delegieren, die er dann eigenständig erledigt, und nicht mehrmals am Tag nachfragen und kontrollieren – einmal am Tag reicht.« Gelingt es der Führungskraft, die bisherige Sichtweise (das bisherige »Wissen«) »Mitarbeiter C ist unselbstständig« fallenzulassen, ist der Weg frei für eine neue Wissenskonstruktion (»Mitarbeiter C ist wahrscheinlich viel selbstständiger, als ich denke«).

Die Haltung des Nichtwissens bedeutet, dass es für uns Berater auch immer darum geht, präsentiertes Wissen zu relativieren. Wirklichkeiten, also Wirklichkeitskonstruktionen, können hinterfragt werden. Vor dem Hintergrund des Beratungsziels, zu einer Veränderung zu gelangen, müssen sie sogar hinterfragt werden. Konstruiertes Wissen über die Wirklichkeit ist immer nur ein Ausschnitt aus einem komplexen Bereich des Auch-anders-Möglichen. Werden unsere Kommunikationsbeiträge von dieser Grundhaltung getragen, gestalten wir die Beratung als anregungsreiche Situation für unsere Kunden.

Für unsere Klienten wird also folgende Beratungserfahrung möglich, ohne dass wir das als Berater so explizit sagen: Wissen bedeutet immer eine Reduktion von Komplexität, und gerade diese Komplexitätseinschränkung kann eine weitere Wissensgewinnung und damit Weiterentwicklung verhindern, obwohl sie notwendig ist und gewünscht wird. Aber das Festhalten an alten Sichtweisen, also altem Wissen, verhindert genau das, was man sich als Klient wünscht: Veränderung.

Man kann sagen, dass die bisherige Sichtweise der Realität (der bisherige »Wissensklumpen«) des Klientensystems »verflüssigt« wird, wodurch eine neue »Wissensklumpenbildung« ermöglicht wird. Die Erfahrung dieses Wissenstransformationsprozesses wiederum geht als neues Wissen in das Adressatensystem ein. Die Chance auf die Bereitschaft des Klienten, sich aus dem eigenen Konzept bringen zu lassen, um Neues zu ermöglichen, wird durch eine derart gestaltete Kommunikation erhöht.

2 Die Leitlinie: Wirklichkeitskonstruktionen der Klienten relativieren

Die Grundhaltung des Nichtwissens drückt sich praktisch darin aus, dass ich mir als Berater bewusst bin, dass ich selbst auch immer nur Wirklichkeitskonstruktionen bilden kann, keinesfalls jedoch die Wirklichkeit »wirklich«, also objektiv und allgemeingültig, abbilden kann. Ich selbst stelle also als Professioneller auch nur subjektive Sichtweisen zur Verfügung. Tue ich dies jedoch bewusst, folgt daraus ein anderer Umgang damit – und genau das gehört im Sinne der Grundhaltung des Nichtwissens zu unserer Expertise.

Als Berater arbeite ich so, dass ich immer wieder das, was ich über das Klientensystem zu wissen glaube, relativiere. Ich bin mir also bewusst, dass mein Wissen über den Klienten, mein Wissen über Beratungsprozesse, mein Wissen über Psychologie und Kommunikation immer ein subjektives ist, eine Wirklichkeitskonstruktion. Ich probiere auf der Grundlage meiner Wirklichkeitskonstruktionen Verschiedenes aus, bin aber auch bereit, wenn es nicht klappt, an mir, an meinem Wissen relativierend zu arbeiten.

Es kommt ja auch für das Adressatensystem nicht auf die sowieso nicht erreichbare objektive Wahrheit an (»Ist der Mitarbeiter jetzt selbstständig oder unselbstständig?«), sondern auf die »Passung« der momentan vorhandenen Sichtweise: »Passt es, ihn als unselbstständig zu betrachten?«, »Was folgt daraus?«,

»Wie verhalte ich mich als Führungskraft, wenn ich ihn als unselbstständig sehe?«, »Wie reagiert der Mitarbeiter auf mein Verhalten?«, »In welches Muster sind wir geraten?«. Oder es wird in der Beratung deutlich, dass die bisherige Sichtweise des »unselbstständigen Mitarbeiters« zu relativieren ist. Dass also eine relativierte und damit veränderte Wirklichkeitskonstruktion der Führungskraft passender für die Situation sein könnte, indem dem Mitarbeiter von nun an mehr Selbstständigkeit zugeschrieben wird.

Die Grundhaltung des Nichtwissens drückt sich also in der Leitlinie aus, immer wieder Wirklichkeitskonstruktionen (die eigenen ebenso wie die des Adressaten) zu relativieren. Und relativieren bedeutet letztlich immer eine Mischung aus den bereits angesprochenen Aspekten der Wissenskonstruktion und der Wissensdekonstruktion. Denn es geht nicht nur um das Entwickeln von neuem Wissen, neuen Wirklichkeitssichten (Konstruktion), sondern auch um die Bereitschaft, altes Wissen, also bisherige Sichtweisen, loszulassen (Dekonstruktion).

Unsere Expertise als Systemiker liegt nicht im Transfer von Wissen oder Lösungen. Wir beschreiben unsere Rolle eher als Beobachter, Katalysator und Prozessberater, der einerseits die Aufgabe hat, sich am betreffenden System zu orientieren, andererseits es zu verstören, damit Neues generiert werden kann. Der systemische Berater relativiert damit sein Expertentum: Er ist nicht »an sich« Experte, sondern befindet sich im Wechselspiel mit einem bestimmten Adressaten. Dieser bestimmt, ob und wie der Berater für ihn hilfreich ist. Bestimmte Denk- und Herangehensweisen können für den einen wirksam und hilfreich, für den anderen Betroffenen dagegen unbrauchbar sein. Diese Relativierung unseres Expertentums und diese Haltung, unser Expertentum immer wieder anschlussfähig machen zu müssen, ist für mich ein zentraler Aspekt systemischer Beratungskompetenz (siehe Abbildung 13).

Als Berater handelt man immer im Wechselspiel mit dem Klienten (rekursiver Kommunikationsprozess). Man beobachtet das Gegenüber, macht sich ein Bild, bildet Hypothesen und interveniert. Die Wirkungen dieser Interventionen werden ihrerseits beobachtet und führen teilweise zu Bestätigungen von Konstrukten – immer dann, wenn der Klient auf eine Intervention so reagiert, dass er reflektiert, also »den Ball aufnimmt« im Sinne einer Erweiterung seiner bisherigen Sicht- und Handlungsoptionen. Reagiert der Adressat dagegen so, dass die Beratungsangebote keine Reflexion auslösen, ist der Berater gefragt: Er muss es neu probieren, seine bisherigen Wirklichkeitskonstruktionen relativieren und dann andersartige Impulse setzen.

Beratung stellt sich aus der Perspektive der Konstruktrelativierung als ein permanentes Abgleichen von Wirklichkeitskonstruktionen dar: Die in Kom-

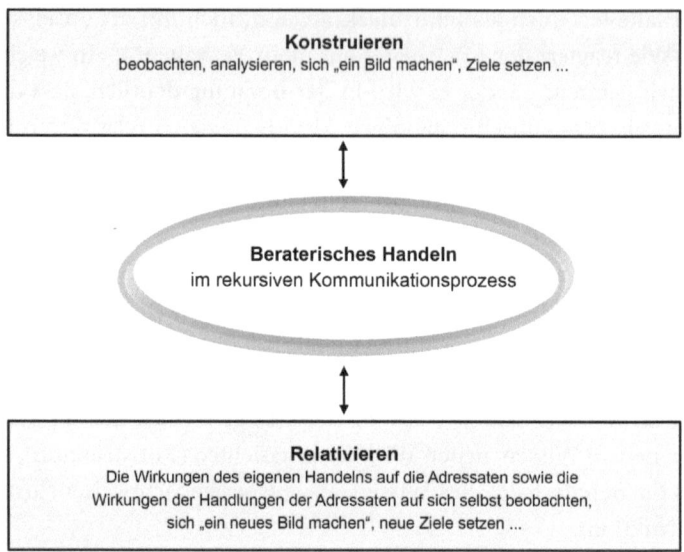

Abbildung 13: Beraterwirklichkeiten konstruieren und relativieren

munikation befindlichen Personen stellen jeweils ihre Konstruktionen (Sichtweisen) zur Verfügung. Durch die nun vom Berater gesteuerten Sprachspiele werden diese Konstruktionen nun gleichsam »verflüssigt«. Dies führt uns zu einer Beratungsmethode, die ich im Zusammenhang mit dem Nichtwissen des Beraters und der Konstruktrelativierung für unverzichtbar halte.

3 Die Methode: Konstrukte »verflüssigen«

In unserer Alltagssprache verwenden wir Eigenschaftszuschreibungen wie »der ist fleißig«, »die ist motiviert«. Wir verwenden also Adjektive, die Personen beschreiben. Und wenn wir das tun, bestätigen wir mit unserer sprachlichen Beschreibung unser Denken: Wenn wir jemanden als »motiviert« beschreiben, verfestigt dies tendenziell in uns diesen Blick auf diese Person. Unsere weitere Beobachtung dieses Menschen wird geleitet von der einmal gesetzten Zuschreibung: »Die ist motiviert und fleißig«, und so finden wir bei einer entgegengesetzten Beobachtung (etwa eine nicht innerhalb der Zeitvorgabe erledigte Aufgabe) sicherlich zunächst eine Ausrede: »Sie hatte heute keinen guten Tag.«

Bei eher negativen adjektivischen Zuschreibungen wie »der ist faul« oder »die ist unmotiviert« gilt das Gleiche. Wir beschreiben mit einer Eigenschaft eine Person und verfestigen damit auch für die Zukunft unser Denken und Handeln in eine bestimmte Richtung: Wenn wir die Mitarbeiterin als »unmotiviert« beschreiben bzw. beschrieben haben, wird eine von ihr nicht erledigte Aufgabe die Bestätigung dieser Unmotiviertheit sein, es wird mich möglicherweise ärgerlich machen und dazu verleiten, eine Standpauke zu halten. Dies wiederum kann zur Folge haben, dass die Mitarbeiterin nun verängstigt wird und tatsächlich in der Motivation nachlässt ... und so schaffe und verfestige ich eine Wirklichkeit, die sich selbst bestätigt und aus der ich nicht mehr so leicht herausfinde.

Es ist also äußerst wichtig zu erkennen, wie die Prozesse der Eigenschaftszuschreibung ablaufen und dass dies subjektive Prozesse sind. Eigenschaften existieren nicht »an sich«, sondern immer in Abhängigkeit von der Person, welche diese Eigenschaft konstruiert und sich oder anderen zuschreibt. Es ist wichtig zu erkennen, dass und wie im Wechselspiel zwischen Wahrnehmung, Denken und Sprache Eigenschaften entstehen, die dann einen großen Einfluss auf die Psyche und die Art und Weise der Kommunikation der Beteiligten haben. Oder andersherum ausgedrückt: Veränderst du deine Eigenschaftszuschreibungen, dann verändert sich auch dein Denken und Fühlen und damit auch deine Handlungsweise gegenüber dieser Person.

Ich möchte nun im Folgenden in Anlehnung an Graumann (1960) aufzeigen, wie Eigenschaften als Wirklichkeitskonstruktionen entstehen. Ich zitiere bewusst kleine Beispiele aus dem Jahr 1960 – sie versetzen uns kurz in eine andere Zeit, machen aber das zeitlose Prinzip, auf welches uns Graumann aufmerksam machte, deutlich.

Es sind vier Stufen zu unterscheiden, die »Etappen« der Eigenschaftskonstruktion darstellen. Diese vier Modi laufen also im Wahrnehmen, Denken und Sprechen einer Person ab. Das Ergebnis ist dann entweder (auf der dritten Stufe) eine »Eigenschaft« oder (auf der vierten Stufe) ein Substantiv wie beispielsweise »Frechheit« oder »Faulheit«.

Der verbale Modus (die erste Stufe)
Die Basis ist der *verbale Modus*. Hier schildert jemand ohne Bewertung und ohne Interpretation. Es wird einfach beschrieben, was passiert (»Tun-Ebene«).

»K. klopft an. Auf mein ›Herein‹ betritt er das Zimmer. Er begrüßt mich und entschuldigt sich für seine Verspätung. Auf meine Aufforderung hin nimmt er Platz, nachdem er seine Jacke aufgeknöpft hat. Beim Setzen hebt er seine Hosenbeine an den Bügelfalten ein wenig an« (Graumann, 1960, S. 90).

Der adverbiale Modus (die zweite Stufe)

Im *adverbialen Modus* wird das Verhalten bereits einer Interpretation zugeführt. Die beobachtende und beschreibende Person fügt also in die Sprache eine deutliche interpretative Färbung ein. Dabei steht das »Wie« des Tuns der beobachteten Person im Fokus.

»K. [...] klopft *laut* [...] an. Auf mein ›Herein‹ betritt er *rasch* das Zimmer. Er begrüßt mich *lebhaft* und entschuldigt sich *wortreich* für seine Verspätung. Auf meine Aufforderung hin nimmt er *prompt* Platz [...]« (Graumann, 1960, S. 91).

Der adjektivische Modus (die dritte Stufe)

Jetzt passiert psychologisch ein Quantensprung: Während bislang das Tun beschrieben (verbaler Modus) und bewertet (adverbialer Modus) wurde, erfolgt nun ein Rückschluss auf die Person selbst. Es wird also vom Tun einer Person auf dahinter liegende »Eigenschaften« der Person geschlossen. Diese dritte Stufe des *adjektivischen Modus* ist also dadurch gekennzeichnet, dass die auf der zweiten Stufe erfolgte Interpretation (das Wie) von der dazugehörigen Handlung getrennt wird. Es wird die in einem Verhalten gesehene Qualität auf die dahinter liegende Person übertragen. Aus dem »wie er es tut« wird das »wie er ist«. Aus (adverbialen) Verhaltenszügen werden (adjektivistische) Persönlichkeitseigenschaften:

»K. *ist* lebhaft« (Graumann, 1960, S. 92).

Der substantivische Modus (die vierte Stufe)

Der Prozess der »Beeigenschaftung« ist eigentlich bereits auf der dritten Stufe (adjektivischer Modus) abgeschlossen. Mir ist es jedoch wichtig auch darauf hinzuweisen, dass es noch eine vierte Stufe gibt: Jetzt werden die kreierten Persönlichkeitseigenschaften gleichsam von der Person gelöst, indem statt eines Eigenschaftswortes (»K. ist lebhaft«) ein Substantiv (»Lebhaftigkeit«) verwendet wird. Im substantivischen Modus wird aus einer »traurigen Person« das Vorhandensein von »Trauer« gefolgert, aus einem »faulen Mitmenschen« wird auf die Existenz von »Faulheit« geschlossen. Es kommt also zu Hauptwörtern, die von beschreibenden Beobachtern kreiert worden sind. Dahinter liegt immer die dargelegte Stufenfolge.

Zwischen dem verbalen Modus (erste Stufe) und dem substantivischen Modus (vierte Stufe) der Verwendung von Sprache liegen Welten: Welten der Interpretation und Subjektivität. Das Problem: Das Bewusstsein darüber, dass Welten der Interpretation kreiert wurden, fehlt den Sprechenden zumeist. Sie leben im Gegenteil in »ihrer Welt« dieser Konstrukte und stellen diese nicht mehr infrage. Außerdem hat man vergessen, wann und wie diese Konstrukte entstanden sind. Man hält an ihnen fest, weil sie die Komplexität der Welt reduzieren und dem Denken und Handeln eine Ausrichtung geben. Wenn ich »weiß«, ich habe es mit »Traurigkeit« oder »Depression« zu tun, dann finde ich das zwar nicht unbedingt schön, aber ich habe eine klare Ausrichtung und Linie. Wenn ich »weiß«, ich habe es (scheinbar) mit einer »unmotivierten« Mitarbeiterin zu tun, dann habe ich eine klare Ausrichtung für mein Führungsverhalten.

Die vier Modi der Eigenschaftsgewinnung zeigen, wie durch Denken und Sprache und im Wechselspiel von Denken und Sprache Eigenschaften konstruiert werden und wie diese dann eine psychologische bzw. systemische Bedeutung erlangen. Denn Betroffene leiden an »Trauer« oder der »Lebhaftigkeit« des Sohnes und richten ihr Verhalten danach aus; und indem sie dies tun, leiden sie *auch* an ihrem eigenen Verhalten, das aus ihrer Sicht eine Reaktion auf die festgestellte »Trauer« oder »Lebhaftigkeit« ist. Wichtig ist zu erkennen, dass Menschen oft weniger am konkreten Verhalten, sondern vor allem an ihren Konstruktionen (»Trauer«, »Lebhaftigkeit« etc.) leiden.

Insofern ist zu konstatieren, »dass Menschen in Schmerzen untergehen, nicht weil die Welt nicht vielfältig genug wäre, um ihnen Befriedigung ihrer Bedürfnisse zu gewähren, sondern weil ihre Repräsentation der Welt verarmt ist. Entsprechend ist also die Strategie, die wir als Therapeuten anwenden, den Klienten in einer solchen Form mit der Welt in Verbindung zu bringen, die ihm reichhaltigere Wahlmöglichkeiten bietet. Da mit anderen Worten der Klient dadurch Leid erfährt, dass er eine verarmte Repräsentation der Welt geschaffen und vergessen hat, dass diese Repräsentation nicht die Welt ist, kann der Therapeut dem Klienten nur dann bei seiner Änderung helfen, wenn dieser zu einem in irgendeiner Weise mit seinem Modell inkonsistenten Verhalten gelangt und dadurch sein Modell bereichert« (Bandler u. Grinder, 1994, S. 70).

Als Berater bleiben wir flexibel, wenn wir auf die Sprache unserer Klienten genau achten und Eigenschaften (z. B. »unzuverlässig«) sowie aus Eigenschaften »geronnene« Hauptwörter (z. B. »die Unzuverlässigkeit von …«) bemerken. Wenn wir die Sprache unserer Kunden also dahingehend »abtasten«, was so alles an Konstrukten »daherkommt«, gewinnen wir eine große Handlungsoption: Wir können durch entsprechendes Nachfragen eine Konstruktrelativierung im Gegenüber anregen. Wir können durch »verflüssigendes Nachfragen« den Sprecher einladen, genauer zu untersuchen, wie er eigentlich zu dieser Eigenschaftszuschreibung kommt, welche Erfahrung dahintersteckt.

Die grundlegende Ausrichtung ist die, dass wir unsere Klienten durch unsere Nachfragen einladen, den substantivischen oder adjektivischen Modus zu verlassen und in ihrer Beschreibung wieder auf die Ebene der unteren beiden Modi zu gehen. Als Ausrichtung des Fragens bietet es sich immer an, nach den dahinter liegenden Erfahrungen mit einer Person zu fragen: »Was hat [...] getan, dass Sie sagen, er sei ›faul‹?«

Dies rückt die eigentliche Tun-Ebene wieder mehr in das Bewusstsein und ermöglicht außerdem ein Sprechen über die Gefühle und Denkweisen, die ein bestimmtes Verhalten eines Mitmenschen beim Sprechenden ausgelöst hat – und schon bewegt man sich in einer »verflüssigten Sprache« und es wird für die Beteiligten leichter, sich zu verstehen und anzunähern. Solange hingegen gleichsam mit »sprachlichen Betonklötzen« (»seine Faulheit«, »die Depression meiner Frau«, »die Hinterhältigkeit meines Nachbarn« ...) »geworfen« wird, bleibt alles starr beim Alten: die Denkweisen der beteiligten Kommunikationspartner ebenso wie deren Gefühle und Kommunikationsbeiträge.

In meinen Seminaren zeige ich zum Thema »Eigenschaften verflüssigen« immer eine Abbildung auf dem Flipchart, die die vier Modi der Eigenschaftskonstruktion von unten nach oben wiedergibt:

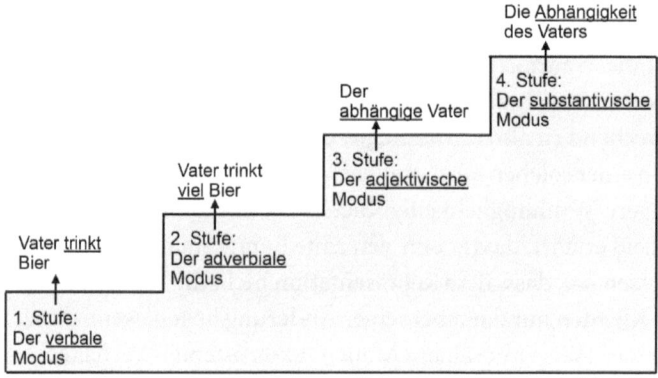

Abbildung 14: Vier Stufen der »Beeigenschaftung«

Auf der Tun-Ebene ist zunächst einmal zu konstatieren, dass Vater Bier trinkt. Auf der zweiten Stufe füge ich als Beobachter meine Interpretation des »viel« oder »wenig« mit hinzu: »Vater trinkt viel Bier« (was für den einen »viel« ist, ist vielleicht für den anderen »eher normal« oder sogar »wenig«). Auf der dritten Stufe findet der bereits beschriebene Quantensprung statt: Die Beschreibung des Tuns, des Geschehens wird verlassen und es wird auf dahinter liegende Persönlichkeitseigenschaften geschlossen: »der abhängige Vater«. Schließlich wird aus dem Eigenschaftswort ein eigenständiges Substantiv, und schon ist »die Abhängigkeit« konstruiert und in der Welt.

Mithilfe von Abbildung 14 weise ich dann meine Ausbildungsteilnehmer darauf hin, dass Eigenschaften sozusagen aus Verhalten destilliert und als feststehend und verdinglicht gedacht werden. Dies wiederum hat große Auswirkungen auf unser Verhalten, denn es macht einen Unterschied, ob man grundsätzlich davon ausgeht, dass jemand »missachtend« ist, oder ob man das Verhalten dieser Person in einer konkreten Situation in den Blick nimmt und feststellt: »L. schaute gestern nicht herüber und grüßte mich nicht, ich fühlte mich missachtet.« Letzteres ermöglicht mehr zukünftige Verhaltensalternativen, wohingegen im ersten Fall die Wirklichkeitskonstruktion nach dem Muster »Ein Mensch ist so« zu einer geringeren Bandbreite von Verhaltens- und Weiterentwicklungsmöglichkeiten innerhalb einer Beziehung führt.

Wie wendet ein Berater nun konkret die Technik des Verflüssigens an? Die Leitfrage dieser Technik ist:
- Was muss xy tun, damit Sie sagen, er sei so oder so (wie vom Klienten benannt)?

Also fragen wir in Anlehnung an diese Leitfrage beispielsweise:
- »Was muss Ihre Frau tun, damit Sie sagen, sie sei ›abweisend‹?«
- »Was muss Ihr Kollege tun, damit Sie sagen, er sei ›unstrukturiert‹?«
- »Was muss Ihr Bruder tun, damit Sie sagen, er sei an Ihren Eltern ›nicht interessiert‹?«
- »Was muss Ihr Bruder tun, damit Sie sagen, er sei an Ihren Eltern ›interessiert‹?«

Ziel des Beraters ist es, Eigenschaftsverdinglichungen zu verflüssigen, um so wieder mehr Komplexität, mehr Möglichkeiten, mehr Offenheit für die Betreffenden zu erwirken. Dies geschieht mithilfe unserer Fragen in Anlehnung an die oben dargelegte Leitfrage. So können die Stufen der »Beeigenschaftung« aufgehoben werden:

Indem man konkret nach der Situation, dem Kontext und dem Verhalten der einzelnen agierenden Personen fragt, dabei zusätzlich und davon getrennt nach den eigenen Gefühlen fragt, die diese Verhaltensweisen in dem Beschreibenden auslösten, gelingt eine Rückführung auf die erste Stufe des verbalen Modus. Die betreffende Person wird angeregt, ihre entlastenden (die vereinfachende »Beeigenschaftung« anderer Menschen bringt uns Entlastung für unser eigenes Verhalten) Interpretationen und Rückschlüsse zu erweichen und im Zusammenhang mit konkretem Verhalten und eigenen Gefühlen zu betrachten (siehe Tabellen 6 und 7).

Tabelle 6: Beispiele für Fragen, die darauf abzielen, von einem präsentierten adjektivischen Modus auf den zugrunde liegenden verbalen Modus zu wechseln

adjektivischer Modus des Klienten	mögliche Frage des Beraters
»Das Problem ist unser Sohn: Er ist faul.«	»Was muss Ihr Sohn tun, damit Sie von ihm sagen, er ist faul?«
»Unser Problem liegt nur an meinem Mann, er ist total verschlossen.«	»In welcher Situation haben Sie Ihren Mann so erlebt?«

Tabelle 7: Beispiele für Fragen, die darauf abzielen, von einem präsentierten substantivischen Modus auf den zugrunde liegenden verbalen Modus zu wechseln

substantivischer Modus des Klienten	mögliche Frage des Beraters
»Wenn meine Frau nicht dauernd diese Depressionen hätte …«	»Was genau tut Ihre Frau, wenn sie die Depression hat?«
»Die Spinnerei meiner Schwiegermutter macht mich noch wahnsinnig.«	»Wie verhält sich denn Ihre Schwiegermutter Ihnen und den anderen Familienmitgliedern gegenüber?« »Was sagt sie genau zu Ihnen?«

Die Methodik des Fragens ist vielfältig, es bieten sich unterschiedliche Varianten des Nachfragens an. Gleichzeitig halten wir noch einmal fest: Ich frage immer, wenn ich eine präsentierte Eigenschaft oder ein präsentiertes Hauptwort verflüssigen will, nach dem *Grundprinzip:*

- Was muss xy tun, damit Sie sagen, er sei so oder so (wie vom Klienten benannt)?

In dieser Frage wird einerseits auf eine interpretationsarme Beschreibung des Geschehens abgezielt. Ich »zwinge« also zunächst sehr wertschätzend mein Gegenüber, zu einer sprachlichen Beschreibung dessen zu gelangen, was diese Person auch tatsächlich wahrgenommen hat. Der zweite Frageteil »..., damit Sie sagen, er sei …« fokussiert andererseits darauf, wie diese Person das wahrgenommene Geschehen für sich interpretiert.

Das Geniale an dieser Fragetechnik ist, dass die Klienten lernen, ihre Konstrukte als Konstrukte wahrzunehmen. Der Antwortende reflektiert seine Eigenschaftszuschreibungen. Damit werden sie auch veränderbar, mindestens jedoch werden sie als subjektive Konstrukte erkannt.

Die Technik des Verflüssigens schleust so automatisch in den systemischen Beratungsprozess die Tatsache ein, dass es nicht um objektives Wissen bzw. um objektive Sichtweisen geht, sondern immer um subjektives Wissen, um subjektive Sichtweisen, die mehr oder weniger passend sind, die mehr oder weniger zur Aufrechterhaltung der Problematik beitragen, die es mehr oder weniger wahrscheinlich machen, neue Lösungen gemeinsam entwickeln zu können. Ich muss also als Berater meinen Klienten nicht lange erklären, dass ich von subjektiven Wirklichkeiten ausgehe und vor einem konstruktivistischen Hintergrund arbeite – ich arbeite einfach mit der Haltung des Nichtwissens, der Leitlinie der Konstruktrelativierung und der Technik des Verflüssigens. Damit wird automatisch im Beratungssetting eine Atmosphäre geschaffen, in der zunehmend bewusst wird, dass es Konstrukte sind, die unser Denken und Handeln leiten. Und dass genau in der Verflüssigung dieser Konstrukte ein großer Schatz verborgen liegt, der Veränderung ermöglicht.

Übung

Nehmen Sie sich einmal zehn Minuten bewusst Zeit, einem Menschen zuzuhören, ohne aktiv am Gespräch teilzunehmen. Sie tun dabei nichts weiter als darauf zu achten:
- Wie verwendet der Sprechende Sprache?
- Erkenne ich die »Geschenke«, die in der Sprache des Sprechenden verborgen liegen (Eigenschaftswörter, Hauptwörter)?
- Wie könnte ich die »Geschenke auspacken« – also nachfragen (Eigenschaften und Hauptwörter verflüssigen)?

Machen Sie sich bewusst: Welch großer Schatz in der Sprache verborgen liegt, welche Möglichkeiten des Nachfragens!

VII Die Haltung des Nichtverstehens

1 Die Grundhaltung

Wir haben bei der Haltung des Nichtwissens festgestellt, dass sie auf Wissen basiert, also Wissen des Beraters nicht ausschließt, sondern voraussetzt und darüber hinaus geht. Ähnlich ist es bei der Haltung des Nichtverstehens: Sie setzt Verstehenskompetenzen, also Einfühlungsvermögen des Beraters, voraus. Die Fähigkeit zur Empathie ist eine grundlegende im Job eines Beraters.

Dennoch müssen wir fragen: Was ist Verstehen? Ist Verstehen möglich? Wir bleiben ja schließlich alle füreinander uneinsehbar, wenn wir uns miteinander unterhalten. Letztlich meinen wir mit Verstehen eine über Kommunikation erreichte gefühlte oder gedachte Gleichschwingung. Diese von mir gedachte oder gefühlte Gleichschwingung mit meinem Gegenüber fühlt sich in der Regel gut an, gibt mir ein gewisses Wir-Gefühl, und in der Verliebtheit erreicht dieses Phänomen vielleicht den gefühlten Gipfel.

Doch es ergeben sich Fragen: Ist diese von mir gedachte und gefühlte Gleichschwingung als ein Phänomen in mir das gleiche wie in meinem Gegenüber? Gehen wir einmal davon aus, dass mir mein Gesprächspartner mitteilt, dass er sich auch so verstanden fühlt von mir und eine gleiche Schwingung empfindet – wäre das nicht der Beweis für das gleiche Phänomen, welches uns beide erfasst hat? Aus systemisch-konstruktivistischer Sicht sind hier Zweifel angebracht. Wir bleiben, auch wenn wir über Kommunikation miteinander verbunden sind und in Resonanz kommen, immer füreinander nicht einsehbar, nicht einfühlbare Wesen. Mein Empfinden ist mein Empfinden, und dein Empfinden ist dein Empfinden. Mein Gedanke ist ganz spezifisch mein Gedanke, und dein Gedanke ist dein Gedanke. Auch wenn ich sage: »Genau das habe ich auch gerade gedacht« – es ist nicht derselbe Gedanke, es ist ein anderer.

Ich will nicht – und schon gar nicht als Berater und Psychotherapeut – bestreiten, dass es das Phänomen des Verstehens und der Einfühlung gibt. Empathie ist eine basale Beraterkompetenz. Ich will jedoch darauf hinweisen, dass es aus meiner Sicht für einen Beratungsprofi besser ist, vom grundsätzlichen Nichtverstehen auszugehen. Also davon auszugehen, dass wir auch bei noch so viel »Verstehenskommunikation« immer eigenlogisch und voneinander getrennt funktionierende psychische Systeme sind und bleiben.

Die Krux für den Berater kann darin liegen, dass er meint, zu früh zu verstehen. Denn dann folgt ein innerliches Nicken auf die Botschaften der Klienten mit der Folge, dass man erstens gar nicht mehr richtig zuhört und zweitens keine neugierigen Nachfragen mehr stellt, weil man »ja eh schon verstanden hat«. Damit geht aber eine wesentliche Triebfeder der Professionalität verloren: das neugierige Nachfragen.

»Im Zweifel habe ich immer noch nicht ganz verstanden.« Diese Aussage eines meiner Lehrer habe ich nicht mehr vergessen, ich habe mir diesen Satz zu Herzen genommen. Er zielt darauf ab, dass ich mich als Berater selbst beobachte beim Zuhören und dass ich in Situationen, in denen ich mir nicht so ganz sicher bin, ob ich den Klienten jetzt verstanden habe oder noch nicht verstanden habe, mich für das »Ich habe Sie noch nicht ganz verstanden« entscheide. Damit erziele ich eine weitere nachfragende Wirkung, die es dem Klienten ermöglicht, durch weitere Exploration zu mehr Selbstverstehen zu kommen.

Ich gehe noch einen Schritt weiter: »Im Zweifel habe ich immer noch nicht ganz verstanden« bedeutet für mich auch, dass ich eigentlich grundsätzlich davon ausgehe, mein Gegenüber nicht voll verstehen zu können – egal wie viele und wie gute Fragen ich auch stelle. Dabei leitet mich die Annahme, dass zwar Verstehen nicht möglich ist, aber durch neugieriges Nachfragen angestrebt werden kann, und dass es sinnvoll ist, es anzustreben. Dabei geht es mir gar nicht vorrangig darum, dass tatsächlich ich als Berater zu einem besseren Verständnis der Klientensichtweisen komme, sondern dass die Klienten selbst ein erweitertes Selbstverständnis erzielen.

- Wie muss ich denken, dass ich verstehe, dass Sie …
  … so denken?
  … so fühlen?
  … diese Aussage treffen?
  … daran glauben?
  und so weiter.

Eine Organisationsberatungskollegin arbeitet oft mit diesem Leitsatz: »Wie muss ich denken, dass ich verstehe …?« Er ist für sie eine Grundorientierung im Sinne der Haltung des Nichtverstehens, gleichzeitig setzt sie diesen Satz aber auch manchmal ganz konkret als Frage in der Beratungssituation ein. Wenn wir zusammen arbeiten und sie diesen fragenden Satz einbringt, wird unsere

Haltung des Nichtverstehens sehr schön ausgedrückt. Denn die Frage transportiert eine beraterische Neugier, sie transportiert Interesse und den Versuch des Einfühlens und Verstehens, sie transportiert aber auch die Klarheit darüber, dass der Klient auf der einen und die Beraterin auf der anderen Seite zwei unterschiedliche Logiken haben.

Das Ziel des systemischen Beraters ist immer ein erweitertes Selbstverständnis des Klientensystems. Es ist nicht das vorrangige Ziel, die Klienten optimal zu verstehen. Vielmehr stellt der beraterische Weg, zu versuchen zu verstehen, ein entscheidendes Mittel dar, um dem Klienten ein neues Selbstverständnis zu ermöglichen. Ich gehe davon aus, dass von mir geleitete erfolgreiche Beratungsprozesse zu Ende gehen, bevor ich meine Klienten so richtig verstanden habe. Warum? Diese Sichtweise erhält mir meine Neugier, und meine Neugier ermöglicht mir ein kreatives Nachfragen und Intervenieren. Dies wiederum bietet die größte Chance, als Prozessberater dem Kundensystem optimale Hilfe zur Selbsthilfe zu bieten. Und so gehört es zu meinem Alltag, dass ich Klienten nach einem erfolgreichen Verlauf verabschiede – sie zeigen sich zufrieden mit der Zielerreichung, und ich stelle für mich fest: Ich habe (noch immer) nicht so richtig verstanden (worum es eigentlich genau ging, was genau geholfen hat, warum dies und nicht jenes wichtig war …).

Fassen wir zusammen: Kommunikation ist immer als Koordination zweier Blackboxes zu verstehen, die füreinander uneinsehbar sind und bleiben. Der Berater setzt die Grundhaltung des Nichtverstehens ein, um seine Neugier auf die Andersartigkeit des Gegenübers aufrechtzuerhalten. Dadurch wird paradoxerweise die Chance für eine gelingende Kommunikation, innerhalb derer der Klient Verständnis und Verstehen erlebt, erhöht.

Wenn der Klient nun Verständnis erlebt, ist es dem Berater wichtiger, dass es sich hier um ein (erweitertes) Selbstverständnis handelt. Weniger wichtig ist es dem Berater, dass es sich um ein Gefühl des Klienten handelt, vom Berater besonders gut verstanden zu werden. Da dies jedoch meist eine wichtige Voraussetzung ist, zielt das beraterische Tun natürlich auch darauf ab, Verständnis zu erzielen und Empathie zu zeigen.

Wir können es paradox formulieren: Verstehensprozesse sind in der Beratung wichtig, obwohl sie letztendlich als unmöglich betrachtet werden. Denn die Antwort auf die Frage, ob sich Personen verstehen können, ist und bleibt schwierig, denn es kommt darauf an, was man unter Verstehen versteht – und damit wird das Kernproblem deutlich: Am Beispiel von Wörtern (»Verstehen«) wird ersichtlich, dass sie Informationen darstellen, die jedoch unterschiedlich im Sinne von Verstehen rezipiert werden, je nach der Interpretationstendenz des »verstehenden Systems«.

Bandler und Grinder (1994) stellen uns mit dem Metamodell der Sprache eine praxisrelevante Theorie zur Verfügung, die mir im Rahmen unserer Überlegungen zur Haltung des Nichtverstehens wichtig ist. Denn sie macht ersichtlich, dass mit Kommunikation immer eine deutliche Reduzierung dessen einhergeht, was wirklich in mir ist (an »psychischen Inhalten« sozusagen). Es kann also kommunikativ niemals alles transferiert werden.

Stellen Sie sich bildlich die Psyche eines Menschen als Flasche vor, die Wein beinhaltet. Für kommunikative Zwecke muss gleichsam der Wein durch den Flaschenhals (Korken) hindurch, also in einen anderen Aggregatzustand (gasförmig werden). Der Duft nach Wein ist nicht der Wein selbst. Und so sind die Sprache und der nonverbale Ausdruck eines Menschen nicht seine psychischen Inhalte! Doch kehren wir zum Metamodell der Sprache zurück – hier wird das Phänomen, auf das ich hinaus will, doch klarer und wissenschaftlicher veranschaulicht:

Das Modell greift das Übertragungsproblem innerhalb der menschlichen Kommunikation auf und bezieht sich auf die Verwendung von Sprache im Beratungsgespräch. Es werden zwei Hauptfunktionen der Verwendung von Sprache gesehen: Erstens dient sie als interne Repräsentation von Erfahrungen (Wirklichkeitskonstruktionen) und zweitens ermöglicht sie die gegenseitige Mitteilung dieser Repräsentationen. In diesem Sinne geht es also im Rahmen des Kommunikationsgeschehens um den Austausch von Konstruktionen. Es wird davon ausgegangen, dass es eine basale Ebene gibt, auf welcher die unmittelbare menschliche Erfahrung von Welt stattfindet. Um diese Erfahrungen und Erlebnisse nun speichern zu können, werden sie im psychischen System sprachlich repräsentiert. Diese interne Repräsentation stellt die sprachliche Tiefenstruktur dar. Diese kann jedoch nicht durch Kommunikation mitgeteilt werden, da sie sich als grundlegende intrapersonale Repräsentation einer Übertragung entzieht. Das Festlegen auf eine bestimmte Art und Weise der Mitteilung stellt eine Komplexitätsreduzierung dar. Die repräsentierte innere Welt wird im Gesagten verdichtet und eingeengt. Der Selektionszwang der Kommunikation macht eine Einschränkung und Verengung notwendig. Dieses tatsächlich Gesagte oder Mitgeteilte entspricht der Oberflächenstruktur. Drei Ebenen sind also nach dem Metamodell zu unterscheiden (siehe Abbildung 15).

Denken wir uns die Person A als unseren Klienten, Person B sind wir als Berater. Der Klient A erzählt von seiner Situation, er gibt uns sprachliche Informationen. Dies tut er über die Oberflächenstruktur. Dabei greift er auf seine sprachliche Tiefenstruktur zurück. In dieser sind seine Erfahrungen sprachlich-kognitiv repräsentiert und abgespeichert. Wenn nun Klient A erzählt, wählt er aus dem inneren sprachlichen Möglichkeitsbereich seiner sprachlichen Tie-

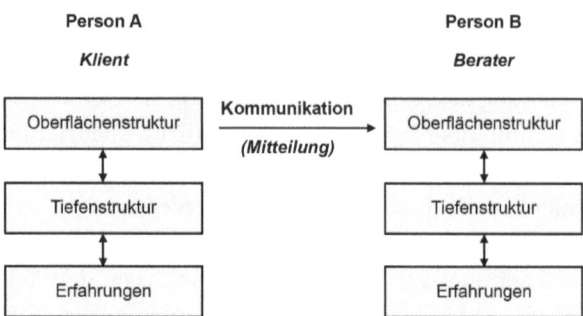

Abbildung 15: Kommunikation in Anlehnung an das Metamodell

fenstruktur das aus, was er gerade als Formulierung verwendet (Oberflächenstruktur). Vieles, was auch gesagt und mit anderen Worten ausgedrückt werden könnte, bleibt unausgesprochen, es findet also im Übergang von der sprachlichen Tiefenstruktur hin zur gesagten Oberflächenstruktur eine starke Komplexitätsreduktion statt.

Wenn wir noch zusätzlich in Betracht ziehen, dass die sprachliche Tiefenstruktur von A ihrerseits bereits eine sehr starke Vereinfachung und Reduktion der dahinter liegenden gemachten Erfahrungen von A ist, wird deutlich, in welch extremer Form psychische Inhalte für die Mitteilung reduziert und in Sprache übersetzt werden müssen.

Die untere Ebene in diesem Modell, der Bereich der Erfahrungen, müssen wir uns dabei als nichtsprachliche Sinneserfahrungen des Menschen vorstellen: Man hat ein Urlaubserlebnis auf einer Segeljacht, man fühlt den Wind, die Wärme der Sonne, die Frische der Gischt, man spürt die Atemluft, die Temperaturunterschiede im Tagesverlauf, hat raue Hände, Muskelkater und genießt am Abend – als Ganzkörpergefühl und Eindruck der Sinne – das Abendessen bei Sonnenuntergang. Später möchte man von seinen Urlaubserfahrungen erzählen.

Nach dem Metamodell der Sprache hat man seine (nichtsprachlichen) Erfahrungen kognitiv-sprachlich repräsentiert, also als Gedankenerinnerungen, die sprachlich abrufbar wären. Dies stellt die Tiefenstruktur dar. Es hat also bereits eine Transformation von (einmal erlebter) Sinneswahrnehmung hin zu kognitiv-sprachlicher Erinnerung/Repräsentation stattgefunden: Aus der Fülle der sinnlich wahrgenommenen Erlebnisse wird auf Bestimmtes fokussiert, auf anderes nicht. Das Ergebnis ist die innerpsychische sprachliche Tiefenstruktur.

Wenn man nun von diesen Urlaubserlebnissen erzählt, wählt man aus der sprachlichen Tiefenstruktur Wörter und Sätze aus, die man dann als Oberflächenstruktur tatsächlich kommuniziert. Das Kommunizierte ist also in der Tat nur noch ein kleiner Rest dessen, was ursprünglich erlebt wurde. Hinzu kommt, dass man im Zuge der inneren Repräsentation von Erfahrungen trickst, ohne es zu merken. Wir generalisieren unsere Erfahrungen (»Der Urlaub war sehr schön«) und lassen dabei abweichende Erfahrungen beiseite (»Naja, bis auf die harten Matratzen und dass ich kaum schlafen konnte in der Kajüte ...«). Wir tilgen bestimme Erfahrungen (»Ach ja, da war ja noch das mit der geklauten Geldbörse – war das wirklich in diesem Urlaub?«) oder verzerren unsere Erfahrungen, indem wir sie uns in der Erinnerung »zurechtbiegen« (»Du meinst die Schlussabrechnung war höher als vereinbart? Ich glaube, der Preis war vorher schon so ausgemacht«).

Kehren wir zu Abbildung 15 zurück und betrachten nun, was bei Person B passiert: Unser Klient A erzählt uns (B) seine Situation. Wir lauschen seiner sprachlichen Oberflächenstruktur, die bereits – wie wir gesehen haben – eine starke Komplexitätsreduktion darstellt. Nun treffen seine Worte auf uns, wir nehmen sie gemäß dem Metamodell der Sprache über unsere »zuhörende« Oberflächenstruktur auf. Und nun passiert Folgendes: In dem Moment, in dem wir das Gefühl haben, zu verstehen, gehen die gehörten Worte mit unseren eigenen Erfahrungen, mit unserer eigenen inneren sprachlichen Tiefenstruktur in Resonanz. Spricht beispielsweise unser Klient von seiner Schulzeit, so wecken die Wörter »Schule« oder »Abiturprüfung« oder »Klassenfahrt« in uns spezifische Resonanzen, die mit unseren Erfahrungen von Schule, Abiturprüfung oder Klassenfahrten zu tun haben. Wir nicken also verstehend eigentlich unseren eigenen inneren Repräsentationen zu, wenn wir unserem Gegenüber signalisieren: Ich verstehe dich.

Nach diesem Modell ist Kommunikation – vereinfacht ausgedrückt – der Zwang, die in der Tiefenstruktur repräsentierten Erfahrungen in eine kommunikative Oberflächenstruktur zu verwandeln. Kommunikation stellt eine drastische Komplexitätsreduktion dar, die durch Generalisierungen, Tilgungen und Verzerrungen gekennzeichnet ist. Es wird also von A viel weniger mitgeteilt als gemeint ist. Und das bei B Ankommende wird wiederum eigens interpretiert, denn die empfangende Person interpretiert die Kommunikation auf der Basis ihrer Tiefenstruktur und der dahinter liegenden subjektiven Erfahrungen.

Diese Überlegungen verfestigen in uns die Haltung des Nichtverstehens, denn sie machen deutlich: Ich kann als systemischer Berater nicht vom gegenseitigen Verstehen ausgehen, vielmehr gehe ich von der Unwahrscheinlichkeit des Verstehens aus. Dass sich zwei Blackboxes verstehen können, ist also auch nach der Theorie des Metamodells unwahrscheinlich. Aber ein Verstehen durch Kommunikation ist auch nicht maßgeblich. Es ist sogar schädlich, von der Möglichkeit des vollen Verständnisses auszugehen, sofern als Grundlage der Kommunikation immer Verstehen postuliert wird. Warum nicht aus der Sichtweise operational geschlossener und eigenlogischer Systeme davon ausgehen, dass die gegenseitige Undurchschaubarkeit bzw. Uneinsichtigkeit die Basis jeder Interaktion darstellt? Der systemisch denkende Berater »dreht den Spieß um« und betrachtet Kommunikation auf der Basis der Unmöglichkeit, sich zu verstehen. Denn es stimmt ja immer beides: Der eine hat dieses gesagt, der andere jenes gehört.

Der Vorteil besteht darin, dass man neugierig wird und im Kommunikationsprozess neugierig bleibt, was andere Sichtweisen und Perspektiven angeht. Kommunikation als Abstimmen von »inneren Landkarten« impliziert als professionelle Haltung auch die Relativierung der eigenen Sichtweise in dem Wissen, dass es so, aber auch anders sein könnte, dass unterschiedlich wahrgenommen und interpretiert wird, mit den entsprechenden Folgerungen für das weitere Verhalten. Die Bereitschaft, eigene Wirklichkeitsinterpretationen immer wieder infrage zu stellen, stellt ihrerseits wiederum eine wichtige Bedingung für gegenseitiges Verstehen dar, sodass wir – wieder einmal paradox – formulieren können: Indem er davon ausgeht, dass Verstehen nicht möglich bzw. unwahrscheinlich ist, versucht der Berater umso mehr, Verstehen (im Sinne gelingender Koordination) zu erreichen. Auf der Basis dieser Überlegungen stellt die Kommunikation eines Beraters nie einen direkten Eingriff beim Adressaten dar. Es handelt sich vielmehr um kommunikative Angebote auf der Ebene der sprachlichen Oberflächenstruktur, die dann vom Klienten (gemäß seiner Erfahrungen und seiner Tiefenstruktur) aufgenommen und verarbeitet werden oder eben auch nicht aufgenommen und nicht verarbeitet werden.

In diesem Sinne bedeutet die Haltung des Nichtverstehens, Beratung als Kontextsteuerung zu betrachten: Ich stelle mit meinen sprachlichen Angeboten aus Sicht des Klientensystems einen Kontext zur Verfügung, und aus diesem Kontext greift sich der Adressat das heraus, was für ihn relevant ist. Er interpretiert und verarbeitet dies auf seine spezifische Weise. Systemische Beratung ist nie eine direkte Einflussnahme, sondern das Steuern über Kontexte, das Zur-Verfügung-Stellen eines für das Klientensystem möglichst anregungsreichen »Rahmens«.

2 Die Leitlinie: Selbstverstehen des Klienten anregen

Wir hatten bereits davon gesprochen: Die Haltung des Nichtverstehens wird vom Berater umgesetzt, indem er sich eigentlich nur als Nebenprodukt darum kümmert, dass er versteht, worum es dem Klienten geht. Hauptsächlich kommt es hingegen darauf an, dafür zu sorgen, dass sich der Klient selbst besser versteht. Denn wenn er das tut, hat er einen neuen und erweiterten Blick auf sich selbst und auf seine Problemsituation, und dies ermöglicht ihm entweder bereits eine Relativierung von Problemsichten oder auch neue Handlungsoptionen.

Wir verfolgen während des Beratungsprozesses also die Leitlinie, Selbstverständnis bzw. Selbstverstehen zu ermöglichen. Dabei setzen wir unsere Kreativität und Neugierde ein. Dies beginnt schon bei der Auftragsklärung, die für den systemischen Berater eine Basisintervention darstellt (vgl. Kapitel X). Denn durch unsere ausführlichen Fragen zur Vorgeschichte, zum Überweisungskontext, zu den inneren Bildern und Erwartungen bezüglich der Beratung, zu den Zielen etc. versetzen wir bereits von Anfang an das Adressatensystem in einen Prozess der inneren Reflexion; unsere Auftragsklärungsfragen sind in aller Regel nicht »mit den alten Schallplatten« des Klienten zu beantworten. Vielmehr führen wir unser Gegenüber immer mehr in ein sprachliches Nachdenkspiel, während wir äußerlich »einfach nur neugierig nachfragen« und schließlich als Berater »ja auch erst einmal verstehen müssen, worum es geht«.

So ermöglichen wir beispielsweise ein vertiefteres Selbstverstehen, wenn wir uns in der Auftragsklärung nicht einfach mit der ersten Antwort auf die Frage nach dem Ziel der Beratung zufrieden geben. »Wir wollen wieder eine glückliche Beziehung führen«, hören wir beispielsweise als Zielformulierung in der Paarberatung. Wir fragen nach: »Woran werden Sie/Ihre Partnerin konkret merken, dass Sie wieder eine glückliche Beziehung führen?« Diese Nachfrage ist getragen von der Leitlinie des Selbstverständnis-Erweiterns. Diese Nachfrage ist nicht »mit den alten Schallplatten« zu beantworten – die erste Frage war es noch. Jetzt muss nachgedacht werden. Es ist ein Moment in der Beratung, in welchem auch das Paar selbst für sich neue Informationen ausbildet – egal welcher Partner (zuerst) antwortet.

In der Organisationsberatung fragen wir die auftraggebende Geschäftsführung nach dem Ziel der Beratung. Die Antwort: »Die Zufriedenheit der Mitarbeiter soll gestärkt werden, damit wieder mehr Motivation vorhanden ist.« Weil wir die Leitlinie der Erweiterung des Selbstverstehens verfolgen, lassen wir den Geschäftsführer bereits im ersten Gespräch tiefer darüber nachdenken, indem wir fragen: »Woran würden Sie merken, dass Ihre Mitarbeiter zufriedener sind?«, »Woran würden es Ihre Mitarbeiter festmachen, dass sie zufriedener sind?«, »Mehr Motivation vorhanden – was wäre dann anders als heute?«. Es folgt ein vertiefender sprachlicher Austausch zwischen Kunde und Beratern, der letztlich beiden Seiten zu einem vertiefteren Verständnis der Ausgangslage sowie der angestrebten Ziele verhilft. So kann es sein, dass der Geschäftsführer durch die Beantwortung der Vertiefungsfragen zu dem Schluss kommt, dass es ihm gar nicht mehr um eine »Steigerung der Motivation« geht, sondern zunächst um eine Beendigung von Verunsicherung seiner Beschäftigten, weil in letzter Zeit zu viele Veränderungen und Ungewissheiten durch einen Zusammenschluss von Geschäftsstellen vorhanden waren.

Es wird deutlich: Bevor ich als Berater überhaupt verstanden habe, worum es geht, hat der Klient bereits eine innere Weiterentwicklung durch meine Fragen erfahren, und das, worum es ihm zunächst ging oder zu gehen schien, betrachtet er während der Beantwortung meiner Fragen bereits genauer, anders oder relativierend. Eine Erweiterung des Selbstverständnisses des Klienten findet statt.

Um das Selbstverstehen des Kunden zu erweitern, braucht man eine gewisse Coolness. Denn oft kommt es vor, dass ja eigentlich ganz offensichtlich erscheint, dass die Frage bereits beantwortet wurde. Und dennoch fragt der Berater ganz cool noch einmal vertiefend nach – und siehe da, die dann kommende Antwort wird spezifischer, inhaltsvoller, konkreter, klarer. Man braucht auch eine gewisse Gelassenheit als Berater. Denn oft scheint »Druck im Kessel« zu sein, der Kunde hat es besonders eilig, zu einem Ziel zu kommen und nun doch endlich »loszulaufen«. Da scheint ein gelassener Berater, der mehrmals nachfragt, zunächst eher verlangsamend zu sein – die Beraterfragen als Geduldsprobe sozusagen. Sicherlich darf man diesen Faden nicht überspannen, doch in der Regel wird bereits nach wenigen Minuten auch einem gestressten Manager während des Beratungsgesprächs klar, dass die konkretisierenden und neugierig-kreativen Nachfragen des Beraters sinnvoll sind und Reflexion bewirken. Wenn man als Berater die Coolness und die Gelassenheit, mit welcher man seine Fragen einbringt, noch mit einem Hauch von frecher kindlicher Neugier ergänzt, wird man die Leitlinie des Erweiterns von Selbstverstehen des Klienten sehr gut umsetzen können.

Grundsätzlich sind alle systemischen Fragetechniken eine Möglichkeit, zum erweiterten Selbstverstehen und damit zum erweiterten Selbstverständnis des Klienten beizutragen. Besonders herausstellen möchte ich an dieser Stelle jedoch das Nachfragen nach dem bereits vorgestellten Metamodell der Sprache.

3 Die Methode: Nachfragen nach dem Metamodell der Sprache

Das Metamodell der Sprache mit seinen drei Ebenen haben wir bereits kennengelernt (vgl. Abbildung 15). Wir stellten fest, dass die unmittelbare Erfahrung der Welt etwas anderes ist als deren innerpsychische Abspeicherung (Tiefenstruktur) und dass der Sprechende aus dem Möglichkeitsbereich der Tiefenstruktur auswählt und zu einer Formulierung findet (Oberflächenstruktur). Damit ist das, was gesagt wird, deutlich weniger komplex als das, was für diese Person eigentlich dahintersteckt. Es finden intrapsychisch gleichsam auf dem Weg zur Oberflächenstruktur Generalisierungen, Tilgungen und Verzerrungen des Erlebten statt. Die betreffende Person »biegt sich ihre Erfahrungen zurecht«, passend zu einem bestimmten Weltbild und bestimmte Wirklichkeitskonstruktionen aufrechterhaltend.

Wenn nun eine Person über eigene Sichtweisen und Erfahrungen (in der Oberflächenstruktur) spricht, wirkt dies auch wieder auf die inneren Landkarten (Wirklichkeitskonstruktionen) zurück – es entsteht eine sich selbst bestätigende Konstruktion von Erlebtem und der Welt, die durch die inneren Vorgänge des Generalisierens, Tilgens und Verzerrens erbaut und durch das Sprechen darüber verfestigt wird.

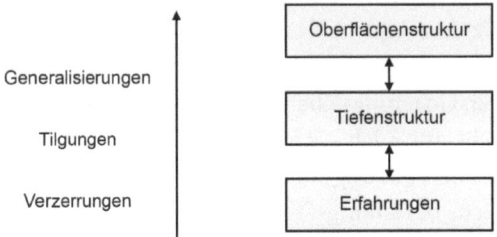

Abbildung 16: Generalisierungen, Tilgungen und Verzerrungen

Jeder Mensch verarbeitet seine unmittelbaren (nichtsprachlichen) Sinneserfahrungen. Diese werden intern zu einer sprachlich-kognitiven Tiefenstruktur transformiert, und aus dieser wird dann im Sinne der Oberflächenstruktur das ausgewählt, was tatsächlich gesprochen wird. Gleichsam auf dem Weg von der gemachten Erfahrung hin zum ausgesprochenen Wort finden – meist unbemerkt – Prozesse des Generalisierens, Tilgens und Verzerrens statt (siehe Abbildung 16).

3.1 Generalisierungen und Techniken des Nachfragens

»Generalisierung ist der Prozess, durch den Elemente oder Teile eines persönlichen Modells von der ursprünglichen Erfahrung abgelöst werden, um dann die gesamte Kategorie, von der diese Erfahrung ein Beispiel darstellt, zu verkörpern. Unsere Fähigkeit zu generalisieren ist wesentlich, um mit der Welt fertig werden zu können. Zum Beispiel ist es für uns nützlich, von der Erfahrung einer Verbrennung beim Berühren eines heißen Ofens generalisieren zu können, um zu einer Regel zu gelangen, dass heiße Öfen nicht berührt werden sollen. Aber diese Erfahrung dahingehend zu generalisieren, dass Öfen gefährlich sind, und folglich sich zu weigern, mit einem im gleichen Zimmer zu sein, heißt, unsere Bewegungsfähigkeit in der Welt unnötig einzuschränken« (Bandler u. Grinder, 1994, S. 35).

Durch den Vorgang des Generalisierens werden Erfahrungen intern geordnet repräsentiert, wodurch psychische Komplexität reduziert wird. Generalisierungen sind lebenswichtig. Sie ermöglichen es uns, nicht immer wieder aufs Neue auf heiße Herdplatten greifen zu müssen. Sie ermöglichen uns, nicht immer wieder Wäsche in unterschiedlichen Farben in die Waschmaschine stecken zu müssen mit dem Ergebnis, dass sich der Lieblingspullover verfärbt hat – einmal diese Erfahrung gemacht zu haben reicht. Wir leben also mit vielen Generalisierungen im Alltag sehr gut. Es gibt jedoch Lebensbereiche, in denen sich eine Generalisierung als einengend erweist und persönliche Weiterentwicklung bremst oder gar verunmöglicht.

Mit derartigen Generalisierungen haben wir es oft als Berater zu tun. Wir hören etwa unseren Coaching-Klienten, dem eine neue Stelle angeboten wurde, sagen: »Das ist nichts für mich – ich bin nicht geeignet für eine Führungsrolle.« In der therapeutischen Sitzung formuliert eine alleinstehende Frau mittleren Alters, dass sie nicht beziehungsfähig sei. Und in der Organisationsberatung wird man mit der Aussage konfrontiert: »Bei uns gibt es keine Wertschätzung von der Geschäftsleitung – darauf braucht man gar nicht zu warten.«

Aussagen dieser Art kann der Berater aufgreifen – wenn er sie denn als Generalisierung hört und wahrnimmt. Durch Nachfragen wird versucht, die zu einem »festen Betonklumpen« verdichteten generalisierten Erfahrungen des Betreffenden zu thematisieren, dem Klienten bewusst zu machen. So wird eine Option geschaffen, die generalisierte Erstaussage zu verändern. Wenn etwa im Coaching bearbeitet wird, wie der Klient auf die generalisierte Feststellung kommt, dass eine Führungsrolle für ihn nichts sei, vertieft man die dahinter liegenden Erfahrungen und die Art und Weise, wie diese Person diese Erfahrungen über sich und andere zu dieser Generalisierung verdichtet hat. Nach einer gewissen Zeit wird es für den Betreffenden im Gespräch möglich, die Generalisierung neu zu betrachten und eventuell auch für die heutige Situation als »passend« beizubehalten; oder aber zu einer neuen Sicht der Dinge zu kommen: »Stimmt, jetzt wo wir so darüber sprechen wird mir klar, dass ich vorschnell nein sagen würde zu dem Jobangebot. Wenn ich mehr Selbstbewusstsein hätte, dann würde ich den Job wahrscheinlich sogar annehmen.«

In der Therapie wäre es denkbar, dass die generalisierte Aussage »Ich bin nicht beziehungsfähig« über eine Aufarbeitung der dahinter liegenden Enttäuschungen in Partnerschaften bearbeitet wird, und in der Organisationsberatung könnte man einen Austausch darüber anregen, wie die anwesenden Organisationsmitglieder zu dieser Sichtweise kommen, dass es keine Wertschätzung von der Geschäftsführung gebe. Etwa durch die Frage, wann zuletzt jemand, der im Raum ist, zumindest einen Hauch von Wertschätzung vom Geschäftsführer erfahren habe, ließe sich unter Umständen diese Generalisierung relativieren. Denn das neugierige Fragen danach, wann denn zuletzt eine Ausnahme von der Generalisierung erlebt wurde, führt öfter als man denkt bereits im ersten Frageversuch zu einer Antwort, die dann schon die vormals grundsätzlich formulierte Generalisierung erweicht.

Die Technik besteht darin, erstens Generalisierungen in der erzählten Oberflächenstruktur des Klienten erkennen zu können und zweitens diese zu hinterfragen. Dies tut man am besten, indem man den Klienten auffordert, seine generalisierte Aussage wieder mit den unmittelbaren Erfahrungen, an die er sich erinnern kann, in Verbindung zu bringen. Eine weitere Möglichkeit des Fragens besteht darin, auf (kleine) Ausnahmen von der generalisierten Feststellung zu fokussieren (siehe Tabelle 8).

Tabelle 8: Generalisierungen des Klienten und daran anschließende Fragen des Beraters

Generalisierungen des Klienten	mögliche Fragen des Beraters
»Er ist immer unpünktlich.«	»Immer?« »Wie sieht das konkret aus, wenn er unpünktlich ist (wenn Sie sagen, er sei unpünktlich)?«, »Was löst das in Ihnen aus?« »Wann war er zuletzt pünktlich?«
»Mein Mann versteht mich nicht.«	»Wie kommen Sie darauf?« »Woran merken Sie das?« »Woran würden Sie bemerken, dass Ihr Mann Sie versteht?« »Was müsste Ihr Mann tun, damit Sie sich verstanden fühlen?«
»Ich kann mich nicht selbstständig machen – ich bin nicht der Typ dazu.«	»Wie kommen Sie darauf?« »Was bräuchte denn Ihrer Meinung nach der ›Typ‹ des Selbstständigen?« »Welche Erfahrungen haben Sie gemacht, dass Sie sich das nicht zutrauen?« »Welche Erfahrungen müssten Sie machen, um sich das zuzutrauen?«

Derartiges Nachfragen erwirkt Vertiefung: Der Klient wird freundlich gezwungen, seine generalisierte Sprache und damit auch sein generalisiertes Denken zu reflektieren. Dies geschieht über das Bewusstwerden der dahinter liegenden, teilweise schmerzhaften Erfahrungen. Von daher bewirkt das Nachfragen nach dem Metamodell durchaus oft auch eine Kontaktaufnahme mit Emotionen, die »eingekapselt« hinter der Generalisierung liegen.

Im Mehrpersonensetting ermöglicht diese Fragetechnik die große Chance für die Beteiligten, negative Kommunikationsschleifen unterbrechen zu können. Aus einer wechselseitigen Kommunikation der Art »*Du* verstehst mich nicht!« – »Und *du* verstehst *mich* nicht!« kann mit beraterischer Hilfe ein neues Aufeinanderzugehen entstehen.

3.2 Tilgungen und Techniken des Nachfragens

»Tilgung ist ein Prozess, durch den wir unsere Aufmerksamkeit selektiv bestimmten Dimensionen unserer Erfahrungen zuwenden und andere ausschließen« (Bandler u. Grinder, 1994, S. 36). Insofern wird auf diese Weise die Welt ebenso reduziert, was in bestimmten Kontexten sinnvoll erscheint, in anderen dagegen nicht. Bandler und Grinder führen ein Beispiel an: Ein Mann klagte, dass ihm seine Frau nie Liebesbotschaften übermittelte. Vom Berater wurden jedoch sehr wohl auch im gemeinsamen Gespräch derartige Botschaften wahrgenommen, die allerdings nicht auf den generalisierten Selbstwert des Mannes (»Ich bin nicht liebenswert«) passten. Darauf angesprochen, musste der Mann erkennen, dass er seine Frau in ihren Liebesaussagen nicht wahrgenommen und gehört hatte.

Für den Mann ist es mithilfe des Therapeuten möglich, im Hier-und-Jetzt die Erfahrung zu machen, dass er die Liebesbotschaften seiner Frau gar nicht wahrgenommen hat, obwohl sie da waren. Ohne therapeutische Unterstützung bleibt er jedoch gefangen in seiner eingeschränkten Wahrnehmung. Das bedeutet, dass ein hoher Nutzen therapeutischer oder beraterischer Sitzungen darin liegen kann, dass der Professionelle bewusst macht, was innerhalb der Kommunikation alles vorhanden ist bzw. sein kann – und wie eingeschränkt (getilgt) dann das jeweilige Individuum wahrnimmt. In Mehrpersonensettings können also Tilgungen gleichsam direkt bearbeitet werden.

In der Einzelberatung ist die Situation eine andere: Hier spricht der Klient über seine Erfahrungswelt und der Berater achtet darauf, ob und wie in der präsentierten sprachlichen Oberflächenstruktur des Klienten Satzbestandteile fehlen. Dies ist dann ein Hinweis auf eine Tilgung. Und diese kann erfragt werden.

Bei der Aussage, »Ich habe Angst«, fehlt ein wichtiger Satzbestandteil, denn es wird nicht mitformuliert, wovor die Angst besteht. Bei der Formulierung: »Ich freue mich«, liegt die Frage nahe: »Auf was?« Mit neugierigem Nachfragen ermöglicht der Berater eine Erweiterung und Intensivierung der sprachlichen Reflexion, führt den Klienten mehr zu sich selbst, zu den dahinterliegenden Gefühlen und Erlebnissen.

Durch das Zurückgehen auf die Situation, in welcher eine Grunderfahrung gemacht wurde, ist es möglich, die damit im Zusammenhang stehenden Erfahrungen des Klienten noch einmal aufleben zu lassen, sodass eine vollständigere Beschreibung des Erfahrenen erfolgt. Dadurch kann ein bislang getilgter Teil in das sprachliche Modell mit aufgenommen werden. Orientiert sich der Berater an Mitteilungen zur Lebenswelt des Ratsuchenden, die ihm selbst unvollständig oder einschränkend vorkommen, so ist die Verwendung der Frage »Was hindert Sie daran …?« ein zentrales Hilfsmittel, im Kommunikationsverlauf so anzuschließen, dass der Betroffene seinen durch Tilgungen reduzierten Möglichkeitsbereich bewusst machen und erweitern kann.

Tilgungen erkennt der Berater in der Sprache des Klienten immer daran, dass wichtige Satzbestandteile weggelassen werden (siehe Tabelle 9).

Tabelle 9: Tilgungen des Klienten und daran anschließende Fragen des Beraters

Tilgungen des Klienten	mögliche Fragen des Beraters
»Ich habe Angst.«	»Wovor?«
»Mein Mitarbeiter macht Schwierigkeiten.«	»Wem?« »In welcher Hinsicht?«
»Meine Tochter folgt nicht.«	»Wem folgt Ihre Tochter nicht?« »In welchen Situationen?« »Bei welchen Ansagen folgt sie nicht?« (»In welche Richtung folgt sie nicht?«)

Aussagen wie »Ich habe Angst« oder »Meine Tochter folgt nicht« haben etwas Statisches. Sie implizieren, dass es so ist und dass daran auch nichts zu ändern sei: Es handelt sich um »fest betonierte« Wirklichkeitskonstruktionen der Klienten – und nach diesen richten sie auch ihr Denken und Fühlen aus.

Durch das neugierige Nachfragen nach dem »getilgten Material« kommt Bewegung in die Sprache und in das Denken der Klienten zurück. Der Klient reflektiert für sich konkret: Wie komme ich eigentlich zu dieser »betonierten Aussage«? Und dem Klienten wird klar, dass es sich um »sprachliche Betonklötze« handelt, die er von sich gibt.

3.3 Verzerrungen und Techniken des Nachfragens

»Verzerrung ist der Prozess, der uns ermöglicht, in unserer Erfahrung sensorischer Einzelheiten eine Umgestaltung vorzunehmen« (Bandler u. Grinder, 1994, S. 37). Durch Tilgung reduziertes und generalisiertes Material kann nun noch intern verzerrt werden, sodass durch das Zusammenspiel der drei genannten Mechanismen der sich selbst bestätigende Eigenbau der Welt vollzogen werden kann.

Ein gutes und alltägliches Beispiel für eine Verzerrung besteht in Aussagesätzen, in denen die Verantwortung für die eigenen Gefühle nicht selbst übernommen wird. Sie wird anderen zugeschrieben. »Mein Mann macht mich ärgerlich« ist eine Aussage, die der Berater einem allgemeinen Muster zuordnen kann: »Ein Mensch bewirkt, dass ein anderer Mensch ein Gefühl hat.« Eine derartige Aussage ist jedoch insofern verfälscht, als jeder Mensch anders auf das Verhalten seiner Mitmenschen reagiert. Somit kann die »Täterschaft« für mein Gefühl letztlich nicht einem anderen zugeschrieben werden. Es geht also nicht um »Der macht mich ...«, sondern um eine Grundsituation, in welcher eine Person aufgrund einer bestimmten Handlung einer anderen Person auf spezifische Weise reagiert. Hier sollte durch gezieltes Nachfragen versucht werden, den Betreffenden wieder mit seinen ursprünglichen Gefühlen und Erfahrungen zu verbinden, sodass sich ihm über den Weg der Verantwortungsübernahme für seine Reaktionen neue Handlungsperspektiven ermöglichen.

Eine typische Form einer Verzerrung besteht auch darin, dass Vorannahmen konstruiert werden, die dann als objektive Gegebenheiten betrachtet werden (siehe Tabelle 10).

Tabelle 10: Verzerrungen (Vorannahmen) des Klienten und daran anschließende Fragen des Beraters

Verzerrungen (Vorannahmen) des Klienten	mögliche Fragen des Beraters
»Unser Sohn wird wieder sitzenbleiben.«	»Wie kommen Sie darauf?« »Höre ich da eine Angst heraus oder was ist das für ein Gefühl, wenn Sie das sagen?« »Wie war es im letzten Schuljahr?« (»Welche Erfahrungen und Gefühle stecken bei Ihnen dahinter?«) Falls der Sohn mit dabei sitzt: »Wie ist das für Ihren Sohn, wenn er das so von Ihnen hört?« »Was würde wohl Ihr Sohn stattdessen gern von Ihnen hören?«
»Ich kann mich auch in Zukunft nicht auf meine Mitarbeiterin verlassen.«	»Welche Erfahrungen haben Sie gemacht, dass Sie das so sagen?« »Was müsste Ihre Mitarbeiterin konkret tun, damit Sie feststellen: Ich kann mich auf sie verlassen?«

Eine weitere Form der Verzerrung besteht darin, in scheinbar feststehenden Ursache-Wirkungs-Zusammenhängen zu sprechen (siehe Tabelle 11).

Tabelle 11: Verzerrungen (Ursache-Wirkungs-Zusammenhänge) des Klienten und daran anschließende Fragen des Beraters

Verzerrungen (Ursache-Wirkungs-Zusammenhänge) des Klienten	mögliche Fragen des Beraters
»Ich möchte ja eine gute Beziehung zu meinem Kollegen, aber er schießt immer quer.«	»Was tun Sie genau für eine gute Beziehung?« … »Wie reagiert dann Ihr Kollege darauf?« »Woran würde Ihr Kollege Ihren guten Willen erkennen können?« »Womit könnten Sie Ihren Kollegen überraschen?« »Wann und in welcher Situation war es zuletzt einmal ›gut‹ zwischen Ihnen?«
»Ich möchte ja auf sie zugehen, aber sie weist mich immer zurück!«	»Wann sind Sie das letzte Mal auf sie zugegangen?« »Wie haben Sie das konkret gemacht?« »Was hat sie dann konkret gemacht?« Als paradoxe Frage: »Angenommen, Sie wollten noch mehr Zurückweisung bekommen, was müssten Sie tun?«

Bei Verzerrungen versucht der Berater, die Aufmerksamkeit wieder auf das eigene Erleben und Handeln des Klienten zu richten, ihn also davon wegzuführen, dass er anderen Menschen oder bestimmten Situationen feste Zuschreibungen macht, die scheinbar sein Verhalten einengen und ihn auch aus der Verantwortung nehmen.

Es geht also für den Klienten darum, über die Beantwortung der Beraterfragen die eigenen Wirklichkeitskonstruktionen zu erweitern und bei sich selbst wieder neue Handlungsoptionen zu entdecken.

VIII Die Haltung des Eingebundenseins

1 Die Grundhaltung

Als systemischer Berater geht man davon aus, dass man selbst Teil des Systems ist, welches man für die Zeit der Beratung mit dem Klienten bildet. Mit der Haltung des Eingebundenseins wird den Interdependenzen, die sich zwischen dem Berater und dem Adressaten abspielen, Rechnung getragen. Wir wirken und agieren – darauf reagieren unsere Klienten. Aber auch die Klienten wirken und agieren – und darauf reagieren wir. Ein beraterischer Prozess besteht aus rekursiven Schleifen, Berater und Klient stehen gegenseitig in Wechselwirkung. Es ist gleichsam ein Tanz, der gemeinsam getanzt wird.

Als systemischer Prozessberater kann ich mein Potenzial nur abrufen, wenn ich meine eigene Eingebundenheit in systemische Prozesse, die sich zwischen mir und den Adressaten abspielen, akzeptiere. Es geht darum, sich selbst gleichsam von oben zu beobachten, wie man auf bestimmte Klienten reagiert, was sie in einem auslösen. Es geht darum, sich darüber bewusst zu werden, was einen als Berater »antriggert«. Mit unserer individuellen Geschichte sind wir kein unbeschriebenes Blatt: Spezifische Charaktere, bestimmte Handlungen eines Klienten oder eigenartig anmutende Wertmaßstäbe können in uns Widerstand, Opposition, ein Nicht-ernst-Nehmen oder die Tendenz, belehren zu wollen, auslösen. Neutral zu bleiben, wenn ein Klient die Aussage trifft »Meine Frau hat sich mir unterzuordnen und zu Hause zu bleiben«, mag schwer sein; für das Aufrechterhalten der prozessberaterischen Rolle wäre es aber wichtig.

Dieses kleine »Antrigger-Beispiel« mag überspitzt sein. Machen wir uns jedoch bewusst, dass uns jede Kommunikation und jeder Mensch, der uns gegenübersitzt, auf bestimmte Art und Weise antriggert: Es werden bestimmte Gefühle in uns wach, bestimmte Sichtweisen verstärkt und Aussagen getroffen, wie wir es bei einem anderen Menschen nicht in der gleichen Weise tun würden. Es lohnt also, immer wieder hinzuschauen: – was löst meine Eingebundenheit in beraterische Kommunikation mit diesem Menschen in mir aus und was nicht?

Sich selbst im Wechselspiel mit dem Adressatensystem zu reflektieren, bedeutet immer auch, zirkulär und somit systemisch zu denken. Im Sinne der Haltung des Eingebundenseins sind wir uns als Professionelle auch darüber bewusst, dass uns unsere Kunden nur allzu gern ihr Problem »rüberschieben«. Der Kunde erwartet eine kurzfristige Entlastung und die Versuchung für den Berater ist groß, derart erfolgreich zu wirken, dass (scheinbar) das »Eintrittskarten-Problem« gelöst wird. So kann es sein, dass der Berater einen Teamkonflikt in den Augen der Kunden so gut moderiert hat, dass eine (kurzfristige) Lösung gefunden wurde. Allerdings konnten die dahinter liegenden, tieferen Probleme auf struktureller Ebene nicht gelöst werden. Der Konflikt bricht in einer leicht veränderten Variante nach einem halben Jahr wieder auf und der Berater wird erneut um Moderation gebeten. Dieser moderiert erneut und »springt wieder in die Bresche«, das System selbst jedoch wird auf diese Weise immer abhängiger von der externen Hilfe, die tiefer liegenden Aspekte der Thematik werden so nicht bearbeitet.

Im Gegenteil: Wenn beispielsweise eine Führungskraft immer dann, wenn es im Team Konflikte gibt, auf eine externe beraterische Unterstützung zurückgreift, besteht die Gefahr, dass unterschwellig der Respekt der Mitarbeiter vor dem Chef schwindet nach dem Motto: »Der müsste mal selbst durchgreifen; immer wenn es heikel wird, zieht er sich aus der Affäre und engagiert einen Berater.«

Wir sprechen von einer unbewussten Problemverschiebung auf den Berater: Das Kundensystem wird abhängig von externer Hilfe. Es entwickelt nicht selbst neue Lösungen, sondern konsumiert vorübergehende Beratungskompetenz. So schaffen wir Berater unbewusst Probleme oder erhalten sie zumindest aufrecht, indem wir sie zu lösen suchen. Die Krux besteht darin, dass wir – wenn wir dies unbewusst tun – sogar noch vom Kunden (in diesem Fall von der Teamleitung) bestärkt werden, weil er unsere Hilfsangebote als (kurzfristig) entlastend erlebt.

Es ist also wichtig, als Berater nicht unbewusst in derartige Fallen zu tappen. Dabei hilft uns unser Augenmerk auf die Auftragsklärung, wie wir dies im Kapitel X noch ausführlich beschreiben werden. Es geht nicht darum, »gleich durch die erste mir angebotene Tür zu laufen«, sondern mir Zeit zu lassen für viele Fragen rund um das Anliegen des Klienten und die Systemzusammenhänge. Auftragsklärung als Prozess und Intervention zu betrachten, ermöglicht es, auf Themen und Anliegen hinter dem ursprünglichen Auftrag zu kommen. Den ursprünglichen Auftrag könnte man als »Eintrittskarte« der Klienten in die Beratung betrachten. Nachdem das Ticket vom Berater in Empfang genommen und gewürdigt wurde, geht die Veranstaltung erst richtig los ...

So könnte sich in unserem Beispiel durch ein Einzelcoaching mit dem Teamleiter herausstellen, dass einer seiner Mitarbeiter ein enges Verhältnis zum Vorgesetzten des Teamleiters unterhält. Aus diesem Wissen heraus hat der Teamleiter Angst vor negativen Konsequenzen, wenn er diesem Mitarbeiter gegenüber »hart durchgreifen« würde. Eine derartige Klärung der Systemzusammenhänge würde beispielsweise zur Folge haben, dass man in einem weiteren Coaching-Gespräch die Möglichkeiten und Grenzen des Führungsverhaltens des Teamleiters auslotet und bespricht, wie er zu einer klareren Rollenausführung als Vorgesetzter des Teams kommen kann. Aus einer derartigen Reflexion könnte sich ergeben, dass der Teamleiter ein Gespräch mit seinem Vorgesetzten sucht, um sich »Rückendeckung« zu holen für eine neue Ausrichtung seines Führungsverhaltens dem speziellen Mitarbeiter gegenüber. In der Folge wäre ein externer Berater zur Moderation eines immer wieder aufflackernden Konflikts nicht mehr nötig – der Teamleiter kann diese Funktion wieder selbst bewerkstelligen.

Wenn ich mich als Berater als Teil des Systems betrachte, in welches ich mich mit meinen Kunden begebe, so ist also immer wieder der Sog zu reflektieren, den mir das Adressatensystem anbietet: Es werden von mir kurzfristig bestimmte Handlungen und Impulse erwartet. Einerseits werde ich als Berater diesem Sog teilweise und bewusst nachgeben, andererseits werde ich mich von diesem Sog auch abgrenzen. Dies schafft neue beraterische Handlungsoptionen und ermöglicht dem Klientensystem eine nachhaltige Problembearbeitung, innerhalb derer die Verantwortung für die Lösungsfindung beim Klienten verbleibt.

2 Die Leitlinie: Widerstand gibt es nicht

Wenn ich als Berater das Gefühl habe, innerhalb eines Beratungsprozesses keine Fortschritte zu erzielen, so liegt das je nach Betrachtungsweise entweder am Klienten (»Der ist im Widerstand«) oder an mir (»Ich habe noch nicht die passende Intervention gefunden – ich sollte umdenken und mich von meinen bisherigen Sicht- und Handlungsweisen lösen«). Wenn wir die Haltung des Eingebundenseins ernst nehmen, gibt es keinen Widerstand des Klientensystems. Denn wir sind immer Teil des Tanzes, den wir gemeinsam mit dem Kunden tanzen.

Wenn ein Tanzpaar ins Stocken gerät, kann man folgende Reaktionen feststellen: Der Mann beschuldigt die Frau, sich nicht drehen zu lassen. Er sagt, dass sie im Widerstand sei. Sie hingegen beschuldigt ihn, nicht richtig zu führen und ihr somit nicht die richtigen Impulse zur richtigen Zeit zu geben. Bleiben beide bei ihrer Sichtweise, wird es vermutlich schwer werden, mit Erfolg zu einer lockeren Tanzhaltung zurückzukehren. Gehen beide Tanzpartner hingegen in Selbstreflexion und überprüfen zunächst einmal ihr eigenes Verhalten auf Optimierungs- oder Veränderungsmöglichkeiten, indem durchaus die Sichtweisen des Tanzpartners mit einbezogen werden, besteht die große Chance, zu einem neuen und fließenderen Zusammenspiel zu kommen.

Wenn wir dieses Szenario auf unsere Profession übertragen, bedeutet dies: Als systemische Berater »fassen wir uns besser an die eigene Nase«, auch wenn wir doch lieber gern sagen würden, dass es doch eindeutig nur der Klient sei, der sich unseren guten Ideen verweigere und einfach nicht bereit sei, sich zu verändern.

Widerstand des Klienten gibt es aus systemischer Sicht nicht. Wenn man den Klienten im Widerstand sieht, hat man als Berater einfach noch nicht die »passende Tür« bzw. den für dieses System passenden Impuls gefunden. Man ist aufgefordert, sich selbst zu verändern: die bisherigen Hypothesen zu hinterfragen, das bisherige Vorgehen loszulassen, um etwas anderes zu probieren. Auch wir als Berater unterliegen der Gefahr, »mehr desselben« zu tun, um doch den (von uns so gesehenen) Widerstand des Adressatensystems »zu brechen«. Damit erreichen wir jedoch das Gegenteil.

3 Die Methode: Gegenübertragungsanalyse

Der Begriff der Gegenübertragung stammt aus der Psychoanalyse und meint im Wesentlichen die Reaktionsweisen des Therapeuten auf die Person des Klienten. In der Psychoanalyse geht man davon aus, dass jeder Klient bestimmte innerpsychische Inhalte auf den Therapeuten überträgt (Übertragung), sodass dieser gleichsam in eine bestimmte Rolle »gepresst« wird (z. B. Vater- oder Mutterrolle). So kann ein innerpsychischer Konflikt zu einem interpersonellen Konflikt innerhalb der therapeutischen Beziehung werden. Ursprünglich gingen die Psychoanalytiker davon aus, dass sie selbst als Therapeuten frei sind von jeglicher Übertragung, die von ihnen ausgeht. Sie sahen sich gleichsam als objektives Neutrum, als klaren Spiegel für den Klienten. Diese Sichtweise wurde inzwischen jedoch zugunsten einer »systemischeren« Perspektive verändert: Der Psychoanalytiker ist wie jeder Therapeut und Berater nicht frei von Subjektivität und Menschlichkeit. Und somit gehen auch vom Berater Übertragungsphänomene aus (beim Professionellen nennt man dies dann eben »Gegenübertragung«).

Aus systemischer Sicht ist eindeutig, dass sich der Berater zwar neutral zu verhalten hat. Dies ist jedoch nicht zu verwechseln mit der Einsicht, dass der Berater nicht Objektivität, sondern immer nur Subjektivität zur Verfügung stellen kann. Die Wirklichkeitskonstruktionen des Beraters beeinflussen seine Gefühle, sein Denken und Handeln in der Beratungssituation. Insofern erhält die Selbstanalyse im Zusammenhang mit der Beratungskompetenz eine entscheidende Bedeutung. Hier können wir uns den Begriff der Gegenübertragung aus der Psychoanalyse leihen. Gegenübertragung ist zwar begrifflich für einen Systemiker nicht glücklich gewählt, denn sie impliziert, dass zunächst einmal der Klient überträgt und dann der Therapeut gegenüberträgt. Aus systemischer Sicht sind jedoch Actio und Reactio nicht zu trennen.

Als Gegenübertragung bezeichnen wir alle
– Stimmungen,
– Körperempfindungen,
– Gefühle,
– Phantasien,
– Einfälle,
– Handlungsimpulse
– und tatsächlichen Handlungen (Interventionen)

des Beraters, wie sie im Kontext der Beratungssituation und im konkreten Beratungsprozess *unter Berücksichtigung der Individualität der Klienten* entstehen (vgl. hierzu und im Folgenden König, 1998).

Entsprechend geht es in der Gegenübertragungsanalyse darum, sich selbst als Berater zu analysieren und die eigenen Gefühle, die Rolle und die Wirkung seiner Interventionen zu reflektieren sowie zu überlegen, warum man so und nicht anders fühlt, denkt, handelt etc. und welche Auswirkungen dies auf den Beratungsprozess hat bzw. haben könnte, wenn man alternativ vorgehe.

Durch die Gegenübertragungsanalyse erhält der Berater also die Möglichkeit, (1.) diese seine Aktionen bzw. Reaktionen zu *erklären*: »Wie macht mir der Klient diese Gefühle, Handlungsimpulse …?«, und (2.) seine Aktionen/Reaktionen zu *verstehen*: »Warum macht mir der Klient diese Gefühle, Handlungsimpulse …?« Schließlich ist es (3.) wichtig, auch an das zu denken, was einem nicht auffällt oder aufgefallen ist in der Zusammenarbeit mit dem Klienten.

Zu berücksichtigen ist, dass die Handlungen des Beraters auch immer von seiner Tagesform abhängen und dass es etwa einen Unterschied macht, ob man sich derzeit gesund oder krank, belastbar oder kaum belastbar erlebt. Ferner spielt das berufliche und private Umfeld der Beraterperson eine wichtige Rolle: Wie gestaltet sich die private Beziehungssituation (zufrieden/unzufrieden, harmonisch/konflikthaft, eingebunden/einsam)? Insofern hat gerade die private Situation des Beraters eine entscheidende Bedeutung für die Beraterreaktionen in seiner Arbeit. Es ist beispielsweise anzunehmen, dass ein Berater, der Single ist und wenig private Kontakte pflegt, (unbewusst) anders mit der Beendigung von Beratungssituationen oder auch mit gegengeschlechtlichen Klienten umgeht als ein Berater, der beziehungsmäßig und familiär zufrieden und ausgelastet ist.

Ziel der Gegenübertragungsanalyse ist es, uns unsere beraterischen Reaktionen und Aktionen bewusst zu machen und sie somit besser für uns selbst und den Beratungsprozess nutzbar zu machen. »Die Intensität der Gegenübertragungsphänomene nimmt schon ab, wenn sie als gegenübertragungsbedingt erkannt werden. Sie nimmt weiter ab, wenn der Therapeut herausfindet, *auf welche Weise* der Patient die Gegenübertragungsreaktionen hervorruft« (König, 1998, S. 41).

Wir unterscheiden in der Gegenübertragungsanalyse zwei Ebenen: Auf der einen (tieferen) Ebene geht es unter dem Stichwort *grundlegende Beraterreaktionen* um die Analyse der psychischen Dispositionen des Beraters, die eine gewisse Stabilität aufweisen. Sie sind im Zusammenhang mit prägenden Erfahrungen (beispielsweise aus der Herkunftsfamilie) zu sehen. Auf der anderen (oberen) Ebene geht es unter dem Stichwort *konkrete Beraterreaktionen* um die Analyse des Beraterfühlens, -denkens und -handelns im Zusammenhang mit einem bestimmten »Fall«. Beide Bereiche sind zwar analytisch voneinander zu trennen, stehen jedoch in einem Wechselverhältnis (siehe Abbildung 17).

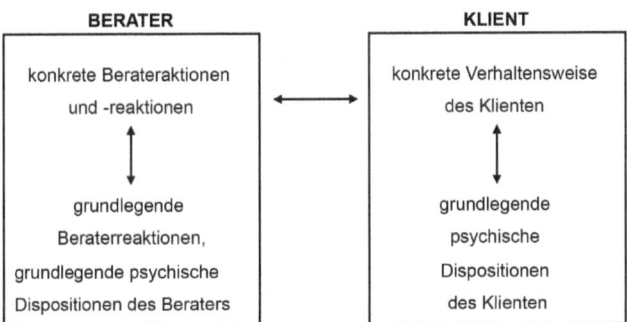

Abbildung 17: Konkrete und grundlegende Beraterreaktionen in der Gegenübertragungsanalyse

Die grundlegenden Beraterreaktionen hängen zusammen mit der psychischen Disposition, mit dem Menschentyp. Sie sind verbunden mit den basalen Haltungen und Glaubenssätzen.

Die konkreten Beraterreaktionen und -reaktionen sind fallabhängig: Ein spezifischer Klient löst in mir Wut und Ärger aus, ein anderer Trauer oder den Wunsch, ihn zu retten. Dieses konkrete Beraterverhalten und -fühlen wird also ausgelöst durch den Klienten. Gleichzeitig basiert es auch auf den grundlegenden psychischen Dispositionen des Beraters.

Es folgen zwei Übungen zur persönlichen Vertiefung und Reflexion. Die erste beinhaltet ein Nachdenken über sich selbst als Menschentyp – es geht um Ihre grundlegenden Beraterreaktionen, die Sie von sich selbst kennen bzw. die Sie aufspüren und sich bewusst machen können.

Die zweite Übung kann als Selbstsupervision immer wieder herangezogen werden, um sich in Bezug auf einen konkreten Beratungsfall die eigenen Gegenübertragungsmechanismen bewusst zu machen.

Übung

Analyse meiner grundlegenden Beraterreaktionen
- Ist es mir wichtig, immer alles richtig zu machen?
- Gestehe ich mir Fehler zu?
- Wenn ein Klient plötzlich ohne meine Hilfe auskommt oder auszukommen meint, wie ist das für mich?
- Fällt es mir eher schwer oder leicht, eine Sitzung pünktlich zu beenden?
- Fällt es mir eher schwer oder leicht, einen Beratungsprozess zu beenden?
- Wie gehe ich auch sonst in meinem Leben mit Trennung und Abschied um?
- Versuche ich eher, meine Ansichten und meinen Standpunkt nicht offenzulegen, oder beziehe ich gern Position? Woher kommt diese Neigung? Was bewirkt dieses Verhalten von mir in den Klienten?
- Gönne ich mir Pausen (innerhalb einer Sitzung, zwischen Sitzungen)?
- Gehe ich eine Sitzung gedanklich noch einmal in Ruhe durch oder nicht?
- Gehen mir die Klienten in meiner Freizeit oder in Träumen nach?
- An welche Klienten denke ich nach der Arbeitszeit nie? An welche oft? Warum?
- Empfinde ich meine Arbeit als ausreichend bezahlt?
- Wie geht es mir, wenn ich Geld für meine Beratung nehme?
- Empfinde ich mich eher als überlastet oder als zu wenig gefordert in meiner beruflichen Beraterrolle? Woran liegt das? Möchte ich hier etwas ändern?
- Agiere oder reagiere ich lieber im Beratungsprozess? Erlebe ich mich also eher als aktiv-fordernd oder passiv-zurückhaltend?
- Wie viel Anerkennung (Sympathie, Bewunderung) erhalte ich von meinen Klienten? Erhalte ich in meinem Privatleben eher mehr oder weniger davon? Wie hängen für mich diese beiden Bereiche (Anerkennung im Beruf und im Privatleben) zusammen?
- Vermeide ich lieber bestimmte Themen (z. B. Sexualität, Trauer, Tod, Ohnmacht, Geld)? Woran liegt das? Was bewirkt das?
- Sehe ich in meinen Klienten eher die Ressourcen oder eher die Defizite?
- Neige ich eher dazu, dass ich mich (unbewusst) so verhalte, dass
  a) mich der Klient bewundern soll?
  b) mich der Klient lieben/erotisch finden soll?

c) mir der Klient dankbar sein soll?
d) der Klient nicht ohne meine Hilfe auskommen soll?
e) der Klient mich als sehr guten Berater sehen soll?

Fragen Sie sich auch, was die Antworten mit Ihren Prägungen und mit Ihren Erfahrungen in der Herkunftsfamilie zu tun haben könnten!

Übung

Analyse meiner konkreten Beraterreaktionen (zur »Selbstsupervision«)
- Wie würde ich den/die Klienten beschreiben?
- An wen erinnert/erinnern mich der einzelne Klient/die unterschiedlichen Klienten?
- Was löst das in mir aus (Phantasien, Einfälle, Gefühle, Handlungsimpulse)?
- Wer sind die wichtigsten Bezugspersonen des/der Klienten außerhalb des Beratungssettings? Welche Gefühle löst das in mir aus?
- Ist mir der Klient sympathisch/unsympathisch? Warum?
- Was nehme ich an meinem Klienten stark wahr? Was weniger? Was gar nicht?
- Wie könnte ich den Klienten jenseits von meiner bisherigen Wahrnehmung noch sehen?
- Würde ich mich dann anders verhalten?
- In welche Rolle fühle ich mich vonseiten des Klienten gedrängt (z. B. Mutterrolle, Vaterrolle, Geschwisterrolle ...)? Fühle ich mich in dieser Rolle wohl?
- In welche Richtung interveniere ich bisher hauptsächlich?
- Warum habe ich ausgerechnet so interveniert und nicht anders?
- Welche Interventionen wären sonst noch möglich gewesen?
- Nehme ich Fortschritte in der Beratung wahr oder bleibt doch eher alles beim Alten?
- Wenn ich ehrlich hinschaue: Stimmen meine Ziele mit denen des Klienten eher überein oder eher nicht überein?
- Was erwarte ich eigentlich vom Klienten?
- Was denke ich, erwartet der Klient von mir? Wie gehe ich damit um? Kann und möchte ich dies erfüllen?

IX Die Haltung des Vertrauens

1 Die Grundhaltung

Durch vertrauendes Lassen von Selbstorganisationsprozessen können sich diese verändern. Diese Paradoxie kennzeichnet die Wirkung der vertrauenden Grundhaltung. Als professionelle Systemiker verlieren wir die Angst vor unserer eigenen Unwirksamkeit, indem wir die Möglichkeit unserer Unwirksamkeit als Notwendigkeit betrachten: Mit Unwirksamkeit ist hier die Tatsache gemeint, dass wir es mit selbstorganisierten und eigenlogischen Klientensystemen zu tun haben; wenn wir intervenieren, können wir die Wirksamkeit dieser Intervention nicht vorhersagen – das Klientensystem und nicht wir als Berater entscheiden, ob unsere Intervention unwirksam oder wirksam ist.

Wenn wir nun also dieses Wissen um die Selbstorganisation und Eigenlogik des Adressatensystems für uns verinnerlicht haben, ist uns klar: Auf gewisse Weise sind wir permanent dem Risiko ausgesetzt, unwirksam zu sein. Mit der Haltung des Vertrauens gehen wir jedoch spielerisch mit der Möglichkeit um, dass unsere gut gemeinten Interventionen »verpuffen« können. Es gehört einfach zu unserem Job und tut der Professionalität keinen Abbruch, wenn bestimmte Ideen und Anregungen vom Klienten nicht angenommen werden. Gleichzeitig gehört es zu unserer Profession, mit unseren Interventionen immer wieder aufs Neue Anregungen für Musterwechsel und Weiterentwicklung zu liefern. Wir tun dies in einem tiefen Vertrauen auf den Prozess und in einer großen Achtung vor dem Klientensystem und dessen eigener Wirklichkeit.

Mit der Haltung des Vertrauens versucht man nicht, linear auf das Gegenüber einzuwirken. Man handelt vielmehr in dem Wissen, dass im Adressatensystem Selbststeuerung stattfindet. Dies führt nicht zu Beliebigkeit. Vielmehr wendet man im Bewusstsein der Klienten-Selbstorganisation systemische Methoden und Techniken an. Diese sind sehr wirksam – gerade weil sie von der Eigenlogik unserer Klienten ausgehen und gute Anregungen zur Verfügung stellen.

Natürlich verfolgt das Vertrauen als Haltung das Ziel, dass der Klient sich ändert, seine Beratungsziele erreicht. Andererseits kann sich die Haltung des Vertrauens nur entfalten, wenn man relativ zielgleichgültig arbeitet. Soll der Klient nun dieses Ziel oder jenes Ziel verfolgen? Es ist und bleibt die Sache des Klienten, dies zu bewerten und zu entscheiden. Als Professioneller bleibe ich da neutral. Ich sehe auch das Gute am Schlechten und das Schlechte am Guten (vgl. Kapitel XI).

Es geht also um das Vertrauen in das Gelingen von Selbstorganisation. Eine gewisse Nähe zu Ansätzen der humanistischen Psychologie ist hier festzustellen, geht es doch um die Ermöglichung weiteren positiven Wachstums und Lernens, welches als Potenzial im Menschen als grundlegend vorhanden gesehen wird. Theoretische Grundlage dieser Haltung ist die Systemtheorie, innerhalb derer die innere Dynamik von Systemen anhand von Selbstorganisationsprozessen beschrieben wird.

Die Haltung des Vertrauens beinhaltet den wichtigen Aspekt, nicht für den Adressaten verantwortlich zu sein. Insofern besteht die Verantwortung des systemischen Profis darin, Verantwortung für die Adressaten zurückzuweisen, um ihnen damit die Chance auf Selbstverantwortung nicht zu nehmen. Nur allzu gern versuchen Klienten, die Verantwortung auf den Professionellen zu übertragen. Dieser richtet jedoch sein Handeln an den bereits dargelegten Haltungen des Nichtwissens und des Nichtverstehens aus, woraus sich die Unmöglichkeit ergibt, Verantwortung für andere übernehmen zu können. Es geht also darum, dass der Klient im Laufe des Zusammenseins versteht, dass ihm der systemische Berater »nur« insofern helfen kann, als er Hilfe zur Selbsthilfe anbietet. Dies ist jedoch eine ganze Menge! Der Berater begleitet. Der Berater mit der Haltung des Vertrauens kann jedoch niemals eine Unterstützung leisten, die nicht auf die Steigerung der Selbstverantwortung des Betreffenden abzielt.

Um Missverständnissen vorzubeugen: Der systemische Berater übernimmt natürlich Verantwortung! Nur eben nicht für den Klienten (an dessen Ressourcen er glaubt und dem er vertraut), sondern für den Beratungsprozess.

2 Die Leitlinie: Sich am Prozess orientieren

In der Beratung suchen wir mit unseren Klienten nicht nach Wahrheit oder Richtigkeit. Vielmehr wissen wir um die vorübergehende Qualität von Lösungen: Eine Lösung kann für den Klienten derzeit in einer bestimmten veränderten Sichtweise oder einer bestimmten veränderten Handlung gegenüber einem Mitmenschen liegen; diese Lösung ist eine »momentan passende« und eine sehr subjektive.

Lösungen von Problemen stellen also mit ihrem situations- und kontextbezogenen Charakter nie einen Endpunkt einer Entwicklung dar. Vielmehr sind sie vorübergehende und als sinnvoll erlebte Anschlussbildungen im Rahmen der Selbstorganisationsprozesse eines Adressatensystems. Diesem können wir als Berater nur helfen, indem wir vertiefte Selbstreflexion ermöglichen.

Bei der Beschreibung der Leitlinie, sich am Prozess zu orientieren, geht es im Kern um das, was wir bereits in Kapitel II in einer Gegenüberstellung zwischen Wissens- und Prozessberatung erarbeitet hatten: Als Prozessberater bin ich nicht voller Misstrauen in die Fähigkeiten des Kundensystems, obwohl es mir unter Umständen diese Sichtweise nahelegen würde (»ohne Sie haben wir keine Chance, zu einer Lösung zu kommen«). Misstrauen gegenüber den für die Problemlösung benötigten Ressourcen führt in der inneren Haltung des Beraters unweigerlich zum Sich-darüber-Stellen, zur Haltung des (Besser-) Wissens und somit zu einer Haltung ohne Vertrauen in die kreativen Lösungsfindungskräfte des Klientensystems. Diese Haltung passt zu einem Wissensberater (vgl. Kapitel II).

Als Prozessberater dagegen bin ich voller Vertrauen in die Ressourcen und Fähigkeiten meines Gegenübers. Mich selbst betrachte ich als denjenigen, der nicht Lösungen zur Verfügung stellt, sondern ermöglicht. Dies geschieht, indem ich als Berater die Verantwortung für den Prozess der Beratung übernehme.

Dies ist der entscheidende Punkt: Ich werde bezahlt für eine professionelle Prozessgestaltung. Ich werde bezahlt dafür, dass ich – gemeinsam mit den Klienten mich immer weiter vortastend und in Rückkoppelungsschleifen vorgehend – möglichst passende Fragen stelle und Anregungen gebe.

Die Haltung des Vertrauens mit der Leitlinie des Sich-am-Prozess-Orientierens kann sich beispielsweise darin zeigen, dass der Berater eine Klientenfrage nicht beantwortet, sondern darauf vertraut, dass das ratsuchende System selbst eine gute Antwort generieren kann. »Soll ich wirklich kündigen und den mir angebotenen Job in der neuen Firma annehmen?« Eine derartige Frage wird man aufgreifen, ohne sie zu beantworten. Man wird die Frage auf den Klienten zurücklenken und ihm dabei helfen, seine eigenen Antwortaspekte, die für ihn relevant und vielleicht noch ziemlich widersprüchlich sind, zu reflektieren. Man wird als Prozessbegleiter das beraterische Setting aufrechterhalten und es professionell an dieser Frage orientiert so gestalten, dass der Betreffende selbst Antworten generieren kann. Die Eigenständigkeit und Würde des Klienten bleibt immer gewahrt: Wenn der »Fachmann« aus einer fachmännischen Haltung heraus Fragen nicht be-antwortet, dann bleibt nur die Selbst-be-antwortung und das selbst-ver-antwortliche Tun der Betreffenden als Möglichkeit.

Wenn wir als Berater eine wohlwollende Atmosphäre aufrechterhalten, gleichzeitig aber die zunächst vorhandenen und typischen Erwartungen vonseiten der Klienten, die nach dem ratgebenden Fachmann rufen, elegant zurückweisen, wird die Beratung zu einem gemeinsamen kreativen Suchprozess nach Wissen bzw. Lösungen. Wenn wir als Berater dagegen auf die zunächst vorhandenen Erwartungen eingehen, im Rahmen derer die Betreffenden von uns als Experten eine »Expertise des Wissens« in Form von Tipps, klaren Verhaltensvorschriften oder Wissenspräsentation fordern, die konsumiert werden kann, haben wir nicht die Möglichkeit, selbstorganisiertes Lernen im Sinne der Selbstverantwortung des Adressatensystems anzuregen.

Die Leitlinie der Prozessorientierung ermöglicht es uns, den Beratungsverlauf so zu gestalten, dass für das Klientensystem zunächst wichtige Fragen (nach dem Motto: »Sie sind doch Experte. Sagen Sie mal, wer ist schuld an unserem Problem?«) irrelevant werden. Der nichtwissende Experte wird derartige Fragen nie beantworten, da er sie als Teil des pathologischen Spiels des Klientensystems betrachtet. Er bietet den Betreffenden eine Projektionsfläche für deren Erwartungen und Fragen an und spiegelt ihnen diese wieder zurück, sodass sie die Möglichkeit haben, ihre Erwartungen und Fragen an den Berater als ihre eigenen Strukturprobleme zu begreifen, für die sie selbstorganisiert Lösungen erarbeiten können.

Die Haltung des Vertrauens in die Selbstorganisationskräfte des Adressatensystems hilft und zwingt uns, immer wieder aufs Neue mit der Leitlinie zu arbeiten: »Ich bin nicht für die Antworten und Lösungen verantwortlich; ich bin vielmehr für den Prozess der Beratung verantwortlich und versuche immer wieder neu, die Kräfte und Ressourcen, die im Klientensystem schlummern, zu wecken.«

3 Die Methode: Lösungsfokussierte Techniken

Mit lösungsfokussierten Techniken versuchen wir, die persönlichen Kompetenzen und sozialen Ressourcen eines Klienten zu identifizieren und zu aktivieren. Ziel ist es, mit dem Klienten den Beginn eines Lösungsweges zu finden und ihm selbsttätige Lösungsschritte zu ermöglichen.

Der Klient wird im Gesprächsverlauf angeregt, auf alles Nützliche und Positive zu fokussieren. So verfolgt der Berater das Ziel, dass der Betreffende eine neue Wahrnehmung für Ressourcen erhält und Positives durch veränderte Sicht- und Handlungsweisen vermehren kann.

Eine Problem- und Ursachenanalyse ist nicht unbedingt notwendig, um Lösungen zu finden. Der lösungsfokussierte Ansatz (vgl. hierzu und im Folgenden de Shazer, 2012) verzichtet in seiner reinen Form komplett auf Ursachenanalyse, denn »die Fokussierung auf Lösungen hilft zu handeln, die Fokussierung auf Probleme hilft, Einsichten in vergangene Zusammenhänge zu gewinnen und Probleme zu analysieren. Da jedoch aus der Erkenntnis dessen, was nicht funktioniert, noch lange nicht folgt, was funktioniert, sind die Einsichten vielleicht interessant, jedoch nicht immer hilfreich für Veränderung« (Sparrer, 2001, S. 431).

Der Beratende versucht herauszufinden, was im vorhandenen Zustand des Klienten an nützlichen Verhaltensweisen und Wirklichkeitskonstruktionen vorhanden ist und vermehrt werden kann. Man könnte etwas vereinfacht sagen: Es geht darum, Positives im Negativen zu finden. Das heute verfügbare Positive kann beschrieben werden als die *Suche nach Lösungen in der Gegenwart*. Hier werden Ressourcen des Klienten thematisiert, unterstützende Situationen, Personen oder eigene Wirklichkeitskonstruktionen, die Lösungserfahrungen ermöglichen. Wird Positives in der Vergangenheit identifiziert, spricht man von *Ausnahmen vom Problem*. So kann man beispielsweise über die Frage, wann es denn zum letzten Mal zumindest einen Hauch einer Ausnahme vom Problem gab, mit dem Klienten auf frühere Situationen und innere Zustände fokussieren, die Lösungen bereits möglich machten. Wird das Positive in Bezug auf die Zukunft formuliert, arbeitet der lösungsfokussierte Berater gern mit der vielleicht bekanntesten Fragetechnik dieses Ansatzes: Mit der *Wunderfrage* wird eine zukünftige Lösung vorweggenommen und im Hier-und-Jetzt erlebbar gemacht. Im Folgenden wird auf die Fragetechniken noch näher eingegangen.

Lösungen lassen sich erkennen, jedoch oft nicht vollständig positiv beschreiben. Meist beschreiben denn auch die Klienten ihre Ziele mit dem Wegfallen von x bzw. dem Nicht-mehr-Vorhandensein von y. Der Berater wird hier nachfragen:
- »Was ist nach dem Wegfallen von x anders?«
- »Was ist stattdessen da?«
- »Woran werden Sie konkret merken, dass Sie Ihr Ziel erreicht haben?«

Lösungen bzw. Beratungsziele werden also oft von den Klienten beschrieben mit »dann ist das Problem weg«. Der Berater wird jedoch nachhaken und die Ratsuchenden bitten, ihre Lösungs- und Zielvorstellungen positiv zu beschreiben. Lösungen sollen formuliert und erfahrbar gemacht werden.

Lösungen zeigen sich also im Verschwinden des Problems *und* in der Beschreibung bzw. Erfahrung dessen, was diesen Zustand ausmacht. Sie gehen einher mit einem anderen Zustand des Betrachters, mit einer neuen Perspektive. Den Klienten in den Zustand zu versetzen, dass er über eine neue Haltung Kontakt zu seinen Lösungen aufbauen kann, ist das Ziel unserer lösungsorientierten Fragetechniken.

3.1 Von der Problemtrance zur Lösungstrance

Zunächst geht es für uns als Berater darum, den Klienten darin zu akzeptieren, dass er sich als Problemträger erlebt und beschreibt. Der Klient befindet sich gewissermaßen in einer Problemtrance.

Mit Trance ist hier keine Hypnose gemeint, in welcher der Klient (womöglich nicht voll bei Bewusstsein) gelenkt, geführt oder manipuliert wird. Der moderne Trancebegriff meint schlicht Aufmerksamkeitsfokussierung (vgl. hierzu auch Kapitel IV, 1: Der Berater als Fokussierer von Aufmerksamkeit). So betrachtet versetzen wir uns bei jedem Gespräch gegenseitig in Trance, denn wir lenken durch das Gesagte die Aufmerksamkeit unseres Zuhörers eben genau auf das Gesagte und nicht auf das Nicht-Gesagte. Auch das Lesen versetzt einen in Trance: Während Sie gerade diese Zeilen aufnehmen, gehen Sie gedanklich mit den Inhalten mit und sind mit Ihrer Aufmerksamkeit vertieft ins Thema dieses Kapitels. Sie haben gerade ausgeblendet, wie das Wetter draußen ist oder ob Sie Hunger haben. Sie können aber im nächsten Moment Ihre Aufmerksamkeit auf das Wetter oder körperliche Bedürfnisse lenken, also Ihre Aufmerksamkeitstrance verändern.

In diesem Sinne betrachten wir unsere Klienten als in einer Problemtrance verhaftet: Ihre Aufmerksamkeit kreist sehr stark um das Problem, was wiederum das Problem verstärkt – eine verstärkte und verfestigte Problem-Wirklichkeitskonstruktion entsteht. Im vorigen Kapitel konnten wir in Anlehnung an das Metamodell beschreiben, wie diese Problem-Wirklichkeitskonstruktion durch Generalisierungen, Tilgungen und Verzerrungen entsteht bzw. aufrechterhalten wird.

Der Klient möchte auch vom Berater eine Art Anerkennung des Problems, er möchte, dass erkannt wird, wie schwer er es hat. Der Berater knüpft also empathisch an der Sichtweise und Erlebnisweise (Problemtrance) des Klienten an, ohne sich in diese hineinziehen zu lassen. Das Problem wird gewürdigt und in seiner Schwere bekommt es auch Raum und Achtung. Eine Würdigung in diesem Sinne macht es dem Betreffenden leichter, Veränderungsmotivation aufzubauen. Er muss nicht Widerstand gegen Veränderung leisten, weil das Problem vom Berater gewürdigt wurde bzw. gewürdigt wird.

Der lösungsorientierte Berater versucht dann jedoch wie bereits ausgeführt, sich nicht in die Problemtrance des Klienten hineinziehen zu lassen. Denn er möchte den Klienten anregen, mit einer anderen Aufmerksamkeitsfokussierung »warm zu werden«: Das Betrachten der eigenen Stärken und Ressourcen, aber auch das Betrachten von Situationen, in welchen das Problem weniger stark oder gar nicht vorhanden war (Ausnahmen). Will man den Klienten allerdings zu schnell anregen, aus seiner Problemtrance herauszutreten, wird er sich nicht verstanden fühlen nach dem Motto: »Der Berater geht gar nicht auf mein Problem ein – er versteht mich nicht oder nimmt mein Problem nicht ernst.«

Die lösungsorientierten Techniken können nur funktionieren, wenn der Klient das Gefühl hat, seinem Problem wurde ausreichend Raum gegeben, es wurde gewürdigt. Dann besteht die gute Chance, sich mit dem Berater in die Lösungstrance zu begeben.

Ein Beispiel für einen sanften Übergang von der Problemorientierung zur Lösungstrance: »Wenn Sie sich einmal überlegen, welche Bereiche Ihres Lebens und Ihrer Beziehungen von diesem Problem beeinflusst werden und *welche nicht*, was fällt Ihnen da zu beiden Bereichen als Erstes ein?«

Das lösungsfokussierte Interview kann als hypnotherapeutische Tranceinduktion in die Erfahrung von Lösungen betrachtet werden. Der Klient soll während des Gesprächs Erfahrungen machen, die sich lösend auswirken. Es ist immer wieder schön zu beobachten, wie Klienten durch die entsprechenden tranceinduzierenden lösungsfokussierenden Fragen nicht nur von der Problemtrance in die Lösungstrance wechseln, sondern auch von einer Problemphysiologie (gebeugte Haltung, Blässe, angestrengter Gesichtsausdruck) in eine Lösungsphysiologie (aufrechte Haltung, leichte Rötung im Gesicht, strahlende Augen) überwechseln.

3.2 Fragen nach Lösungen und Ausnahmen

Das Beratungsprinzip besteht darin, sich auf die Lösungen zu konzentrieren, die von den Klienten bislang gefunden wurden oder für die Zukunft möglich erscheinen. Die Zukunft spielt also eine größere Rolle als die Vergangenheit, wobei davon ausgegangen wird, dass die Lösung bereits vorhanden ist. Ferner konzentriert sich der Berater auf die Ausnahmen: Situationen, in welchen die Beschwerden nicht oder weniger auftreten.

Abgezielt wird auf eine Veränderung der Wirklichkeitskonstruktion (»Betrachte es anders!«) und/oder auf eine Veränderung des Verhaltens (»Mach es anders!«). Derartige Änderungen können weitere Schritte gewissermaßen automatisch aufgrund zirkulärer Verknüpfungen nach sich ziehen. Mit diesen Techniken orientieren wir uns an den erwachsenen, reifen Anteilen der Persönlichkeit und handeln in dem Bewusstsein, dass die meisten Probleme der Menschen von ihnen selbst ohne detaillierte Ursachenanalyse und ohne professionelle Hilfe gelöst werden. Eingangs könnten wir beispielsweise fragen:
- »Ich habe die Erfahrung gemacht, dass in der Zeit zwischen der Anmeldung zu diesem Termin und der ersten Stunde einige Veränderungen geschehen, die in die richtige Richtung gehen. War das bei Ihnen auch so?«

Wird eine positive Veränderung präsentiert, können wir uns daran orientieren:
- »Was genau haben Sie anders gemacht?«
- »Was hat Ihnen dabei geholfen?«

In der Beratung wird versucht, die Situationen genau zu beleuchten, in welchen die Klienten die Schwierigkeiten von sich aus gelöst haben. Der Fokus wird also auf die Ausnahmesituationen gerichtet. Meine Hauptvariante, nach Ausnahmen von der beschriebenen Problemsituation zu fragen, lautet:
- »Wann war zuletzt eine Situation, wo Sie sagen: Da war es einen Hauch besser?«
- »Nehmen Sie sich einmal einen Moment Zeit, innerlich nachzuspüren: Wann war es zuletzt einmal so, dass Sie sagten: Das geht in die richtige Richtung?«

Meine Erfahrung ist: Wenn man fragt, wann es zuletzt »besser« war, erhält man eher die Antwort »Es gab keine Situation«; fragt man hingegen, wann es zuletzt »einen Hauch besser« war, denkt der Klient differenzierter nach. Man kann auch fragen, wann es »eine Kleinigkeit besser« war oder in welcher Situation es »ein Stück besser« war ... auf diese Art und Weise bietet man dem Klienten eine »Reflexionsbrücke« an, die er innerlich zumindest mit einem kleinen Schritt betreten kann. Fragt man hingegen nur grob, wann es »besser« oder »gut« war, fordert man den Klienten gleichsam auf, gleich ohne Nuancen hinüber ans andere Ufer zu springen – da sagt er dann eher: »Das geht nicht« bzw. »Das war nie der Fall«.

Es geht also um das Einführen von ersten Unterschieden, die reflektiert werden können: Warum war es in dieser Situation »einen Hauch« besser? Was hat der Klient konkret (anders) getan? Auf welche Ressourcen konnte er (bewusst oder unbewusst) zurückgreifen?

3.3 Die Wunderfrage

- »Stellen Sie sich vor, heute Nacht würde wie im Märchen ein Wunder geschehen: Wenn Sie morgen früh aufwachen, sind die Probleme, wegen denen Sie hierher gekommen sind, verschwunden. Was wäre dann anders?«
- »Woran würden Sie das merken?«
- »Wie bemerkt es Ihr Partner/Ihr Umfeld?«
- »Was macht es für einen Unterschied, was können Sie dann mehr oder besser?«

Wichtig ist hier, dass sich der Berater die Situation genau beschreiben lässt und so ein genaues Bild erhält von den Zielen der Beratung. Beispielsweise kann nach den Auswirkungen auf die Partnerschaft, die Arbeit etc. gefragt werden.

Die Wunderfrage ist geeignet, um zu erfahren, was Klienten von der Beratung wollen. Sie können frei phantasieren und erzählen, ohne dabei in dem (unbewussten) Gedanken verfangen zu sein: »Du musst erst das Problem verstehen ...« So erhält der Berater durch die Beantwortung der Wunderfrage wichtige Informationen davon, wo der Klient hinwill.

Entscheidend aber ist, dass der Klient durch die Wunderfrage während des Gesprächs eine intensive Erfahrung seines Wunders, seiner Lösung macht. So wird für ihn deutlich, woran er erkennen kann, dass die Lösung eine Lösung ist. Das Wunder wird zu einem inneren Anker für die Erfahrung der Lösung: Der Klient wird in die Lage versetzt, gleichsam in die Zukunft zu gehen und zu erfahren, wie es sich anfühlt, wenn das Wunder eingetreten ist. Die beraterischen Nachfragen helfen, die unmittelbare Wundererfahrung des Klienten in Worte zu fassen.

Das Wunder vollzieht sich also nicht extern, sondern im Klienten selbst. Es geht nicht darum, dass sich andere Personen oder Situationen ändern. Die Selbstveränderung ist das Wunder. Entsprechend könnte die Wunderfrage bei Bedarf (der Klient spricht nur von äußeren, nicht von ihm beeinflussbaren Veränderungen) präzisiert werden:

– »Unter der Annahme, dass die äußere Welt sich nicht ändert und ein noch viel größeres Wunder geschieht, nämlich dass das Problem, wegen dem Sie zu mir gekommen sind, für Sie trotzdem gelöst ist, woran würden Sie dies bemerken? Und wer würde diese Veränderung bei Ihnen woran bemerken?«

Es ist sehr wichtig, die Wunderfrage als etwas Besonderes einzusetzen. Sie wird keine Wirkung entfalten, wenn man sie nicht besonders betont. Sie ist keine Frage wie jede andere Beraterfrage. Man braucht für die Wunderfrage Zeit. Man braucht auch ein Einverständnis des Klienten, nun »eine eigenartige« oder »eine Phantasiefrage« stellen zu dürfen. Wenn hier der Klient nickt, eine kleine Pause im Gespräch entsteht und der Berater fragend und erwartungsvoll angesehen wird, ist das bereits eine gute Vorbereitung. Entscheidend ist, dass es gelingt, den Klienten in eine Art Phantasiereise hin zu seinem Wunder zu führen. Man sollte als Berater herausfinden, auf welche Art und Weise man – passend zur eigenen Persönlichkeit – am besten Tranceinduktionen geben kann. Als Spielregeln für eine gute Tiefenwirkung im Gegenüber macht es Sinn zu beachten (Kaiser Rekkas, 2015, S. 17):

– ein bewusstes Spielen mit der Zeit: Durch Sprechpausen kann das Gesagte besser einwirken und das suggerierte Gefühl intensiver erlebt werden;
– ein Achten auf die Zeitform: Das Geschehen (in unserem Fall das Wunder) sollte möglichst im Hier-und-Jetzt gehalten werden, wodurch die Person sich im momentanen Erleben befindet;

- ein Achten auf die richtige Positionierung: Der Klient soll sich in der Anleitung nicht vor oder neben dem Wunder befinden, sondern mitten im Geschehen sein. Also eher nicht: »Sie sehen das Wunder vor sich ...«, sondern besser: »Sie sind im Wunder«, »Sie sind jetzt mittendrin ... wie fühlt es sich an ...? Woran merken Sie, dass das Wunder geschehen ist ...? Jetzt, wo Sie mitten drin sind ... was ist noch anders ...?«

Wir werden unter der Überschrift »Lösungsfokussierte Auftragsklärung« (3.5) noch einmal auf die Wunderfrage zu sprechen kommen.

3.4 Skalenfragen

Gehen wir davon aus, dass ich mit meinem Klienten soeben die Wunderfrage intensiv bearbeiten konnte und er mir viele Gesichtspunkte seines Wunders dargestellt hat. Ich habe das Gefühl, dass er nicht nur gerade davon erzählt hat, sondern auch körperlich erfassen konnte, wie sich das Wunder anfühlt. Oft schließe ich in einer solchen Situation mit einer Skalenfrage an:
- »Stellen Sie sich vor, auf einer Skala von 0 bis 10 steht ›10‹ für das Wunder, das Sie mir soeben geschildert haben, und ›0‹ ist das absolute Gegenteil davon. Wo auf dieser Skala stehen Sie momentan?«

Ich zeichne die Skala auf das Flipchart und lasse den Klienten ein Kreuz setzen zwischen 0 und 10 (siehe Abbildung 18).

Abbildung 18: Beispiel für eine Skalenfrage

Klienten können immer ihren Wert, also ihren Stand auf der Skala benennen. Gibt ein Klient beispielsweise 3 an, markiert dies gleichsam den Weg, den er vielleicht schon zurückgelegt hat (zwischen 0 und 3). Dies lohnt sich, ressourcenorientiert zu hinterfragen:

- »Wie sind Sie auf die 3 gekommen?«
- »Gab es schon einmal Zeiten, in denen Sie ›tiefer‹ waren? Wenn ja: Wie haben Sie es geschafft, in der Zwischenzeit auf die 3 zu kommen?«

Die 3 markiert in jedem Fall, dass der Klient nicht bei 0 ist – und dies ermöglicht ein ressourcenorientiertes Reflektieren über die 3:
- »Was macht die 3 aus?«
- »Als jemand, der auf der 3 steht: Worauf können Sie stolz sein?«

Gleichzeitig ist es möglich, die weiteren Lösungsschritte mit dem Klienten anhand der Wunderskala zu beleuchten, also den Blick nach vorn zu richten:
- »Was bräuchten Sie, um in Richtung 4 zu kommen?«
- »Woran würden Sie merken, dass Sie in Richtung 4 unterwegs sind?«

Dabei ist es sinnvoll, nicht gleich danach zu fragen, wie der Klient auf die 10 kommt, also mit einem Schlag das Wunder erreicht. Vielmehr bietet es sich an, kleine Schritte zu besprechen, die sich positiv auf der Skala auswirken würden.

Im Übrigen ist es in der Regel so, dass Klienten auch nicht von sich erwarten, dass sie (sofort) den Wunderzustand erreichen. Das Wunder dient eher als Zielmarke, wie ein »positiver Magnet«, von dem man sich anziehen lässt. So kann man mit dem Berater reflektieren, wie man diesem Magneten näher kommt.

Allgemein ist zu den Skalenfragen festzuhalten: Da man nie absolut sicher sein kann, was eine Person mit ihrer Verwendung eines Wortes meint, ermöglichen es Skalen, gemeinsam mit dem Klienten eine Brücke der Verständigung zu konstruieren. In der Regel werden Skalen von 0 bis 10 gebraucht, wobei 10 für das angestrebte Ergebnis steht. Ein weiteres Beispiel:
- »Sagen wir, dass 10 für das steht, was Sie in der Therapie erreichen wollen, und 0 steht für die Situation, bevor Sie die Therapie begonnen haben. Wo zwischen 0 und 10 würden Sie sagen, befinden Sie sich heute?«

Mein Gegenüber mag beispielsweise mit der 5 antworten. Die Antworten auf Skalenfragen stecken immer voller Inhalt und Bedeutung. Und in der weiteren Exploration kann herausgearbeitet werden, für was die 5 in diesem Fall steht. Die spezifische Bedeutung »dieser 5« wird bewusst gemacht. Als Berater kann ich nun weiter besprechen, inwiefern sich das Leben meines Klienten verändert haben wird, wenn er sich von 5 nach 6 bewegt hat. Der Antwort auf diese Frage folgt natürlich die Frage, was er tun muss oder was gemeinsam in der Therapie getan werden sollte, um von 5 nach 6 zu gelangen.

Ein anderes Beispiel ist eine Zuversichtlichkeitsskala:
- »Dieses Mal steht 10 dafür, dass Sie so zuversichtlich sind, wie Sie nur sein können (dass Sie es schaffen werden, Ihr Problem zu lösen – beispielsweise mit dem Rauchen aufzuhören). Und 0 steht für: ›Ich hab keine Chance – niemals.‹ Wo würden Sie sich selbst da einstufen?«

Wenn ich in einem therapeutischen Prozess das Gefühl habe, dass das Therapieziel zwar klar ist (beispielsweise das Rauchen aufzuhören), aber der Klient Zweifel an seinen Fähigkeiten hat und nicht zuversichtlich ist, verwende ich oft eine Zuversichtlichkeitsskala. Diese kann auf einfache Weise offenlegen, wie sehr der Klient überhaupt an sich und eine Veränderung glaubt. Wird beispielsweise mithilfe dieser Skala festgestellt, dass der Klient derzeit lediglich eine Zuversichtlichkeit von 1 besitzt, mag es sich lohnen, zunächst zu thematisieren:
- »Wenn Sie bei 1 auf der Zuversichtlichkeitsskala sind, was bedeutet das für Sie?«
- »Bei wie viel Punkten auf der Zuversichtlichkeitsskala müssten Sie sein, um wirklich Kraft für Veränderung entfalten zu können?«

Antwortet der Klient beispielsweise, dass er zumindest 4 oder 5 Zuversichtlichkeitspunkte brauche, um Kraft für Veränderung aktivieren zu können, werde ich zunächst daran arbeiten, wie mein Gegenüber zu mehr Zuversichtlichkeit kommen kann. Erst in einem zweiten Schritt würde ich dann wieder das Rauchen-Aufhören wirklich in den Fokus nehmen.

Beim Einsetzen von Skalen gilt: Die Themen und Kriterien für die Skalierung können vom Berater vorgegeben werden (wie bei der oben beschriebenen Wunderskala), sich aus dem Prozess heraus ergeben (wie etwa bei einer Zuversichtlichkeitsskala hinsichtlich des Rauchen-Aufhörens) oder erfragt werden:
- »Was ist für Sie ein entscheidendes Thema in diesem Team?« – »Gut, dann untersuchen wir dieses Thema. Stellen Sie sich eine Skala von 0 bis 10 vor …« Der Berater steht auf und geht an das Flipchart, skizziert eine an der Antwort orientierte Skala und benennt die Endpunkte. Danach kann eine Person oder es können mehrere Personen nacheinander aufstehen und eine Markierung dort auf der Skala vornehmen, wo sie sich zum Thema positionieren.
- »Was ist denn Ihrer Meinung nach ein wichtiges Thema in der Familie?« – »Schön, dann betrachten wir dieses Thema etwas genauer …« Der Berater steht auf und legt auf dem Boden Markierungen für die 0 und für die 10, am besten auch noch eine Markierung für die Mitte, also die 5. »Bitte stehen Sie alle auf und stellen Sie sich an den Platz innerhalb der Skala, wo Sie sich Ihrer Einschätzung nach einordnen …«

In diesem zweiten Beispiel bringt der Berater die Skala räumlich in Aktion. Dies hat oft den Vorteil, dass im wahrsten Sinne des Wortes Bewegung entsteht. Alle stehen auf und man arbeitet eine Weile im Stehen weiter – jeder auf seiner Position innerhalb der auf dem Boden markierten Skala. Daraus können weitere Variationen entstehen, wie das Thema weiterbearbeitet wird (Bleckwedel, 2015, S. 223 f.).

Im ersten Fragebeispiel oben entscheidet sich der Berater hingegen für eine Visualisierung der Skala auf einem Plakat. Auch hier kann Bewegung entstehen, indem jedes Teammitglied nacheinander aufsteht und markiert, wo es sich auf der Skala befindet. Ein kurzes Statement dazu rundet die gegebene Information für die anderen ab.

Die entscheidende Kunst für den Berater besteht darin, aus angesprochenen Themen Skalen zu formen – also den Anfangs- und Endpunkt einer Skala zu definieren. So wäre es denkbar, bei einem angesprochenen Teamthema »den Austausch im Team verbessern« eine Skala vorzuschlagen, bei der 10 für »Der Austausch im Team läuft perfekt« und 0 für »Der Austausch im Team ist grottenschlecht« steht. Bei einem in der Familienberatung diskutierten Thema, mehr Zeit miteinander verbringen zu wollen, könnte der Berater eine Skala mit den Endpunkten vorschlagen, bei der 10 für »Wir verbringen super viel Zeit miteinander – optimal« steht und 0 bedeutet »Wir verbringen nichts miteinander, jeder macht nur seins«. In der Regel wird man bei der Bitte, die Beteiligten mögen sich nun innerhalb der Skala einordnen, vom erlebten Ist-Stand ausgehen: Jeder positioniert sich so, wie er es momentan erlebt. Ist diese Ist-Skala mit all ihren Positionierungen der Beteiligten offenkundig geworden und ein guter Dialog darüber entstanden, kann es sich anbieten, jeden zu bitten, seine Wunsch- oder Zielpositionierung darzustellen (Soll-Skala). Auch hierüber bietet sich ein gegenseitiger Austausch in einer Team- oder Familienberatung an.

3.5 Lösungsorientierte Auftragsklärung

Unter dieser Überschrift greifen wir die bereits beschriebenen Techniken – Fragen nach Lösungen und Ausnahmen sowie die Wunderfrage – noch einmal vertiefend auf. Denn ich halte die Themen Lösungsorientierung und Auftragsklärung für besonders wichtig. Die systemische Grundhaltung des Vertrauens bedeutet, der Auftragsklärung (vgl. dazu auch das folgende Kapitel X) und den lösungsorientierten Methoden einen hohen Wert beizumessen.

Wenn wir mit einer lösungsorientierten Herangehensweise versuchen, den Auftrag zu klären, werden wir den Klienten natürlich auch darin akzeptieren, dass dieser sich als Problemträger erlebt und beschreibt (Problemtrance). Nun wird der Berater jedoch durch seine Nachfragen diese Problemsicht nicht verstärken und vertiefen, sondern im Gegenteil immer wieder durch ressourcenorientierte Fragen an das Gesagte anschließen. So kann der Klient aus seiner Problemtrance (zumindest zeitweise) herausgeholt werden.

Ein wichtiges Prinzip besteht darin, sich auf die Lösungen zu konzentrieren, die von den Klienten bislang gefunden wurden oder für die Zukunft möglich erscheinen:
- »Welche Lösungen haben denn bisher schon einmal funktioniert?«
- »Was haben Sie (was haben die anderen) da genau gemacht?«
- »Wann gab es Zeiten, wo das Problem weniger oder sogar gar nicht da war?«
- »Wie kam es wohl zu diesen Situationen?«
- »Was war Ihr konkreter Beitrag dazu?«
- »Wie sieht Ihr Bild von einer Lösung aus? Phantasieren Sie einmal!«
- »Was könnte davon realistisch sein und was wäre vielleicht utopisch?«
- »Welche Lösungen halten die anderen denn für möglich?«
- »Welchen Lösungsvorschlag hätte denn xy?«

Bereits im Erstgespräch kann man versuchen, die Situationen genauer zu beleuchten, in welchen die Klienten die Schwierigkeiten von sich aus gelöst haben. Der Fokus wird also auf die Ausnahmesituationen gerichtet:
- »Sicherlich gab es in letzter Zeit auch Situationen, wo Ihre Beschwerden weniger oder sogar weg waren. Wann war das zuletzt so?«
- »Wann gab es zuletzt eine Ausnahme und die Schwierigkeiten waren weniger oder sogar weg?«
- »Erzählen Sie mir diese Situation genauer!«
- »Wie muss ich mir das vorstellen ... Was haben Sie da anders gemacht als sonst?«

Ein zentrales Element lösungsorientierter Auftragsklärung stellt die durch Steve de Shazer bekannt gewordene Wunderfrage dar, die bereits unter 3.3 dargestellt wurde. Über diese Frage erhält man als Berater im Sinne der Auftragsklärung ein genaues Bild der Ziele des Klienten. Denn die Beschreibung des Wunders ist gleichzusetzen mit den Zielen, die der Betroffene für sich hat. Er wird aufgefordert, ein Bild seines Wunders, seiner Lösungssituation zu erschaffen und zu beschreiben.

Es ist wichtig, die Wunderfrage situationsadäquat in den Gesprächsverlauf einzuführen. Kommt die Frage zu abrupt, so besteht die Gefahr, dass sich der Klient nicht darauf einlassen kann oder sich in seiner Problemsicht und in seinem Leid nicht richtig verstanden fühlt. Man wird also nicht mit der Wunderfrage beginnen, sondern diese erst nach einem gewissen Warming-up einsetzen. Auch sollte vorher der Betroffene genug Zeit und Raum gehabt haben, sein Leid

zu schildern. Erst nach einer gewissen Zeit kann dann der Beratende etwa mit folgender Einleitung dazu übergehen, den Fokus der Aufmerksamkeit auf etwas völlig anderes (auf die Bilder und Vorstellungen von einem Wunder) zu lenken:
- Der Klient hat ausgeredet – Pause. »Nun habe ich eine ungewöhnliche Frage.« – Pause, Blickkontakt – »Okay? ... Phantasieren Sie einfach einmal ... Stellen Sie sich vor ... Stellen Sie sich vor, der heutige Tag verläuft ganz normal, wie immer ... Sie gehen abends zu Bett und schlafen ein ... Sie schlafen tief und fest ... und mitten in der Nacht, während Sie schlafen, passiert ein Wunder ... Das Wunder besteht darin, dass das Problem, wegen dem Sie heute hierher gekommen sind, weg ist ... Da Sie aber tief und fest schlafen, merken Sie gar nicht, dass das Wunder geschehen ist ... Am nächsten Morgen wachen Sie auf ... Woran werden Sie zuerst merken, dass ein Wunder geschehen ist?« – »Woran noch?« – »Woran noch?«

In dem Moment, in dem der Klient anfängt, die Wunderfrage zu beantworten, hält er sich nicht mehr in seiner Problemtrance auf. Es ist gelungen, die Aufmerksamkeit auf den Ressourcenbereich zu lenken. Nun wird man darauf achten, dass der Klient in seiner Wundervorstellung bleibt. Denn die meisten Gesprächspartner zeigen die Tendenz, nur kurz auf die Frage einzugehen, um dann sofort problemorientiert weiterzusprechen. Hier kommt es auf gute Tranceinduktionen an, mit welchen der Klient gleichsam freundlich gebeten wird, noch in dieser Phantasie zu bleiben und tiefer einzutauchen. Er wird aufgefordert, genau mitzuteilen, wie das Wunder aussieht, wie es sich anfühlt oder anhört. Man kann auf die Mitteilungen des Klienten ganz einfach reagieren, indem man ihn immer weiter auffordert, mehr von dem Wunder zu erzählen:
- »Was wäre dann noch anders?«
- »Woran würden Sie es (das Wunder) noch merken?«
- »Welchen Unterschied könnten Sie noch feststellen?«
- »Was noch?«
- »Was noch?«
- »Was noch?«

Über diesen Weg gelangt man gemeinsam mit dem Klienten zu einer Auflistung und damit zu einer ganzen Palette an Bausteinen, die das Wunder für den Betreffenden charakterisieren. Man kann auch über andere Fragevarianten die Wunderfrage vertiefen und verstärken:
- »Was macht es für einen Unterschied, was können Sie dann mehr oder besser?«
- »Wie bemerkt es Ihr Partner?«
- »Wie stellen die anderen fest, dass das Wunder geschehen ist?«

- »Was tun Sie konkret anders?«
- »Wenn ich als unsichtbarer Begleiter mit dabei wäre, was würde mir an Ihnen zuerst auffallen?«

Ist im Gesprächsverlauf eine Auflistung von Gesichtspunkten erfolgt, durch welche das Wunder für den Klienten wahrnehmbar ist, können diese Punkte als Nächstes näher beleuchtet werden. Der Berater kann die einzelnen Antworten nacheinander wiederholen und zu jedem Gesichtspunkt konkrete Nachfragen stellen. Dadurch wird die Lösungswelt und Lösungskraft während des Erstgesprächs weiter gestärkt und die Ziele des Betreffenden werden greifbarer:

- »Sie haben gesagt, Sie werden (…) machen. Wie sieht das konkret aus?«
- »Was genau tun Sie?«
- »Wie haben Sie sich auf diese Situation vorbereitet?«
- »Mit welchem Gefühl sind Sie bei der Sache?«
- »Was denken Sie? Welche Einstellung haben Sie dabei?«
- »Wie nehmen Sie sich wahr?«
- »Wie nehmen Sie die anderen wahr?«

Auf diesem Wege ermöglicht es die Wunderfrage mit ihren Spezifizierungen und Nachfragen, ein möglichst genaues Bild davon zu erhalten, wo der Klient hinwill. Dies wird erreicht, ohne direkt nach den Zielen zu fragen. Die Wunderfrage ist so betrachtet eine Variante des »Was ist Ihr Ziel?« oder des »Was möchten Sie erreichen?«. Der Vorteil der Wunderfrage besteht darin, dass der Klient kaum mit vorgefertigten Antworten reagieren kann, wie dies bei der klassischen Zielbeschreibung der Fall wäre. Denn mit der Frage nach dem Ziel hat der Klient (bewusst oder unbewusst) gerechnet. Die Wunderfrage dagegen verwirrt die aus der Problemsicht resultierenden Gedanken des Klienten über seine Ziele und lädt gleichsam als Phantasiereise dazu ein, unabhängig vom Problem eine Welt entstehen zu lassen, die nichts mit dem Symptom zu tun hat.

Es kommt manchmal vor, dass der Klient bei der Beschreibung seines Wunders vereinzelt »negative« Konsequenzen schildert. So können Reaktionen von Mitmenschen wie Neid, Ärger und so weiter genannt werden. Hier sollte der Berater abklären, wie der Klient in seinem Wunderzustand dann auf diese Verhaltensweisen der Umgebung reagieren würde. Meist zeigt sich, dass dem Betreffenden dann wieder kompetente Reaktionsweisen einfallen.

Abschließend möchte ich festhalten, dass der Einsatz der Wunderfrage grundsätzlich immer in einer Erstberatung möglich ist. Allerdings braucht man dafür Zeit. Wenn es gelingt, dass der Klient tatsächlich in eine Wundertrance geht und die Aspekte des Wunders nicht nur beschreibt, sondern auch im Hier-und-Jetzt erlebt; wenn es gelingt, die unterschiedlichen Facetten des Wunders vertiefend nachzufragen, und wenn es gelingt, im Anschluss eine Wunderskala zu besprechen und zu reflektieren …, dann sollte man für eine derartige Sitzung genug Zeit einplanen. Oder aber man geht mit der Haltung heran, dass auch eine zweite Sitzung eine Fortsetzung der ersten Sitzung im Sinne der Auftragsklärung darstellt oder darstellen kann. Dann bietet sich die Wunderfrage beispielsweise für den zweiten Termin an.

3.6 Lösungsorientierte Anknüpfungsmöglichkeiten in den weiteren Sitzungen

Die Grundhaltung des Vertrauens in die Ressourcen und Lösungskompetenzen des Klientensystems kann sich jeweils zu Beginn eines Beratungstermins ausdrücken:
- »Was hat sich verbessert?«
- »Was hat sich verändert?«
- »Wie ging es Ihnen nach unserer letzten Sitzung?«

Derartige Einstiegsfragen bieten sich an, wenn man beispielsweise die zweite oder dritte Sitzung mit lösungsfokussierten Techniken beginnen möchte (vgl. ausführlicher dazu Bamberger, 2015; Sparrer, 2001, S. 82). Werden Verbesserungen berichtet, so ist es nützlich, den Klienten mit der Frage zu beschäftigen, was hilfreich war, um zu diesen Veränderungen/Verbesserungen gekommen zu sein. Wird dagegen keine Veränderung oder eine Verschlechterung berichtet, kann man mit einer der folgenden Fragen anschließen:
- »Wie schaffen Sie es, nicht aufzugeben?«
- »Wie halten Sie das aus?«
- »Was hat geholfen, dass es nicht (noch) schlechter ist?«

Aus der Haltung des Vertrauens heraus kann bereits nach wenigen Beratungsterminen gefragt werden:
- »Hat sich schon genug verbessert?«
- »Woran würden Sie erkennen, dass Sie keine weiteren Termine mehr brauchen?«

Bei dieser Art der Fragestellung sollte man den Eindruck vermeiden, man wolle den Klienten loswerden. Diese Fragen sollten also passen, das heißt, man wird insbesondere dann in dieser Richtung fragen, wenn man den Eindruck gewonnen hat, dass bereits große Verbesserungen erreicht sind.

**Dritter Teil:
Orientierungen auf dem Weg**

In den folgenden Kapiteln werden weitere wichtige Orientierungen für den Beratungsalltag gegeben. Nicht zu hoch einschätzen kann man die Bedeutung der Auftragsklärung. Der systemische Berater betrachtet sie als Basisintervention, die insbesondere zu Beginn einer Zusammenarbeit, aber auch während des Prozesses von Bedeutung ist (Kapitel X).

In Kapitel XI plädieren wir für eine nichtwertende Beratungshaltung in aller Radikalität: Der Professionelle steht innerlich dem Problem des Klienten ebenso offen und wertneutral gegenüber wie einer angestrebten Lösung. Er verfängt sich nicht in der Anstrengung, sich für die Lösung des Klienten einsetzen zu müssen, und sieht auch die Vorteile, wenn der Klient in seinem momentanen Zustand verharrt. Diese Haltung ermöglicht es uns in der systemischen Prozessberatung, die Verantwortung für die Lösungsfindung vollends beim Adressatensystem zu belassen und wirklich dafür Verantwortung zu übernehmen, wofür auch Verantwortung zu übernehmen ist: den Prozess der Beratung.

Schließlich wird beleuchtet (Kapitel XII), wie man in der Arbeit mit mehreren Personen (Mehrpersonensetting) den Überblick behält und wie man mit der komplexen Situation beispielsweise einer Familien- oder Teamberatung mithilfe wichtiger Fragetechniken (z. B. zirkuläres Fragen) und klarer Orientierungen vorgehen kann.

X Wo liegt der Schlüssel zum Erfolg? Auftragsklärung als Basisintervention des systemischen Beraters

In dem Maße, in dem man den Klienten in seiner Eigenverantwortlichkeit ernst nimmt, kommt der Auftragsklärung am Anfang einer beraterischen Zusammenarbeit, aber auch während des Beratungsprozesses eine sehr wichtige Rolle zu. Es ist zu klären, was der Klient zur Beratung mitbringt, worum es geht. Und es ist zu klären, wohin es gehen soll: Welches Ziel bzw. welche Ziele formuliert das Adressatensystem für sich selbst?

Zunächst ist entscheidend, den Klienten dort abzuholen, wo er gerade steht. In der Regel wird er ein Problem oder ein Symptom präsentieren.

1 Das Problem des Klienten als Anlass für Beratung

Beginnen wir leicht ironisch: Als Berater sollte man dankbar sein, dass es Probleme gibt bzw. dass sie immer wieder aufs Neue von den Klienten konstruiert werden. Schließlich kommen die Menschen wegen ihnen in Beratung. Es sind also Probleme, die das tägliche Brot für den Berater bedeuten. Insofern ist die Aufgabe eine paradoxe: Die erfolgreiche Arbeit führt dazu, dass der Kunde einen womöglich entbehren kann! Welch schrecklicher Gedanke – mag mancher Berater denken. Für ihn wäre professionelle Auftragsklärung kontraproduktiv, denn sie ist die beste Medizin gegen »diffuses Dahinwursteln« und gegen ein unterschwelliges An-sich-Binden des Klienten. Beides wirkt entwicklungshemmend für den Betroffenen.

In der erfolgreichen Prozessberatung geht es für den Professionellen genau um diesen Punkt: sich überflüssig zu machen (oder – je nach Sichtweise – überflüssig zu bleiben in dem Sinne, als dass der Klient zu keinem Zeitpunkt während des Beratungsprozesses abhängig wird und eben nicht die Verantwortung für seine Entwicklung an den Beratenden delegieren kann). Um herauszufinden, wie man sich am besten und am schnellsten überflüssig machen kann, ist die Auftragsklärung entscheidend. Gründliche Auftragsklärung ist wichtig, um den Beratungsprozess von Anfang an so zu steuern, dass der Klient an seinen Themen und an seinen Zielen arbeitet, dass der Beratende als Prozessbegleiter und nicht als Besserwisser fungiert, dass die Eigenverantwortlichkeit des Klienten nicht eingeschränkt, sondern gestärkt wird und schließlich: dass der Gefahr begegnet wird, nicht an den Themen und Zielen des Betroffenen, sondern an denen des Beraters zu arbeiten (in diesem Fall wäre Beratung eine »Selbstveranstaltung« des Beraters).

Dem Berater, der sich nicht so sehr der Gefahr aussetzen will, dass er aufgrund der Entwicklung des Klienten überflüssig wird, sei empfohlen, keine explizite Auftragsklärung vorzunehmen und auch nicht explizit zu fragen, wie der Kunde die Beraterrolle sieht, welche Rolle er in der Wirklichkeit des Klienten einzunehmen habe. Um als Berater nicht überflüssig zu werden, ist es ferner sinnvoll, die Ziele des Betroffenen nicht näher anzusprechen oder zu konkretisieren. Etwa die Frage, woran der Kunde merken würde, dass er sein Ziel erreicht habe, beinhaltet ob der konkreten Verbalisierung und Imagination des Klienten bereits das Risiko, dass er Schritte in Richtung seines Zieles hin unternehmen könnte …

Beenden wir an dieser Stelle den ironischen Einstieg: Professionelle systemische Berater klären ihren Auftrag natürlich professionell. Dies kann schon einmal anstrengend und mühsam sein, dies kann schon einmal über mehrere Sitzungen gehen (es ist ein Märchen, dass Auftragsklärung mal eben so im Erstkontakt zu erledigen sei). Professionelle Berater kennen nicht nur ihre Wissens- und Verstehenskompetenzen, sondern sehen sich auch als nichtwissende und nichtverstehende Prozessbegleiter: Man weiß nicht und versteht nicht, worum es geht. Und deshalb stellt man viele Fragen zur Auftragsklärung.

Wir sollten zunächst die Klienten dort abholen, wo sie stehen: Sie kommen mit einem Problem. Sehen wir uns also zunächst genauer an, was aus systemischer Sicht ein Problem ist:

Symptome bzw. Probleme stellen Ordnungsleistungen eines Beobachters dar: Eine betreffende Person (der Klient) nimmt auf eine bestimmte Art und Weise wahr, bewertet nach einem bestimmten Maßstab und kommt schließlich zu dem Schluss, dass ein Problem vorliegt.

Auch auf der Verhaltensebene werden Symptome und Probleme ständig neu geschaffen, indem das dazugehörige Handeln der Personen permanent weitergeführt und so das Problem aufrechterhalten wird – obwohl die Beteiligten eigentlich versuchen, das Problem zu lösen. Ein Symptom/Problem kann also als ein Lösungsversuch des oder der Klienten gesehen werden, für den sie jedoch einen Preis bezahlen (Leidensdruck). Insofern wird ein Symptom permanent reproduziert. Hierzu ist viel Energie und Intelligenz nötig, denn es handelt sich um einen hochkomplexen Vorgang, der permanent aufrechterhalten wird.

Diese letzten Sätze drücken einen Aspekt der ressourcenorientierten Grundhaltung aus. Danach stellen Symptome gleichsam verzauberte Ressourcen und Probleme einseitig betrachtete Wirklichkeiten oder ungünstige Verhaltensweisen in einem bestimmten Kontext dar.

Vereinfacht dargestellt lässt sich ein Problem durch folgende Merkmale charakterisieren:
- Der Klient (und/oder andere) konstruiert (konstruieren) eine Differenz.
- Es liegt für ihn (für sie) eine Differenz zwischen einem Ist- und einem Soll-Wert vor.
- Ferner ist eine Bewertung vorhanden: Der Ist-Zustand wird abgewertet, der Soll-Zustand wird aufgewertet.
- Der Betreffende wählt (die Betreffenden wählen) Lösungsversuche aus, die nicht zum Ziel führen.

Man kann zwischen Plus- und Minussymptomen unterscheiden. Plussymptome sind dadurch gekennzeichnet, dass der Symptomträger ein Verhalten an den Tag legt, welches von anderen im sozialen System (gemäß den gültigen Regeln) nicht erwartet und gleichzeitig negativ bewertet wird. Wenn jemand seine Wohnung putzt, verhält er sich unter Umständen überraschend. Negativ bewertet wird dieses Verhalten allerdings wohl erst dann, wenn die betreffende Person beispielsweise tagtäglich mehrmals putzend durch die Wohnung läuft. Für den Berater beinhalten Plussymptome eher die Chance, sie als positive Ressource eines Klienten zu betrachten: Der Betreffende tut etwas – das kann er, dafür hat er sich in seinem Kontext aktiv entschieden.

Bei Minussymptomen dagegen wird ein erwartetes und positiv bewertetes Verhalten nicht gezeigt. Insofern stellen Minussymptome Verstöße gegen formelle und informelle Gebote dar: ein unmotivierter Schüler, der nichts lernt, eine Mutter, die es unterlässt, für ihre Kinder fürsorglich-erzieherisch präsent zu sein und so weiter. Hier ist es schwieriger, die Stärken des Klienten zu erkennen und seine aktive Rolle am Geschehen wahrzunehmen, zumal sich die Betroffenen oft selbst als ohnmächtig beschreiben.

Wenn nun ein Kundensystem um Beratung ersucht, können wir die vorgestellte Problematik durch die Brille betrachten, ob ein Plus- oder Minussymptom vorliegt:
- Bei einem Plussymptom (es wird ein negativ bewertetes Verhalten gezeigt) wird der Berater von seiner Haltung her eher dahingehend gegensteuern, dass er mit dem Klientensystem gemeinsam erforscht,
   a) wie das Verhalten umgedeutet werden kann. Welche bislang nicht betrachteten positiven Aspekte hat dieses Verhalten für die betreffende Person, aber auch für alle anderen im System? Welchen Nutzen könnte es

haben, wovor könnte es schützen, was verhindern? (vgl. hierzu »Umdeutung« in Kapitel XI, 2);
b) wie das Verhalten selbst verändert werden kann. Wie kann der Betreffende davon loskommen? Was bräuchte er dafür an inneren Einsichten oder Kompetenzen, was bräuchte er dafür von den anderen Systemmitgliedern? Wie könnten die anderen Systemmitglieder mit veränderten Verhaltensbeiträgen eine Veränderung unterstützen?

– Bei einem Minussymptom (es wird ein positiv bewertetes und erwünschtes Verhalten nicht gezeigt) wird der Berater von seiner Haltung her eher mit den Betreffenden erforschen, welches verborgene Plussymptom hinter dem Minussymptom steckt. Es kommt auf die Betrachtungsweise an: Ein Junge, der keine Schularbeiten macht (Minussymptom), verweigert dies aktiv (Plussymptom). Unter dieser Perspektive könnte in der Familie weiter thematisiert werden, welche Verhaltensbeiträge der Eltern aktiv dazu beitragen, dass sich der Junge verweigert. Die Eltern können ihre Sichtweise verändern: Aus »Der Junge tut nichts und wir haben damit nichts zu tun« wird »Der Junge macht etwas aktiv (er verweigert sich) und damit haben wir etwas zu tun!«.

Je nachdem, nach welchen Unterscheidungen wir als Berater vorgehen und unser Denken in Bahnen lenken, wird die Problematik unseres Klienten anders aussehen. Denn Probleme entstehen durch (unsere) Wahrnehmung, und diese ist subjektiv. Als systemische Berater wissen wir, dass unsere Wahrnehmung im Beratungsprozess auch abhängt von unseren Hintergrundtheorien. Sehen wir etwa im Klienten vorwiegend Defizite oder Ressourcen? Es kommt auf unsere Brille an. Nach all dem, was wir von der Systemtheorie über die Unmöglichkeit einer direkten Beeinflussung von Menschen wissen, erscheint es zweckdienlicher, als Prozessberater von den Stärken des Klienten auszugehen. Denn Intervention nach dem Modell »tue das« oder »unterlasse jenes« wird an den Barrieren der Eigenlogik des Klientensystems abprallen. Eine ressourcenorientierte Sichtweise ist auch und gerade in Bezug auf das vorgestellte Problem sinnvoll:
– Welche verzauberte Stärke könnte im Problem verborgen liegen?
– Wie könnte die Symptomatik als positive Botschaft oder Mitteilung umgedeutet werden?
– Welche Handlungen ermöglicht/erzwingt das Symptom vom Betroffenen?
– Welche Handlungen ermöglicht/erzwingt das Symptom von anderen Personen?

Derartige Fragen helfen uns, nicht in die Problemtrance des Klienten zu versinken, sondern permanent auch die Möglichkeit zu haben, eine ressourcenorien-

tierte Betrachtung in die Beratung einzuführen. Insofern besteht eine Fähigkeit eines guten Beraters darin, präsentierte Minussymptomatiken als Plussymptomatiken zu betrachten und entsprechend darauf zu reagieren. Dies kann dem Betroffenen implizit die Macht über das Problem zurückgeben. In der systemischen Beratung werden Probleme/Symptome als Verhalten in einem Kontext betrachtet. Sie erscheinen somit als aktives Handeln einer Person, die im sozialen Kontext (re-)agiert und somit aktiv ist. Dieser Aktivität liegen Entscheidungen zugrunde, die geändert werden können. Wer sich so entschieden hat, kann sich (potenziell) auch anders entscheiden. Die Frage ist dann, ob dies für die Welt, in der der Betroffene lebt, sinnvoll ist:
- Welchen Sinn (trotz des Leidensdrucks) könnte die momentane Entscheidung, ein Symptom zu zeigen, haben?
- Was bräuchte der Problemträger, um sich in Bezug auf sein symptomatisches Verhalten anders entscheiden zu können?

Auf den folgenden Seiten nehmen wir eine Unterscheidung in problemorientierte und lösungsorientierte Auftragsklärung vor. Wir beschreiben ein problemorientiertes und ein lösungsorientiertes Herangehen. Diese theoretische Trennung ist auf analytischer Ebene von Vorteil, um sich seiner Grundrichtungen und Grundtechniken bewusst zu sein. In der Praxis der Beratung wird sich die gemachte Unterscheidung jedoch oft auflösen, weshalb dann abschließend eine integrative Auftragsklärung beschrieben wird. In dieser sind problemorientierte/problemerklärende Fragen und ressourcenorientierte/lösungsorientierte Fragen vereint.

Blickt der Berater auf das Leid, welches mit der »symptomatischen Lösung« verbunden ist, und versucht er (gemeinsam mit den Klienten) herauszufinden, in welchem systemischen Zusammenhang dieses Leid auftritt und durch welche Interdependenzen auf psychischer und sozialer Ebene es getragen wird, so könnte man sagen, dass er problemorientiert vorgeht. Diese Orientierung ist richtig und wichtig. Die Gefahr besteht nur darin, sich ausschließlich an der Symptomatik auszurichten und regelrecht in eine Problemtrance zu gehen, ohne den Blick auch auf die Stärken, Ressourcen und Abweichungen (von der Problematik) zu richten.

Aus diesem Grund ist im Zusammenhang mit der Auftragsklärung auch die Lösungsorientierung sehr bedeutsam. Als Systemiker geht man immer von der »Idee der Kundigkeit« aus. Dies bedeutet, dass man als Berater seine Klienten als kundig und kompetent wahrnimmt und betrachtet (Grundhaltung des Vertrauens). Auch wenn klar ist, dass sich eigentlich fast jede beraterische Situation nur ergibt, wenn Fragen, Probleme, Symptome oder Störungen vorliegen (bzw. als vorliegend konstruiert werden), sollte nie übersehen werden, welche Kompetenzen die Betreffenden mitbringen.

Insofern besteht die Kunst der Auftragsklärung darin, den Klienten zunächst dort abzuholen, wo er steht: Der Betroffene ist problemorientiert und erwartet in der Regel viel Verständnis für die Konstruktion seiner Probleme. Ferner erwartet der typische Klient, dass durch die Analyse dieser Probleme und durch Ratschläge eines Fachmannes (Berater) geholfen werden kann. An dieser Stelle beginnt der systemische Berater, sich den Klientenwünschen zu entziehen: Aus systemischer Sicht ist eine Analyse des Problems natürlich erlaubt, möglich und unter Umständen auch hilfreich (insbesondere, wenn der Klient dies als hilfreich erachtet). Der Berater wird allerdings einer (vergangenheitsbezogenen) Analyse von Symptomen weniger Beachtung schenken und vielmehr eine gegenwarts- und zukunftsorientierte Gesprächsführung einschlagen. Ferner wird er sich mit Ratschlägen zurückhalten, weil er weiß, dass er nicht als Wissensexperte, sondern als Prozessexperte die Chance erhöhen kann, für den Betreffenden hilfreich zu sein.

Auf der Basis eines empathischen Umgangs mit der Ausgangssituation einer jeden Beratung (das Beratungssetting kommt deshalb zustande, weil der Klient ein Problem mitbringt) haben wir also als Berater zwei Möglichkeiten:

Wir können lösungsorientiert vorgehen, indem wir wenig oder gar keine Energie aufwenden, das Problem zu vertiefen und zu ergründen. Bei der lösungsorientierten Auftragsklärung sind wir bestrebt, von Anfang an Ressourcen des Adressatensystems bewusst zu machen und zu nutzen: Es geht um die Reflexion eines Weges zum Erfolg.

Wir können jedoch auch zunächst problemorientiert an die Sicht- und Erlebnisweisen der Adressaten anknüpfen und erst einmal einige Fragen stellen, welche das Problem erhellen und dessen Ursachen und Zeitverlauf sowie problemstabilisierende Komponenten ausfindig machen. Mit dieser problemorientierten Herangehensweise wollen wir beginnen (2). Es folgt eine Beschreibung der angesprochenen lösungsorientierten Herangehensweise (3), bevor schließlich unter dem Stichwort der integrativen Auftragsklärung (4) eine Fragenliste zur Auftragsklärung präsentiert wird, die sowohl problemorientierte als auch lösungsorientierte Aspekte beinhaltet und als allgemeiner »Spickzettel« für Fragemöglichkeiten zur Auftragsklärung geeignet ist.

2 Problemorientiert herangehen

Der Betreffende kommt in aller Regel mit Leidensdruck in die Beratung und es gilt, wertschätzend und einfühlend die Welt des Klienten zu erkunden und seine Sichtweise zu verstehen. Im Laufe des Erstgesprächs sollte es dem Berater gelingen, den Klienten im positiven Sinne an sich zu binden, das heißt, eine tragfähige Beziehung zu dem oder den Betreffenden aufzubauen. Gelingt dies nicht, bricht der Kontakt in der Regel nach dem Erstinterview ab. Wir hatten bereits die Begriffe Joining und Empathie erwähnt: Es wird ein Arbeitsbündnis mit dem Adressatensystem aufgebaut. Der Berater fasst gewissermaßen im Klientensystem Fuß und gewinnt so die Möglichkeit, die Struktur des Klientensystems zu verändern, weil er als relevante Umwelt wahr- und wichtig genommen wird.

Joining basiert auf der empathischen Kompetenz des Beraters, der sich in seinen Klienten hineinfühlen kann. Während Joining auf die Herstellung einer tragfähigen Arbeitsbeziehung bezogen ist, wird der Begriff Empathie zur allgemeinen Kompetenzbeschreibung des Beratenden verwendet: Wir können uns in die Rolle des Klienten hineinversetzen, die Welt mit dessen Augen betrachten und die Gefühle des Klienten nachempfinden, sodass sich der Klient verstanden fühlt. Aus systemischer Sicht – man kann nicht »in den Klienten hineinschlüpfen« und dessen Probleme durch *seine* Augen sehen – fertigt der Berater empathisch verstehend ein Modell (eine Wirklichkeitskonstruktion) vom Innenleben des Klienten an, und genau auf dieses Modell reagiert er im weiteren Beratungsprozess.

Im Rahmen der problemorientierten Herangehensweise kann sich der Berater an folgenden Unterscheidungskriterien (a–h) orientieren und diese fragend in das Gespräch einbringen. So wird er den Kontext der Problematik gemeinsam mit dem Ratsuchenden ausleuchten können:

a) Probleme/Symptome treten nur auf, wenn sie von jemandem wahrgenommen werden, deshalb:
- »Wer nimmt Ihr Problem wahr?«
- »Sind das eher Sie oder jemand anderes?«
- »Gibt es Personen, die Ihr Problem sehr stark sehen/hören/spüren können?«
- »Welche Personen sehen/hören/spüren bei Ihnen überhaupt kein Problem?«
- »Woran liegt das?«

b) Probleme/Symptome treten immer in einem Kontext auf, deshalb:
- »In welchen Situationen tritt Ihr Problem auf?«

- »In welchen Situationen tritt Ihr Problem nicht auf?«
- »Wer ist beteiligt? Wer nicht?«
- »Was müssten Sie tun, damit Ihre Symptomatik sicher wieder auftritt?«
- »Was müsste passieren, damit Ihre Symptomatik nicht mehr auftritt?«

c) Probleme können dem Körper, der Psyche oder einem sozialen System (z. B. der Partnerschaft, der Familie, dem Arbeitsbereich) zugeordnet werden, deshalb:
- »Woran merken Sie (und andere), dass das Symptom auftritt?«
- »Ist das eher in Ihrem Körper?«
- »Oder würden Sie sagen: Das hängt eher mit meiner Psyche zusammen?«
- »Oder handelt es sich Ihrer Wahrnehmung nach eher um eine ›Geschichte‹ innerhalb der Partnerschaft, Familie etc.?«

d) Problemträger und Problemwahrnehmer haben in der Regel ein Erklärungsmuster, woher die Problematik kommt bzw. wo sie (zuerst) entsteht, deshalb:
- »Wie erklären Sie sich das Problem?«
- »Wie erklären sich die anderen das Problem?«
- »Was würde xy sagen, was bei Ihnen der Auslöser für das Symptom ist?«
- »Was würden Sie selbst sagen, wie ›das Ganze‹ bei Ihnen ausgelöst wird?«
- »Was muss wer konkret tun, damit Ihre Problematik entsteht?«
- »Wer hat Ihr Problem zuerst bemerkt?«
- »Wann haben Sie zum ersten Mal Ihr Problem bemerkt?«
- »Wie kommt es, dass es ausgerechnet in dieser Zeit war?«

e) Für manchen Problemträger und Problemwahrnehmer ist die Analyse des Warum ein wichtiges Anliegen und ein Baustein zur Lösung der Problematik, für manchen jedoch nicht, deshalb:
- »Welche Erklärung haben Sie, warum Sie dieses Problem haben?«
- »Ist es Ihnen wichtig, es zu wissen?«
- »Warum ist es Ihnen wichtig?«
- »Wem ist eine Analyse eher wichtig, wem eher unwichtig? – Warum?«
- »Meiner Erfahrung nach gibt es Menschen, für die ist die Analyse ihrer Probleme ganz wichtig, um zu einer Lösung zu gelangen. Für andere spielt das ›Warum‹ und ›Woher‹ eine geringe Rolle; sie kommen auf andere Art und Weise weiter. Wie ist das bei Ihnen?«

f) Problemträger und Problemwahrnehmer haben in der Regel bereits vor der Beratung einiges unternommen, um das Problem zu lösen, deshalb:
- »Was haben Sie bisher unternommen, um zu einer Lösung zu kommen?«
- »Was noch?«
- »Wer hat noch etwas unternommen?«
- »Was hat es konkret bewirkt?«

g) Problemträger und Problemwahrnehmer greifen oft zu Lösungen, die selbst zum Problem werden bzw. das Problem sind, deshalb:
- »Blieb durch die Lösungsversuche alles beim Alten oder gab es Veränderungen?«
- »Waren die Veränderungen eher zum Besseren oder Schlechteren?«
- »Angenommen, es wäre Ihnen nach unserer Sitzung bis zur nächsten Stunde möglich, einfach nichts zu tun und nichts zu unternehmen, was gegen das Problem gerichtet wäre. Würde es dann schlimmer? Gleich bleiben? Vielleicht sogar besser?«
- »(Wenn Letzteres:) Das ist ja interessant – wie kommt das?«

h) Problemträger und Problemwahrnehmer haben bei Konflikten eine Wirklichkeitskonstruktion über Rollenverteilungen (Koalitionen, Bündnisse etc.) im sozialen System, deshalb:
- »Wer stimmt (Ihnen/einem anderen/den anderen) in diesem Konflikt eher zu?«
- »Wer stimmt (Ihnen/einem anderen/den anderen) in diesem Konflikt eher nicht zu?«
- »Sind das immer dieselben Personen oder wechselt das?«
- »Was müssten Sie (der andere/die anderen) tun, damit die anderen (der andere, Sie) Ihnen zustimmen würden/nicht zustimmen würden?«
- »Was müsste der andere (die anderen, Sie) tun, damit Sie (der andere, Sie) zustimmen würden?«

Wenn wir problemorientiert herangehen, geht es uns darum, die Gefühle und Denkweisen des Klienten über seine Problematik kennenzulernen. Außerdem wollen wir Informationen über das konkrete symptomatische Verhalten in bestimmten Situationen und Kontexten erhalten.

Gleichzeitig passiert durch das Nachdenken und Beantworten derartiger Fragen im Klientensystem einiges: Es wird angeregt, die bisherige »schmale Schiene« der Betrachtung zu verlassen und tiefer zu gehen. Meine Erfahrung ist, dass durch die Erörterung derartiger Fragen im Klientensystem etwas in Bewegung kommt, neuartige Gedanken konstruiert werden und der Blickwinkel erweitert wird. Dadurch geschieht es oft, dass das Problem, wie es am Anfang des Gesprächs geschildert wurde, am Ende der Sitzung anders betrachtet und benannt wird: In diesem Sinne wirken die Auftragsklärungsfragen als Intervention. Das Adressatensystem »schaut neu und anders drauf«. Es entwickelt so einen anderen Zugang – der Beratungsprozess hat in seiner Wirkung längst begonnen, während der Berater über derartige Fragen den Klienten und seine Situationsbeschreibung kennenlernt.

3 Lösungsorientiert herangehen

Wenn der Berater mit einer lösungsorientierten Grundhaltung versucht, den Auftrag zu klären, wird er den Klienten natürlich auch darin akzeptieren, dass dieser sich als Problemträger erlebt und beschreibt (Problemtrance). Nun wird der Berater jedoch durch seine Nachfragen diese Problemsicht nicht verstärken und vertiefen, sondern im Gegenteil immer wieder durch ressourcenorientierte Fragen an das Gesagte anschließen. So kann der Klient aus seiner Problemorientierung (zumindest zeitweise) herausgeholt werden.

Die folgenden Ausführungen greifen noch einmal auf, was wir bereits im Kapitel IX unter dem Aspekt der lösungsfokussierten Techniken (3) besprochen haben. Ein paar wichtige Grundzüge einer lösungsorientierten Vorgehensweise seien hier unter der Blickrichtung der Auftragsklärung noch einmal dargestellt:

Einen sanften Übergang von einer Problemgeschichte hin zu einer Lösungsgeschichte kann in der Auftragsklärung angeregt werden:
- »Was wird alles von dem Problem, über das Sie mir erzählen, beeinflusst und *was nicht?*«

In der lösungsorientierten Auftragsklärung wird man immer wieder versuchen, die Problemgeschichten und die Problemfokussierung der Klienten zu unterbrechen, indem man fragend eine andere Richtung einschlägt:
- »Wie haben Sie bisher versucht, das Problem zu lösen?«
- »Welche Lösungen haben schon einmal funktioniert?«
- »Was haben Sie (was haben die anderen) konkret dazu beigetragen?«
- »Wann war das Problem kleiner oder sogar weg?«
- »Wie kam es dazu?«
- »Wie sieht Ihr Bild von einer Lösung aus? Phantasieren Sie einmal!«

Die Aufmerksamkeit wird auf Ausnahmen vom Problem gerichtet, indem Situationen genauer besprochen und reflektiert werden, in denen die Betroffenen ihre Problematik von selbst gelöst hatten:
- »Wann war zuletzt eine Situation, wo Ihr Leid einen Hauch weniger war?«
- »Wann gab es eine Ausnahme von der Regel und das Problem war weg oder zumindest weniger stark?«
- »Was haben Sie da konkret gemacht/gedacht/gefühlt ...?«

Es ist gut zu fragen: »Wann war zuletzt eine Situation ...«, und nicht zu fragen: »War einmal eine Situation, wo Ihr Leid einen Hauch weniger war?« Denn wenn ich frage: »Wann ...?«, impliziert dies, dass es eine solche Situation gab und der Klient muss nur intensiv genug darüber nachdenken, um sich zu erinnern. Hingegen impliziert die Frage »War einmal eine Situation ...?« doch sehr deutlich die Möglichkeit, dass es eine derartige Ausnahmesituation gar nicht gab.

Ein zentrales Element lösungsorientierter Auftragsklärung stellt die durch Steve de Shazer bekannt gewordene Wunderfrage dar:
- »Stellen Sie sich vor, heute Nacht würde wie im Märchen ein Wunder geschehen: Wenn Sie morgen früh aufwachen, sind die Probleme, wegen denen Sie hierher gekommen sind, verschwunden. Was wäre dann anders?«

Diese Frage wurde bereits ausführlich in Kapitel IX unter 3.3 und 3.5 dargestellt, weshalb wir hier darauf verweisen. Die Wunderfrage stellt eine hervorragende Möglichkeit der Auftragsklärung dar – man kreiert mit dem Klienten zusammen eine Lösungssituation, die gleichsam als »positiver Magnet« für den Entwicklungsweg des Klienten wirken kann.

Bevor wir uns einem idealtypischen Modell einer integrativen (sowohl problemorientierten als auch lösungsorientierten) Auftragsklärung widmen, sei zunächst ein Beispiel für eine lösungsorientierte Auftragsklärung angeführt:

Ein 43-jähriger niedergelassener Orthopäde bittet um Coaching-Sitzungen. Er ist verheiratet, seine Frau arbeitet als Physiotherapeutin. Die drei Töchter sind 15, elf und drei Jahre alt. Er beschreibt seine berufliche und finanzielle Situation als gut. Die Praxis »laufe eigentlich sehr gut«, er »schleuse jeden Tag 60 bis 70 Patienten durch« und arbeite täglich von neun Uhr früh bis Mitternacht, wobei er bereits gegen 18 Uhr heim komme, die Kinder versorge und danach dann im Arbeitszimmer bis spät abends »den Praxistag abarbeite«.

In letzter Zeit sei vorübergehend ein Umsatzeinbruch von etwa 25 % zu verkraften gewesen, den er aber hätte ausgleichen können. Durch den Hausbau in den letzten drei Jahren sei der finanzielle Druck groß gewesen, er habe eigentlich seit der Zeit der Geburt der dritten Tochter »nur gepowert«. Nun jedoch wolle er etwas ändern: Im Blick auf seine Ehefrau und die drei Töchter zu Hause sowie auf die fünf Mitarbeiterinnen in der Praxis sagt er, dass er sich »nur in einer Frauenwelt« befinde. Ihm fehle der Kontakt mit Männern, mit welchen er sich messen und austauschen wolle. Im Großen und Ganzen sei er einsam. Er habe sich nicht mehr getraut, im Privatleben auf Menschen zuzugehen, von sich aus Kontakte aufzubauen oder die Beziehung zu alten Freunden zu erhalten. Es ärgere ihn und mache ihn traurig, dass das Telefon zu Hause praktisch nie *für ihn* läute. Der Klient beschreibt sich ferner als nicht mehr locker im Kontakt mit Gleichaltrigen. Außerdem müsse er wieder *für sich* etwas machen, weshalb er auch die Beratungssituation aufgesucht habe.

Er habe länger überlegt, ob er mit seiner Frau kommen solle, aber dann doch das Gefühl gehabt, es müsse jetzt erst einmal um ihn gehen.

Auf die Frage, was der Auslöser gewesen sei, sich ausgerechnet jetzt in Beratung zu begeben, erwidert er, dies habe mit einer »Partnerproblematik« zu tun gehabt: Seine Frau und er seien wieder einmal in Streit geraten, wobei sie ihm »soziale Isolation« vorgeworfen habe. Seine Frau beschwere sich immer wieder bei ihm, dass sie selten etwas gemeinsam unternähmen.

Nach dem Kern seines Anliegens gefragt, antwortet der Mann, dass er für sich eine Standortbestimmung brauche, und außerdem wolle er von mir (als Fachmann) wissen, ob das, was da mit ihm los sei und was er da tue im Zusammenhang mit der Einsamkeit, sozialen Isolation und Kontaktscheu, »schon grenzwertig sei«. Auf die Nachfrage, wie er das denn selbst sehen würde, antwortet er: »Ich selbst denke das manchmal.«

Ich gehe an dieser Stelle nicht weiter auf die Bewertung der Problematik ein und lehne damit gleichsam die Einladung des Klienten hierzu ab. Vielmehr entscheide ich mich, im weiteren Prozess des Erstgesprächs eine lösungsorientierte Auftragsklärung mithilfe der Wunderfrage zu kreieren:

Wenn das Wunder geschehen würde und damit auch das Anliegen, wegen dem er die Beratung aufgesucht habe, verschwunden sei, würde er dies an folgenden Punkten merken können, berichtet der Klient:

- »Ich spüre Kraft von Menschen, die mich begleiten.«
- »Ich habe von Freunden und Bekannten das Gefühl, dass sie da sind – ich bin nicht allein.«
- »Ich habe mehr Kontakte.«
- »Bei Sabine (seiner Frau) ist auch mehr Kraft da, zunächst mal für sie selbst, aber sie hat auch mehr Kraft für mich.«
- »Ich kann Menschen spüren, die mir positiv gesinnt sind und nicht Konkurrenten sind.«
- »Jemand fragt mich, wie es mir eigentlich geht.«

Diese Sammlung kommt durch das immer weitere Nachfragen des Beraters zustande (»Was noch?«, »Woran würden Sie es noch merken?« etc.). Danach wiederhole ich die genannten Gesichtspunkte mit meinen Worten, sodass im Gespräch die Möglichkeit geschaffen wird, die einzelnen Punkte weiter zu explorieren.

Danach befragt, wann denn vielleicht in letzter Zeit »ein Hauch von diesem Wunder« schon einmal geschehen sei, berichtet er von zwei wichtigen Situationen, die erst in den letzten Tagen stattgefunden hätten. Er sei zur Fernsehübertragung des Endspiels der Fußballweltmeisterschaft im Tennisklub gewesen, und da habe er locker und gelöst mit den anderen sprechen können. Die Stimmung allgemein und seine Stimmung seien gut gewesen. Außerdem sei er erst vor zwei Tagen am Wochenende mit seiner Frau gemeinsam auf einer beruflichen Weiterbildung über Naturheilkunde gewesen. Dort hätten sie ein befreundetes Paar getroffen, mit dem sie vor über zehn Jahren mehr Kontakt gehabt hätten. Er sei von sich aus auf die beiden zugegangen, habe von sich aus das Gespräch gesucht und einen sehr schönen Austausch gehabt. In der Endphase der ersten Sitzung wird ein neuer Termin in drei Wochen vereinbart.

Zu Beginn der zweiten Sitzung berichtet der Klient von großen Fortschritten: Es sei ihm gut gegangen in der Zwischenzeit. Er habe weiter ganz bewusst im Tennisklub Gespräche begonnen und bei einem Freizeitturnier mitgemacht, bei welchem man an einem Tag mit unterschiedlichen, einem zugelosten Partnern ein Doppel zu bestreiten gehabt habe. Insgesamt sei er den Weg weitergegangen, aus der Isolation herauszugehen und Kontakte zu pflegen, womit er sich sehr gut fühle.

Auf die Frage, bei wie viel von maximal 10 Punkten (diese stünden für das absolute Erreichen seines Wunders) er heute im Vergleich zur ersten Sitzung stehen würde, schätzt sich der Klient bei »7–8« ein, wobei er vor drei Wochen noch zwischen einem und zwei Punkten gewesen sei.

Im weiteren Gesprächsverlauf wird die positive Veränderung weiter besprochen und gewürdigt. Dieses Thema wird schließlich über meine Frage, ob denn eine weitere Bearbeitung des Bereichs jetzt notwendig sei, abgerundet. Denn der Klient gibt zu verstehen, dass »wir das eigentlich so stehen lassen können«. Im Übrigen habe er, ehrlich gesagt, beim Herfahren zu diesem Termin schon überlegt, was denn heute noch sein Anliegen sei, nachdem alles so gut gelaufen sei. Ich signalisiere, dass es gut möglich sei, dass sein Ziel bereits erreicht und damit nicht unbedingt ein weiterer Inhalt für den Beratungsprozess vorhanden wäre. Ich mache explizit deutlich, dass ich gleichsam wie im ersten Gespräch eine Klärung des Anliegens und Ziels (gibt es eines und wenn ja, welches?) des Klienten für notwendig erachte.

So ergibt sich an dieser Stelle ein neues, weiteres Anliegen des Klienten. Er verdränge zwar dieses Thema gern, aber er habe ein gewisses »Defizit im Erwachsensein«, was sich seiner Meinung nach in Passivität und Unangreifbarkeit ausdrücke. Er neige dazu, im privaten Bereich nicht Stellung zu beziehen, worüber sich seine Frau öfter beklage. Seine Frau wünsche sich einen Partner, der greifbar sei und Position beziehe. So habe er vor zwei Wochen entschieden, dass die dreijährige Tochter nun den Schnuller abgeben solle. »Sabine hätte das alleine nicht durchgezogen.« Es seien zwar zwei schwierige Wochen gewesen, nun aber brauche die Kleine keinen Schnuller mehr, und es sei gut so, wie es jetzt ist, für ihn und seine Frau und für die Familie.

Im Rahmen dieser Auftragsklärung in der zweiten Sitzung wird immer deutlicher und klarer, dass es dem Klienten darum geht, aus dem Arbeitssystem, in welchem er sich durch die Praxis und die damit einhergehenden finanziellen Zwänge und den Druck befindet, auszusteigen bzw. hier etwas Entscheidendes zu verändern. Denn dieses Arbeitsprogramm, das er permanent abspule, verhindere Kontakte und verhindere vor allem auch, dass er sich selbst leben könne, dass er präsenter in der Familie und in der Kindererziehung da sein könne und so weiter.

Im gemeinsamen Gespräch entsteht das Bild eines Pegels, der »in ihm drin« langsam, aber stetig ansteigt. Auf die Frage, was dieser Pegel eigentlich beinhaltet, und auf die Einladung hin, es sich einfach einmal zu erlauben, diese vielleicht visionären oder traumhaften Bilder einmal auszudrücken, beschreibt der Klient ein Szenario, in welchem er die Sicherheit seiner etablierten Praxis aufgibt und eine Privatpraxis in einer Großstadt aufmachen wird. Dann würde er das Kassensystem, welches ihn zwingen würde, in Quantität statt in Qualität zu arbeiten, hinter sich lassen. Er würde mehr Zeit für den einzelnen Patienten haben und vor allem auch mehr Zeit für sich selbst einrichten können. Auf diesem Wege würde er das erste Mal in seinem Leben sich selbst beruflich verwirklichen, indem er sich nicht an vorgegebene Formen anpasse, sondern im Gegenteil seine persönlichen Inhalte und Kompetenzen in neuen Formen ausdrücke.

Es folgt eine intensive Prozessarbeit, bei welcher die unterschiedlichen inneren Anteile bzw. Stimmen in ihm zu dem Thema der beruflichen und privaten Veränderungsmöglichkeit bearbeitet werden (vgl. zur systemischen Arbeit mit inneren Anteilen Holmes, 2013, und Schwartz, 2011).

Wir wollen im Zusammenhang mit unserem Fokus auf die Auftragsklärung an dieser Stelle aus dem Fallbeispiel aussteigen. Es wird sehr deutlich, dass Auftragsklärung bereits Intervention ist: Der Arzt konnte aufgrund des Erstgesprächs seine Dynamik deutlich verstärken, mehr Kontakte zu suchen. Die lösungsorientierte Auftragsklärung mit der Wunderfrage in der ersten Sitzung bewirkte offensichtlich eine Verstärkung der Kräfte des Klienten, Kontakte zu suchen und bewusst zu gestalten. Ferner ist Auftragsklärung während eines Beratungsprozesses immer wieder notwendig – auch dies wird durch unser Fallbeispiel sichtbar: Nachdem der Klient in der zweiten Sitzung berichtet, dass er in Bezug auf sein Anliegen der letzten Sitzung sehr gut vorangekommen sei, ist es entscheidend, dass an dieser Stelle der Berater eine erneute Standortbestimmung der gemeinsamen Arbeit im Sinne eines »Wo stehen wir beide jetzt?« vornimmt: Eine erneute Auftragsklärung erfolgte in diesem Fall also bereits in der zweiten Sitzung.

Derartig schnelle Veränderungen eines Klienten nach der ersten Sitzung gehen einher mit einer Haltung des Vertrauens des Beraters. Dieser ermöglicht im Klienten die Stärkung der Wachstumskräfte und eine Schwächung eher hinderlicher Energien. Es sei nur an die erste Sitzung in unserem Fallbeispiel erinnert, in welcher der Berater die Einladung des Mannes nicht annimmt, eine Diskussion über die »Grenzwertigkeit« seines Tuns (»Einsamkeit«, »Kontaktscheu«) zu beginnen. Dies hätte die Problemtrance des Klienten bestätigt und verstärkt. Stattdessen wurde auf Lösungen fokussiert: Zum einen lässt der Berater (über die Wunderfrage) den Klienten innere Bilder seiner Lösung kreieren, zum anderen verstärkt er im Klienten das Bewusstsein, bereits derartige Lösungen angewendet zu haben, was implizit die Botschaft mit einschließt: »Du kannst es!«

4 Integrative Auftragsklärung

Nachdem wir die Aspekte der problemorientierten sowie der lösungsorientierten Herangehensweise in ihren wesentlichen Zügen beleuchten konnten, schlage ich nun eine Integration von Problemorientierung und Lösungsorientierung vor. Es macht Sinn, als Professioneller nach beiden Seiten hin offen zu sein und weder nur auf das eine noch nur auf das andere zu fokussieren. Dies ermöglicht Flexibilität und ein situationsadäquates Eingehen auf den individuellen Klienten.

Nun könnte man die Inhalte, die jeweils unter dem Aspekt »problemorientiert« (2) und »lösungsorientiert« (3) dargestellt wurden, einfach zusammenfassen und formulieren, dass sich jeder Berater das Seine herausziehen möge. Allerdings fehlen noch wichtige Aspekte zur Klärung eines Auftrags, die bislang nicht aufgeführt wurden: Es handelt sich im Wesentlichen um die Thematisierung des Überweisungskontextes, um das Ansprechen von therapeutischer oder beraterischer Vorerfahrung des Klienten, um den Faktor Zeit in der Beratung sowie um die Vorstellung des Klienten von der Person des Beratenden. Wir werden diese genannten Aspekte im Folgenden in unser Vorgehensmodell einer integrativen Auftragsklärung mit aufnehmen sowie wesentliche Aspekte der problemorientierten und lösungsorientierten Auftragsklärung integrieren. So ist die folgende Zusammenstellung eine Ergänzung zu den bisher dargelegten Auftragsklärungsfragen.

a) Fragen zum Überweisungskontext:
- »Wann ist die Idee zu dieser Beratung entstanden?«
- »Wer hatte die Idee?«
- »Wie (auf welchen Wegen, über wen, mit welchen Empfehlungen etc.) kommen Sie (ausgerechnet) zu mir?«
- »Wer hat die Initiative ergriffen?«

- »Gab oder gibt es Skeptiker gegenüber der Beratung? Was sind deren Einwände?«
b) Fragen zu anderen Beratungs- oder Therapiekontakten (Vorerfahrungen und Parallelerfahrungen):
    - »Waren Sie schon woanders in Beratung (Therapie, Coaching, …)?«
    - »Wie lange ist das ungefähr her?«
    - »Wie war das?«
    - »Welchen Nutzen brachte es Ihnen?«
    - »Sind Sie zurzeit auch woanders in Beratung?«
    - Wenn ja: »Wenn Sie also auch dort in Beratung sind, mit welchen Erwartungen kommen Sie zu mir?«
    - »Hängt das irgendwie mit Ihrer anderen Beratung zusammen?«
    - »Worin könnte für Sie vielleicht der Unterschied zwischen der anderen Beratung und unserer Arbeit liegen?«
    - »Weiß der andere Berater davon, dass Sie heute zu mir kommen?«
c) Fragen zum Faktor Zeit:
    - »Ich habe bisher überhaupt keine Ahnung, wie Sie sich unsere Zusammenarbeit zeitlich vorstellen …?«
    - »Mit welchem Gefühl, mit welchem Bild sind Sie hierher gekommen: Haben Sie beispielsweise schon einmal darüber nachgedacht, wie viele Stunden wir zusammenarbeiten sollten?«
    - »Wie lange stellen Sie sich die Beratungsdauer vor?«
    - »Wie stellen Sie sich vor, soll das nach unserem Erstgespräch heute weitergehen?«
    - »Was sagt Ihnen Ihr Gefühl, welche Abstände zwischen den Sitzungen für Sie gut wären?«
    - »Bis wann rechnen Sie mit Veränderungen?«
    - »Sagen Sie, bis dann und dann müssen sich Veränderungen ergeben – oder lassen Sie das eher auf sich zukommen?«
    - Wenn Ersteres: »Welche Veränderungen wären das? Wie sieht das konkret aus?«
    - »Wie wollen wir verbleiben?«
d) Fragen zur Beraterperson:
    - »Wie geht es Ihnen mit mir (z. B. Alter, Geschlecht)?«
    - »Sie hatten bestimmt eine Vorstellung von mir, bevor Sie herkamen. Wie ist es für Sie, da Sie mich jetzt persönlich kennengelernt haben?«
    - »Können Sie sich vorstellen, dass wir gemeinsam arbeiten?«
    - »So, wie Sie mich bisher kennengelernt haben: Was empfanden Sie als hilfreich? Hat Sie irgendetwas gestört oder irritiert?«

e) Fragen zu den Erwartungen des Klienten:
   - »Wenn Sie nachher rausgehen: Was müsste auf jeden Fall in unserer Sitzung (noch) passieren oder angesprochen werden, dass Sie dann sagen: Das war okay?«
   - »Was erwarten Sie konkret von mir?«
   - »Was ist mein Job für Sie?«
   - »Wie kann ich Ihnen am besten helfen?«
   - Als paradoxe Frage: »Angenommen, wir wollten scheitern: Was müssten wir beide tun? Was müsste ich tun? Was müssten Sie tun?«
f) Fragen zum Anliegen/Problem des Klienten:
   - »Wie kommt es, dass Sie gerade jetzt (und nicht schon vor einiger Zeit oder erst in einiger Zeit) unser Gespräch suchen?«
   - »Was ist Ihr Anliegen?«
   - »Was führt Sie zu mir?«
   - »Wie sehen Sie/die anderen das Problem?«
   - »Ist es ein Problem oder sind es mehrere? Kann es sein, dass sie zusammenhängen?«
   - »Was tut wer, wenn das Problem auftritt?«
   - »Wie erklären Sie sich das Problem?«
g) Fragen zu bisherigen Lösungsversuchen:
   - »Wie haben Sie bisher versucht, das Problem zu lösen?«
   - »Was haben Sie (die anderen) bislang konkret getan, um einer Lösung näher zu kommen?«
   - »Was hat sich dadurch bereits verändert?«
   - »Lohnt es sich aus Ihrer Sicht, diesen Faden wieder aufzugreifen, oder müssen Sie eher nach neuen Lösungswegen Ausschau halten?«
h) Fragen zu den Zielen des Klienten:
   - »Wo wollen Sie hin?«
   - »Was möchten Sie erreichen?«
   - »Was möchten andere (z. B. Partner, Kollege etc.) von Ihnen? Was sollen Sie aus deren Sicht erreichen?«
   - »Was erwarten Sie von den anderen?«
i) Fragen zu den Erfolgskriterien des Klienten:
   - »Was wäre konkret anders, wenn Sie das Beratungsziel erreicht haben?«
   - »Woran würden Sie merken, dass unsere Beratung erfolgreich war?«
   - »Woran würden die anderen merken, dass unsere Beratung erfolgreich war?«
   - »Was wäre dann anders?«
j) Fragen zum Weg:
   - »Wie können Sie Ihr Ziel erreichen?«

- »Wie können wir gemeinsam Ihr Ziel erreichen?«
- »Wurde das Ziel oder ein vergleichbarer Zustand schon einmal früher erreicht?«
- Wenn ja: »Was haben Sie (die anderen Beteiligten) konkret getan?«
- Wenn nein: »Woher wissen Sie (die anderen Beteiligten), dass dieses Ziel überhaupt realistisch ist?«
- »Was könnten wir beide tun, um das Erreichen Ihres Ziels wahrscheinlich zu machen?«
- »Was könnte ich als Berater tun, um das Erreichen Ihres Ziels wahrscheinlich/unwahrscheinlich zu machen?«

Passend zur individuellen Beraterperson und passend auch zur jeweiligen Beratungssituation können Sie sich verschiedene »Zutaten« aus den dargestellten Auftragsklärungsmodellen herausnehmen und ihr individuelles »Auftragsklärungsgericht« zusammenstellen. Als Groborientierung bietet es sich für einen ersten Gesprächstermin an, als »Vorspeise« eher »leichte Kost« zu servieren. Hierzu gehören ein empathisches Eingehen auf den Klienten und Raum für Exploration. Anschließen könnte man mit Fragen nach der Überweisung (mit welchen man natürlich auch beginnen könnte) und den Zielen. Bei der Thematisierung sowohl der Ziele einerseits als auch des Anliegens (Symptome) andererseits wird man sich im »Hauptgang« wiederfinden, während es sich als »Dessert« anbieten könnte, auch Fragen zum Zeitfaktor anzusprechen, um für beide Seiten Klarheit über einen Beratungskontrakt zu erreichen.

Ein Auszug aus einer Paartherapie macht deutlich, wie wichtig beispielsweise der Aspekt »b) Fragen zu anderen Beratungs- oder Therapiekontakten« aus der obigen Liste sein kann:

Es kommt ein Ehepaar in Therapie. Sie haben zwei Kinder, sieben und zehn Jahre alt. Die Ehefrau hatte vor fünf Jahren eine Depression, weshalb sie eine sechswöchige stationäre Therapie in Anspruch nehmen musste. Inzwischen sei sie seit einiger Zeit medikamentenfrei, habe es aber versäumt, unmittelbar nach der psychiatrischen stationären Therapie ambulante Psychotherapie in Anspruch zu nehmen. Da sie so viel aufzuarbeiten habe, sei sie seit wenigen Sitzungen in Einzeltherapie. Der Mann macht deutlich, dass es ihm darum geht, dass seine Frau bei ihm bleibt und ihn nicht verlässt. Er zeigt sich bemüht und auch an paartherapeutischen Sitzungen interessiert. Der Frau dagegen geht es um eine Klärung, ob sie bleiben oder sich trennen will.

In der zweiten Sitzung beginnt die Frau sehr massiv: Sie wolle sich trennen. Im Folgenden kann eine Doublebind-Situation (Doppelbotschaft) herausgearbeitet

werden: Auf die Frage, wie es ihr bei und nach einer Trennung gehen würde, antwortet sie: »Zuerst gut, aber dann würde es mir schlecht gehen. Ich würde das gar nicht schaffen alleine.« Der Berater arbeitet mit dem Paar die von ihr gesendete Doppelbotschaft an ihren Mann heraus:
1. »Zieh aus!«
2. »Ich brauche dich!«

Vor diesem Hintergrund der Zwiespältigkeit der Frau wird die momentane Situation des Paares beleuchtet.

Als in der Folgesitzung die Ambivalenz des Paares und vor allem von der Frau (Trennen – Bleiben) wieder Thema wird, fragt der Berater in Bezug auf die Einzeltherapie der Frau nach: »Wenn Sie in die Einzeltherapie zur Kollegin gehen, welchen Teil in Ihnen stärkt das eher: Mehr den Teil, der sich trennen will, oder den, der bleiben will?« Nach kurzem Überlegen gibt sie zur Antwort: »Ja – das ist eher der Teil, der sich trennen will ...« Ihr Mann stimmt sofort zu und bemerkt, dass seine Frau nach den Einzeltherapiesitzungen immer schlecht drauf und durcheinander sei – was sie bestätigt.

Über die Frage, wie das für sie sei, wenn in der Einzeltherapie die »innere Trennungsstimme« gestärkt werde, kommt der Berater auch auf seine eigene Rolle zu sprechen: »Wie ist das eigentlich bei mir, welche Rolle habe *ich* da für Sie?« Beide – zunächst die Frau – antworten, dass in den Paarsitzungen aus ihrer Sicht die Gemeinschaft und das Verbindende gestärkt werde. Im weiteren Beratungsprozess wird dann thematisiert, was das für das Paar bedeutet, wenn die Frau zu zwei Therapeuten geht, die jeweils einen anderen »Anteil« stärken würden. Über diesen Prozess beginnt die Frau zu formulieren, dass sie in der nächsten Einzelsitzung bei ihrer Therapeutin abklären wolle, dass es ihr dort gar nicht um ihre Partnerschaft, sondern um die Aufarbeitung ihrer Kindheit und Elternbeziehung gehe.

Bei diesem Paar bzw. bei der Frau spiegelte sich die unentschiedene Ambivalenz zwischen Trennung und Zusammenbleiben in zwei unterschiedlichen therapeutischen Settings. Der Einzeltherapeutin wurde von der Frau (unbewusst) die Rolle zugeschrieben, in Richtung Trennung zu arbeiten, während mir als Paartherapeut (unbewusst) die Rolle zukam, die Paarebene und das Gemeinsame zu stärken. Dies verlagert das Problem aus der Sicht des Paares gleichsam nach außen, ohne dass eine Veränderung bzw. Entscheidung fällig wird. Das Paarsystem wird in seinem momentanen Sosein gestützt, obwohl die offizielle Absicht des Paares Veränderung bzw. Entscheidung ist.

Der Berater konnte über entsprechendes Nachfragen bewusst machen, dass derartige Zusammenhänge bestehen, ohne es explizit ansprechen zu müssen –

es wurde dem Paar selbst deutlich, sodass sich die Frau eine Klärung in der Einzeltherapie vornahm. Entscheidend allerdings ist auch die Bedeutung dieser Klärung für die weitere Paararbeit: Sie ermöglichte zunächst auf spielerische Art, die Übertragung der inneren Zwiespältigkeit auf zwei Therapeuten bewusst zu machen. Als Berater erhielt ich dadurch eine »neue Freiheit« in Bezug auf die Handhabung meiner Rolle: Ich musste von nun an nicht mehr automatisch der Verstärker für die Gemeinsamkeiten und die Bindung des Paares sein, ohne zu wissen, dass mir diese Rolle vom Klientensystem zugeteilt worden war. Ich hatte mich aus dieser Rollenzuschreibung gelöst, was neue Optionen für die gemeinsame Arbeit möglich machte. Interessanterweise wurde dann der verabredete Folgetermin telefonisch abgesagt. Die Frau sagte, dass sie sich entschieden habe und dass ihr Mann jetzt ausziehen werde. So überraschend dies für mich kam – ich führte es auch darauf zurück, dass die Ambivalenz zwischen Trennen und Bleiben bearbeitet werden konnte. Dabei war die Thematisierung der Bedeutung der Therapie bei mir und die Bedeutung der Therapie bei der Kollegin ein entscheidender Faktor. Offensichtlich machte dies neue Schritte möglich.

5 Auftragsklärung bei Geschickten

Als Berater wünscht man sich Klienten, die »freiwillig« kommen und motiviert sind, an ihren Problemen bzw. an der Lösungsfindung selbstverantwortlich und beratungsunterstützt zu arbeiten. Es gibt jedoch auch andere Ausgangslagen: Der oder die Klienten kommen eher unmotiviert und vor allem deshalb, weil sie geschickt worden sind. Dies kann der Chef oder die Personalabteilung sein, die einen Mitarbeiter zum Coaching schickt. Es kann das Jugendamt sein, das einer alleinerziehenden Mutter auferlegt, Erziehungsbeistandschaft durch einen Sozialpädagogen in Anspruch zu nehmen.

Derartige Konstellationen sind dadurch gekennzeichnet, dass für den Klienten negative Sanktionen (oder milder ausgedrückt: negative Auswirkungen) folgen, sollte er sich der Beratung verweigern. So kann die Organisation unserem Mitarbeiter mehr oder weniger deutlich machen, dass er mithilfe eines Coachs an bestimmten Defiziten zu arbeiten hat bzw. bestimmte Kompetenzen aufbauen muss. Geschieht dies nicht, steht entweder der Job infrage oder es ist zumindest an eine Rückstufung in der Hierarchie oder eine Nicht-Berücksichtigung für eine Beförderung zu denken. Verweigert sich die Mutter der auferlegten Erziehungsbeistandschaft, muss sie ihr Kind in eine Heimbetreuung abgeben, weil das Jugendamt sonst von einer Gefährdung des Kindeswohls ausgeht.

Geschickte kommen also aus systemischer Sicht deshalb in Beratung, weil sie jemand geschickt hat. Von daher ist der Schickende für den Berater wichtig; gleichzeitig ist natürlich der Geschickte wichtig und in seiner Sichtweise (möglicherweise unmotiviert, aus seiner Sicht hat er kein Problem) zunächst anzunehmen (siehe Abbildung 19).

Kontraproduktiv wäre es, den Geschickten gleich zu Beginn überreden zu wollen, dass er doch die Beratung brauche, dass er doch ein Problem habe, dass er doch motiviert sein sollte ... Beraterische Anstrengungen in diese Richtung werden den Widerstand des Klienten festigen, er wird sich unverstanden fühlen und verschlossen bleiben oder sich weiter verschließen. Es geht also darum, den Geschickten dort abzuholen, wo er steht: Er sieht kein Problem (oder zumindest sieht er, wenn da so etwas wie ein Problem ist, dieses als weit weniger gravierend an als der Schickende). Er braucht eigentlich keine Beratung.

Als systemischer Berater gehe ich an einen geschickten Klienten mit dieser Grundeinstellung heran: »Es mag ja sein, dass Sie kein Problem haben, und ich will gern durch unser Gespräch besser verstehen, wie Sie das sehen, und mich einfühlen. Andererseits ist für Sie der Schickende (sei es nun der Chef oder das Jugendamt) eine wichtige Bezugsperson. Ihr Problem besteht darin, dass Sie diese Bezugsperson noch nicht davon überzeugen konnten, dass Sie kein Problem haben!«

Auf diese Weise wird das Dilemma in der Arbeit mit geschickten Klienten zu einem Spiel mit unterschiedlichen Wirklichkeitskonstruktionen (zwischen dem Schickenden und dem Geschickten). Auf diese Weise bin ich als Berater auch entlastet von der Versuchung, den Klienten doch davon überzeugen zu wollen oder zu müssen, dass Beratung für ihn gut oder gar notwendig wäre.

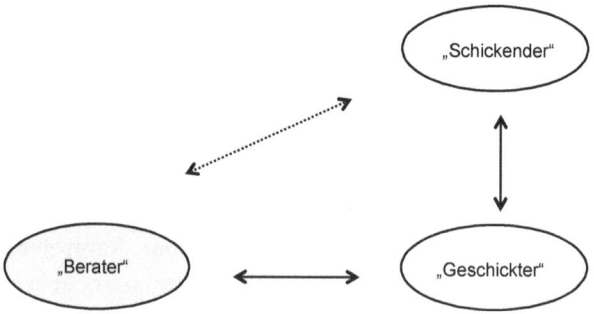

Abbildung 19: Geschickter und Schickender

Der entscheidende Schlüssel liegt für uns als Berater also darin, in einem ersten Gespräch am besten dafür zu sorgen, dass sowohl der geschickte Klient als auch die schickende Person anwesend sind. Im Fall eines Coaching-Auftrags für einen Mitarbeiter würde ich also darauf bestehen, dass zu einer ersten Sitzung nicht nur (so stellen sich die schickenden Chefs das gern vor) der Klient allein zu mir kommt (damit er vom Berater »auf die richtige Spur gebracht wird«). Vielmehr wird als erstes Meeting ein Termin zu dritt vereinbart, in welchem der Chef darlegen kann, aus welchen Gründen er das Coaching für notwendig hält und welche Ziele aus seiner Sicht zu verfolgen sind. Gleichzeitig kann der ins Coaching geschickte Mitarbeiter seine Sicht darstellen. Als Berater befrage ich beide nach ihren Wirklichkeitskonstruktionen zur Problembeschreibung, aber auch zu den Zielen und den Erfolgskriterien des Coaching-Prozesses.

Im Anschluss wird vereinbart, dass ab der zweiten Sitzung der geschickte Coaching-Klient allein mit mir arbeitet und dass ich als Coach keinerlei Informationen über den Coaching-Prozess an den Vorgesetzten »rausgebe«. Dies ermöglicht die Chance, zu einer vertrauensvollen Zusammenarbeit mit dem eigentlichen Klienten zu kommen. Denn sobald dieser fürchten muss, dass sein Vorgesetzter und ich als Coach »in einem Boot sitzen« und wir uns offen oder verdeckt über ihn austauschen, wird keine vertrauensvolle Basis für eine Zusammenarbeit möglich sein.

Idealtypisch gehe ich so vor, dass während des ersten Dreiergesprächs bereits vereinbart wird, dass nach einer gewissen Sitzungszahl am Ende wieder ein Dreiergespräch stattfindet, welches zur Evaluation dient: Hier moderiere ich einen Austausch zwischen Chef und gecoachtem Mitarbeiter mit dem Fokus auf die Wahrnehmung von Unterschieden: Was hat sich aus der Sicht des Chefs/ aus der Sicht des Mitarbeiters verändert? In welchem Maße sind die anfangs gesteckten Ziele erreicht worden? Was bedeutet das für die weitere Zusammenarbeit der beiden? ...

Ist es aus bestimmten Gründen nicht möglich oder erscheint es mir als Berater als nicht so wichtig, dass zu Beginn der Schickende mit dazu kommt, kann auch ohne der schickenden Instanz gearbeitet werden. In diesem Fall ist es ratsam, durch zirkuläre Fragen den Schickenden immer wieder mit einzubeziehen in das Gespräch. Denn wir erinnern uns: Der geschickte Klient kommt ja eigentlich gar nicht, weil er ein Problem hat. Dies erkenne ich als Berater zunächst an. Andererseits kommt er in die Beratung, weil er das Problem hat, dass er bisher den Schickenden noch nicht davon überzeugen konnte, dass er kein Problem hat!

Wie kann ich ein erstes Verbindungsband zwischen mir als dem »ungeliebten« Berater und dem Klienten herstellen? Ich gehe mit einer offenen Haltung heran, ohne den Klienten in irgendeine Richtung bewegen zu wollen, und begnüge mich zunächst nur damit, immer wieder durch neugierige Nachfragen zu ergründen, warum mein Klient meint, geschickt worden zu sein. Und: Warum mein Klient das anders sieht (also nicht geschickt hätte werden müssen). Und: Warum er bisher den Schickenden noch nicht davon überzeugen konnte, dass er kein Problem hat. Und: Was er tun muss oder tun kann, damit der Schickende merkt, dass er kein Problem mehr hat. Dies führt zu folgenden Fragemöglichkeiten gegenüber Geschickten:

a) Fragen zum Überweisungskontext:
- »Wer hat Sie zu mir geschickt?«
- »Warum sind Sie ausgerechnet jetzt geschickt worden? Warum ausgerechnet zu mir?«

b) Fragen zum/zu den Schickenden:
- »Warum hat Sie diese Person zu mir geschickt? Was denken Sie, warum diese Person meint, Sie sollten zu mir in Beratung kommen?«
- »Was wünscht sich wohl diese Person von unseren Gesprächen? Welches Ziel verfolgt wohl diese Person, wenn diese Sie hierher schickt?«
- »Woran würde diese Person merken, dass wir beide gute Arbeit machen?«
- »Wie lange (Stundenzahl, Zeitdauer etc.) stellt sich wohl diese Person unsere Beratung vor?«
- »Gibt es noch andere Personen, denen wichtig ist, dass Sie hier sind?«

c) Fragen zur eigenen Sichtweise des Klienten:
- »Wie ist das für Sie, wenn Sie zu mir geschickt werden?«
- »Zu wie viel Prozent würden Sie die Sichtweise des Schickenden ablehnen? Zu wie viel Prozent würden Sie sich der Sichtweise des Schickenden anschließen?«

d) Fragen zur Rolle des Beraters aus der Sicht des Klienten:
- »Soll ich mich eher mit dem Teil in Ihnen verbünden, der die Sichtweise des Schickenden ablehnt, oder mit dem Teil, der die Sichtweise des Schickenden teilt?«
- »Was wünschen Sie sich von mir angesichts der Tatsache, dass Sie eigentlich nicht aus eigenem Antrieb/aus eigenem Willen zu mir gekommen sind?«
- »Gibt es vielleicht trotz der dummen Situation, dass Sie geschickt worden sind, etwas, das wir beide sinnvollerweise tun könnten?«
- »Was könnten wir beide bestenfalls für Sie persönlich erreichen?«

e) Fragen zu Vorerfahrungen und anderen Beratungskontakten:
- »Wurden oder werden Sie auch noch woanders hingeschickt? Von wem? Warum?«

f) Fragen zur Problemdefinition:
- »Was hat die Person, die Sie schickt, wohl für ein Problem mit Ihnen?«
- »Hat diese Person die Meinung, Sie hätten ein Problem? Haben Sie die Meinung, Sie haben ein Problem?«
- Als paradoxe Frage: »Was müssten Sie tun, damit diese Person noch mehr zu der Überzeugung gelangt, Sie bräuchten fremde Hilfe?«
- »Was müssten Sie machen, damit diese Person davon überzeugt wäre, dass Sie keine Beratung mehr brauchen?«
- »Könnte man sagen, dass dies Ihr Problem ist: Da gibt es jemanden, der Sie schickt, weil er der Meinung ist, Sie bräuchten fremde Hilfe?«

g) Fragen zur Zieldefinition:
- »Wie nutzen wir am besten die Situation, in der Sie sich jetzt befinden?«
- »Wie könnten Sie der schickenden Person deutlich machen, dass Sie die Beratung bei mir gar nicht nötig haben?«
- »Was wäre dann konkret anders für Sie, wenn Sie dies erreicht hätten?«

Wenn sich ein Mensch in ein Beratungssetting begibt – also Klient wird –, ohne bei sich selbst ein Problem oder Anliegen zu empfinden, so ist Beratung logischerweise (aus der momentanen Sicht des Klienten) unsinnig. Genau dies ist jedoch bei dem Geschickten oft der Fall. Der Berater muss zunächst einmal Kontakt und Kooperation aufbauen, wobei die subjektive Sicht des Klienten (»Ich habe kein Anliegen und bin trotzdem da«) vonseiten des Beraters gewürdigt werden sollte. Denn es ist nicht die Aufgabe des Prozessberaters, den Klienten dazu zu überreden, seine Sichtweise dahingehend zu ändern, Probleme doch endlich wahrzunehmen und anzupacken.

Bei Geschickten besteht die Kunst der Beratung also darin, auf der einen Seite den Klienten in seiner Sicht des Nicht-betroffen-Seins und Kein-Anliegen-Habens anzuerkennen. Auf der anderen Seite wird man versuchen, gemeinsam mit dem geschickten Klienten den Überweisungszusammenhang zu erörtern. Auf diesem Wege ist es vor dem Hintergrund einer akzeptierenden und wohlwollenden Haltung möglich, Betroffenheit im Klienten auszulösen bzw. bewusst zu machen. So kann gerade durch die Akzeptanz des Nicht-Anliegens des Geschickten ein persönliches Anliegen in ihm entstehen. Durch die wohlwollende Grundhaltung des Beratenden, welche die Besonderheit des Überweisungszusammenhangs anerkennt und signalisiert, dass der Klient in seiner Sicht akzeptiert wird, ohne sich verändern zu müssen, entsteht erst der Spielraum für den Betroffenen, neu über seine Situation nachzudenken. Angeregt durch die Fragen des Beraters, die den Gesamtzusammenhang der Klientenwirklichkeit im Kontext des Geschicktwerdens untersuchen, wird auch dem Klienten meist klar, dass er

»ein Problem hat« – und sei es das, dass er den Schickenden davon überzeugen muss, dass er eben kein Problem hat. Gelingt es, mit einem Geschickten dies zu erarbeiten, ist der Schritt zu einem Beratungskontrakt und zu einem Beratungsauftrag, in welchem sich der Klient auch tatsächlich persönlich wiederfindet, nicht mehr weit. Dazu ein Fallbeispiel:

Es stellt sich eine 39-jährige verheiratete Frau vor, die Interesse an einer Familienaufstellung bekundet. Sie arbeitet als Zahntechnikerin gemeinsam mit ihrem Bruder in eigener Firma, welche die beiden Kinder vor acht Jahren von den Eltern übernommen haben. Im Rahmen der integrativen Auftragsklärung wird deutlich, dass es der Klientin um ihre Mutter geht, die von deren Mutter unter Druck gesetzt werde, wobei sie selbst diejenige in der Familie sei, die der Mutter helfend beistehe. Auf die Frage, warum sie zu mir in Beratung gekommen sei, antwortet die Klientin, dass sie Frau X zu mir geschickt habe. Frau X ist eine Heilpraktikerin, bei der sie ab und zu in Behandlung sei, zu der jedoch vor allem ihre Mutter in Behandlung gehe. Auf weitere Nachfragen stellt sich heraus, dass Frau X vor einigen Jahren bei mir an einem Familienaufstellungsseminar teilgenommen hat und ganz offensichtlich der Klientin den Rat gab, eine Familienaufstellung bei mir zu machen. Mein weiteres Nachfragen hinsichtlich der Wirklichkeitskonstruktion der Klientin, warum sie glaube, dass Frau X auf diese Idee kam, ergibt keine näheren Informationen: »Ich weiß es eigentlich nicht ... vielleicht denkt sie, dass man über Familienaufstellungen da was machen kann ...«.

Ich hatte eigentlich vor, in der ersten Sitzung zunächst ein Vorgespräch zu gestalten, um dann in der nachfolgenden Sitzung mit der eigentlichen Prozessarbeit im Sinne der Familiendynamik zu beginnen. Da die Klientin mir jedoch das Gefühl vermittelt, dass sie gleichsam kein weiteres Anliegen habe als das, eine Familienaufstellung zu machen, wie es Frau X empfohlen hat, entscheide ich mich in dem Bewusstsein, dass hier die »Dynamik einer Geschickten« vorliegt, für den Einstieg in die Arbeit mit der Herkunftsfamilie. Es werden zunächst die wichtigsten Informationen über die Familie erhoben: Die Klientin hat einen älteren Bruder, mit dem sie das Zahntechniklabor leitet. In der Familie väterlicherseits fallen keine wesentlichen Schicksalsschläge oder mögliche Traumata auf, während mir in der mütterlichen Linie als wesentlich erscheint, dass alle vier Geschwister der Mutter bereits verstorben sind: mit drei, mit sechs, mit 35 und mit 38 Jahren. Die Klientin wird aufgefordert, mithilfe von Stühlen ihre Familiensituation darzustellen:

Sie stellt ihren Vater etwas abseits, mit Blickrichtung seitlich an den anderen Familienmitgliedern vorbei. Sie selbst dagegen positioniert sie in unmittelbarer Nähe zu ihrer Mutter, ihren Bruder unweit entfernt, sodass sich ein »Klüngel« von Mutter, Tochter und Sohn ergibt. Im erfahrungsbetonten Prozess des sich in die einzelnen Familienmitglieder Hineinversetzens (durch das abwechselnde Platznehmen auf den unterschiedlichen Stühlen) verspürt die Klientin auf ihrer Position sofort eine starke Enge, einen Druck und sehr viel Verantwortung für ihre Mutter. Wir erproben spielerisch, wie sich unterschiedliche Alternativen des Sich-Positionierens in der Familie für sie anfühlen würden. Die Klientin bevorzugt schließlich die Variante, Verantwortung abzugeben: an ihre Mutter und auch an ihre Großmutter. Dies fühlt sich für sie sehr gut und befreiend an. Mit dieser Sequenz beenden wir die Sitzung und vereinbaren einen neuen Termin in vier Wochen.

In der Vorbereitung der zweiten Sitzung nehme ich mir vor, darauf einzugehen, wie unsere Familienaufstellungsarbeit gewirkt hat und was sich als Anliegen für die heutige Sitzung ergeben hat. Während ich das Gespräch erneut mit einer integrativen Auftragsklärung beginne, wird die Dynamik des Zu-mir-geschickt-worden-Seins wieder sehr deutlich. Die Klientin kann offensichtlich mit meiner Frage, was für sie heute wichtig wäre, nicht viel anfangen. Auch durch mein weiteres freundliches Nachfragen ergibt sich kein Anliegen und keine persönliche Motivation, wobei die letzte Sitzung gut gewesen sei. Sie wisse jedoch eigentlich nicht, wie es jetzt weitergehe in unserer Arbeit (und erwartet ganz offensichtlich vom »Familienaufstellungsfachmann« eine starke Lenkung).

Ich entscheide mich an dieser Stelle dafür, nicht auf die spürbare Erwartung der Klientin einzugehen, »etwas zu bieten«. Vielmehr versuche ich weiterhin, einen Auftrag zu erhalten. Als meine Wahl auf die Wunderfrage fällt, erhalte ich einige wichtige Antworten: Die Klientin beschreibt, dass sie das Wunder zunächst einmal an der Stimme ihrer Mutter erkennen könnte. Diese wäre anders, und so könnte sie am Telefon bereits feststellen, dass es ihrer Mutter gut ginge. Ihre Mutter wäre insgesamt fröhlicher. Ferner wäre »die Luft im Elternhaus leichter«, sodass sich alle Familienmitglieder trauen würden, bestimmte Themen anzusprechen und über mehr Dinge zu reden als bisher üblich. Des Weiteren gibt die Klientin zu verstehen, dass in ihrer Phantasie ihre Eltern einmal gern zu zweit etwas unternehmen würden, sodass sie selbst mehr Zeit für sich zur Verfügung hätte. Ihre Eltern würden gemeinsam frühstücken und miteinander sprechen. Der Vater würde erkennen, dass man auch in einer Familie glücklich sein kann, und er würde seine beiden Kinder darin anerkennen, dass sie nicht auf die schiefe Bahn geraten seien. Dies wäre ein »warmes Gefühl«, welches vom Vater »rüberkommen« würde.

Während die Klientin auf die Wunderfrage antwortet und ich von Zeit zu Zeit nachfrage (»... und woran würden Sie es noch merken?«), spüre ich viel Traurigkeit in mir und betrachte dies als »Gefühlsspiegel« in Bezug auf die Klientin.

Danach wiederhole ich zunächst das Gesagte und fasse so in meinen Worten zusammen, woran die Klientin das Wunder bemerken würde. In dieser Situation ist es ein Leichtes, nach dem wichtigsten Aspekt des Wunders und damit nach dem persönlichen Ziel der Klientin zu fragen. Sie antwortet: »Dass meine Mutter mehr auf sich schaut, dass sie sich gestattet, auch Bedürfnisse zu haben, dass sie nicht immer zuerst für alle anderen da ist, sondern auf sich selbst schaut«.

An dieser Stelle erhalte ich nach meiner Wahrnehmung zum ersten Mal während des Beratungsprozesses einen Auftrag von der Klientin. Es ist ein typischer Auftrag eines Geschickten, der keine intrinsische Motivation aufweist, sich selbst verändern zu wollen. Vielmehr geht es in diesem Fall nur um das Wohlbefinden der Mutter – einen Zusammenhang zwischen dem Ziel des Wohlbefindens der Mutter und einer persönlichen Betroffenheit der Klientin beinhaltet der Auftrag nicht. An dieser Stelle läge es nahe, zu fragen, wie ich als Berater mit der Klientin gemeinsam an diesem Ziel arbeiten könnte, wenn doch ihre Mutter, um die es ihr ganz offensichtlich gehe, an unserer Arbeit gar nicht teilhat; oder zu fragen, was sie selbst tun könnte, damit es ihrer Mutter besser gehe … Ich entscheide mich jedoch zunächst, an die Wunderfrage anzuknüpfen, indem ich versuche, Situationen in Erfahrung zu bringen, in welchen »ein kleines Stück des Wunders« schon einmal geschehen sei. Als ich also nach Ausnahmesituationen frage (»Wann gab es zuletzt einmal einen Hauch von diesem Wunder?«), ergreift mich die bereits erwähnte Traurigkeit vollständig, denn ich erhalte zur Antwort: »Noch nie!«

Ich zeige meine gefühlsmäßige Betroffenheit und frage, woher sie dann wisse, dass ihr Ziel erreichbar sei. In diesem Moment passiert etwas Entscheidendes: Die Klientin beginnt, ihr Ziel infrage zu stellen, indem sie spontan antwortet: »Vielleicht ist es ja einfach nur ein Traum von mir …«

Ein Infragestellen der eigenen Orientierung und Motivation der letzten Jahre (»Meine Mutter braucht Hilfe, und ich bin die Einzige in der Familie, die ihr hilft«) wird erst dann möglich, wenn die Motivation des eigenen Tuns und die damit einhergehenden Gefühle dem Betreffenden deutlich werden: Wir hatten die Traurigkeit und das Enttäuschtsein immer wieder kurz thematisiert. Als von ihrer Heilpraktikerin zu mir in Beratung geschickt, war die Klientin jedoch zu Beginn von dieser Selbstwahrnehmung ein gutes Stück entfernt.

In der skizzierten Prozessberatung wurde es dagegen durch mein Beharren auf einer Auftragsklärung und durch das Würdigen des Geschicktseins möglich, aus einer Ausgangssituation, in welcher kein persönlicher Auftrag vorlag, Betroffenheit (im positiven Sinne) zu erzeugen. Dies führte dann dazu, dass die Klientin für sich die Notwendigkeit erkennen konnte, eine Selbstklärung herbeizuführen. Diese kann durchaus zu dem Ergebnis führen, so weiterzumachen wie bisher. Sie schafft allerdings neue Wahlmöglichkeiten, und darauf kommt es an. So spricht die Klientin gegen Ende der Sitzung davon, dass sie sich gegenüber ihrer Mutter auch zurückziehen könne, aber so hart sei sie dann doch nicht …

Im Sinne einer Neutralität ist es wichtig, nicht vorzugeben, dass doch das Sich-Zurückziehen besser wäre oder im Gegenteil das vielleicht sich aufopfernde

Engagement für die Mutter beibehalten werden solle. Vielmehr konnte sich die geschickte Klientin ihre Wahlmöglichkeiten verdeutlichen in einem für sie selbst problematischen Familienkontext, den sie zunächst als gar nicht problematisch ansah.

Dieses Beispiel zeigt, wie viel Beratergeduld oft nötig ist, um an einen geschickten Klienten wirklich »heranzukommen«. Eine sprachliche Problembeschreibung verbunden mit ihrer eigenen persönlichen Betroffenheit brachte die Klientin zunächst nicht ein. Stattdessen sollte sich die (in der Beratung aber nicht anwesende) Mutter ändern, und außerdem sei sie hier, weil sie geschickt wurde.

Das Bewusstsein, dass dem so ist und dass eine Geschickte vor mir sitzt, half mir in den beiden Sitzungen, letztendlich doch zu einem »persönlichen Kern« zu kommen: der Frage nach dem *eigenen* (helfenden) Verhalten der Mutter gegenüber.

Ich akzeptierte die Klientin in ihren anfänglichen Beschreibungen, als sie nicht beantworten konnte, warum sie zu mir gekommen war (»Die Heilpraktikerin hat mich geschickt«); ich akzeptierte die Klientin in ihren Beschreibungen des Wunders, als sie letztlich ohne Bezug zu eigenen Verhaltensmöglichkeiten eine Art Traumwelt ersann (»Meiner Mutter geht es gut, sie ist fröhlicher«, »Die Luft im Elternhaus ist leichter«). All dies nahm ich geduldig entgegen. Schließlich bekam ich die Information, dass nicht einmal ein Hauch dieses Wunders schon einmal geschehen sei, ich spürte in mir eine große Traurigkeit aufsteigen. Meine Hypothese war: Ich spüre »als Spiegel« die Traurigkeit der Klientin darüber, dass ihre Mutter, ihre Eltern nun einmal so sind, wie sie sind. Um diese Traurigkeit nicht spüren zu müssen, »hilft« die Klientin ihrer Mutter und spielt eine wichtige ausgleichende Rolle im elterlichen System. Darauf konnte die Klientin in der zweiten Sitzung einen ersten vorsichtigen Blick richten.

6 Auftragsklärung als permanenter Prozess

Man mag Auftragsklärung so verstehen, dass sie nur zu Beginn eines Kundenkontaktes notwendig und sinnvoll sei. Dabei übersieht man jedoch, dass der fortdauernde Beratungsprozess einer weiteren und permanenten Abstimmung zwischen Berater und Klienten bedarf. Beratung wird dann am effektivsten sein, wenn es gelingt, immer möglichst »nah« am Anliegen der Betreffenden zu arbeiten – und das Anliegen kann sich während der Zusammenarbeit ändern.

Es ändert sich auch die Sicht- und Erlebnisweise des oder der Betroffenen während eines Beratungsprozesses: Dinge, die am Anfang im Vordergrund standen, werden unwichtiger; Themen, die am Anfang noch nicht bewusst oder im Fokus waren, werden wichtig. Wenn wir als Berater die Auftragsklärung so betrachten, dass sie vorwiegend am Anfang der Zusammenarbeit essenziell ist, aber auch als permanenter Prozess zu sehen ist, können wir immer »nah« am (sich wandelnden) Anliegen des Klienten bleiben.

Man kann es auch so beschreiben: »In meiner Arbeit habe ich es *immer* nur mit Erstgesprächen zu tun: Wie schon Heraklit bemerkte, kann niemand zweimal in denselben Fluss steigen. Und wenn eine Einzelperson oder eine Familie zu einer zweiten Sitzung kommt, dann kommen *andere* Personen wieder. Es sind nicht mehr dieselben, sie haben sich verändert und die Arbeit beginnt gleichsam wieder von vorn – ein neues Erstgespräch, das (natürlich) ein wenig vertrauter scheint, weil ich glauben könnte, diejenigen zu kennen ... Und – nicht zu vergessen – auch ich bin nicht mehr derselbe, auch ich habe mich ›im Fluss der Zeit‹ verändert« (Hargens, 2011, S. 16).

Das folgende Beratungsbeispiel zeigt (in diesem Fall zur zwölften Sitzung) eine (versuchte und erneute) Auftragsklärung während der Zusammenarbeit. Ich habe es auch deshalb ausgewählt, weil deutlich wird, wie schwierig und zäh es manchmal ist, klare Antworten vom Klienten zu erhalten. Gerade bei unsicheren Menschen, die die Tendenz haben, vom Berater vorgefertigte Antworten erhalten zu wollen, ist es nicht leicht, als systemischer Berater bei der nichtwissenden Grundhaltung zu bleiben. Hinzu kommt, dass der Klient unseres nun folgenden Fallbeispiels nicht allzu viel spricht, wodurch der Berater immer wieder »in Zugzwang kommt«. Der vom Klienten ausgehende Sog nach Tipps und einem Fachmann, der alles gut beurteilen kann, ist groß.

Ich finde es aber wichtig, in einem solchen Buch auch ein »zähes« Beispiel anzuführen. Im Folgenden wird aufgezeigt, wie mühsam oft die Ebenen des therapeutischen Arbeitens im Alltag sind. Und: dass dem Therapeuten eine hartnäckige Orientierung an der Auftragsklärung auch bereits nach vielen Sitzungen (also praktisch »mittendrin«) Struktur geben kann.

Beim Nachvollziehen des Praxisbeispiels verlange ich Ihnen als Leser sicherlich eine gewisse Geduld ab – was einer realistischen Darstellung eines nebulösen und »schwer greifbaren« Klientenanliegens durchaus entspricht.

Ein 37-jähriger Kfz-Meister sucht therapeutische Sitzungen auf, um seine Lebenssituation zu reflektieren: Er lebt »mit seiner Frau« (unverheiratet) seit 15 Jahren zusammen, sie haben eine zwölfjährige Tochter. Er arbeitet im väterlichen Kfz-Betrieb »als Juniorchef«, wobei der Vater ganz offensichtlich bislang keine Anstalten macht, die Führerrolle an den Sohn zu übergeben. Thematisiert wird seine emotionale und sprachliche Zurückhaltung, die er ändern wolle. Er könne seinen

Eltern beispielsweise nicht erzählen, dass er zu einem Psychologen gehe und ihm die Sitzungen gut täten; auch seiner Frau, die zwar wisse, dass er in Therapie sei, könne er nichts von den Stunden erzählen. Dies sei jedoch sein Ziel, betont er in der Zusammenarbeit immer wieder. Die Therapie erstreckt sich über Themen wie die Dominanz des Vaters, der immer wieder in die Privatsphäre des Sohnes »hineinbohre«, seine Scham damals, den Eltern gestehen zu müssen, dass er mit seiner Freundin ein Kind erwarte, oder seinen viele Jahre zurückliegenden Versuch, sich von seiner Partnerin zu trennen. Kernthema scheint immer sein Bemühen zu sein, mehr Selbstbewusstsein zu gewinnen, »mehr aus sich herauszugehen«, mehr von sich zu erzählen, mehr Nähe zur Partnerin und Tochter leben zu können.

Die Sitzungen werden in Abständen von ca. vier Wochen abgehalten, und der Klient berichtet schon bald von Fortschritten und zeigt sich zufrieden. Bemerkenswert allerdings ist, dass diese Entwicklung davon geprägt ist, dass sich der Klient innerhalb des therapeutischen Gesprächs immer wieder Ziele setzt, die er dann im Alltag nicht umsetzen kann. So habe er es beispielsweise doch nicht geschafft – obwohl er zuversichtlich gewesen sei, dieses selbst gesteckte Ziel zu erreichen – mit seiner Partnerin über die Sitzungen und seine Bedürfnisse zu sprechen. Es folgt eine Beratungsphase, in welcher ich gemeinsam mit dem Betroffenen beleuchte, welche Vorteile ein Nicht-Erreichen der innerhalb der Sitzungen definierten Ziele haben würde. Jedoch entsteht auch in dieser Phase der Zusammenarbeit in mir das Gefühl, dass der Klient vieles durchleuchten, aber weniges ändern kann oder will. Aus diesem Grund nehme ich mir erneut vor, eine Klärung des Auftrags anzustreben.

In der Folgesitzung (insgesamt die zwölfte Sitzung) wird deutlich, dass der Klient die Zusammenarbeit und seine eigene Dynamik wie folgt erlebt: Er komme oft etwas »down« und vom Alltag eingenommen in die Sitzung – da fühle er sich auf einer Gefühlsskala bei drei von zehn Punkten. Wenn er dann die Sitzung verlasse, fühle er sich total zuversichtlich, sein Therapieziel zu erreichen, es gehe ihm dann gut und er fühle sich auf der Gefühlsskala bei sechs Punkten. Auch die Energie, die er zur Verfügung habe, um eine Änderung in seinem Leben anzustreben und durchzusetzen, sei nach den Sitzungen um ein Vielfaches höher als davor, wobei ein paar Tage nach einer Therapiestunde das alte und niedrige Gefühls- und Energieniveau wieder erreicht sei.

Nach dieser Sitzung stehen für mich als Berater die Fragen im Raum, wie der Klient so für sich sorgen kann, dass er das Energieniveau und Gefühlsniveau auch ohne Sitzungen halten kann und ob in der Wirklichkeitskonstruktion des Mannes überhaupt vorgesehen ist, dass die Therapie zur Selbsthilfe und Eigendynamik führen solle oder könne. Ich entschließe mich, in der nächsten Stunde (13. Sitzung) dieses Thema im Sinne einer genaueren Klärung der Zusammenarbeit anzusprechen:

Berater: »Mich hat das von letzter Stunde noch beschäftigt und mir kam so der Gedanke, dass Sie für meinen Geldbeutel ein guter Klient sein könnten ... (beide lachen). Mein Bild dazu ist – vielleicht können Sie damit etwas anfangen – Sie haben einen leeren Tank, der aber ein Loch hat. Sie fahren immer wieder zum Tanken an die Tankstelle und füllen auf, doch durch das Loch entrinnt Ihnen wieder sehr bald das Benzin. Dann fahren Sie wieder zum Tanken und so weiter ... Ich wäre vielleicht der Tankstellenbesitzer, und ich frage mich, soll ich den Tank immer wieder voll tanken oder soll ich mich auch um das Loch im Tank kümmern?«

Der Klient äußert, dass er mit dieser Metapher einiges anfangen könne. Meine Hypothese ist, dass der implizite Auftrag lauten könnte: »Sei du meine Tankstelle, ohne dass ich mich um das Loch im Tank kümmern muss.« Dennoch gibt mein Kunde zu verstehen, dass das Loch im Tank kleiner werden solle. An dieser Stelle versäume ich es, konkret und hartnäckig zu fragen: »Was müssten Sie tun, damit Ihr Loch im Tank kleiner wird?« Stattdessen betont mein Gegenüber sofort, wie zufrieden er doch mit der Zusammenarbeit sei. Er sehe für sich gute Fortschritte, und diese Wirklichkeitssicht nehme ich natürlich ernst. Gleichzeitig ist es mir wichtig, immer als roten Faden im Kopf zu behalten, genauer »in Sprache zu fassen«, um was es dem Klienten im Kern geht und welches Ziel er verfolgt.

Auf die Frage, in der wievielten Spielminute (von 90 Spielminuten, wie beim Fußball) wir uns mit unserer gemeinsamen Arbeit befänden, antwortet er: »In der 35. Minute, also gut ein Drittel.« Dies ist für mich eine wichtige Information, um etwas über die Sichtweise des Klienten zu erfahren, welchen Zeithorizont er sich selbst und damit auch der gemeinsamen Arbeit momentan gibt. Schließlich arbeiten wir bereits seit fast einem Jahr mit bisher zwölf Sitzungen zusammen. Ferner könnte diese Antwort zeigen, dass zwar eine gute Basis gelegt, jedoch aus Sicht des Betroffenen noch wesentliche Punkte nicht bearbeitet worden sind.

Der Klient antwortet ferner auf die Frage, was an der bisherigen gemeinsamen Arbeitsweise auf jeden Fall beibehalten werden solle, dass er offen von seinen Erfolgen und Misserfolgen erzählen könne, dass er weiterhin ehrlich reden könne und sich in einem geschützten Rahmen ausreden könne. Ferner, dass ich als Berater die Möglichkeiten schaffe, dass er »aus sich rausgehen« könne und dass er von mir spüren könne, dass es gut sei, Dinge auszusprechen. Auf die Frage, was an der gemeinsamen Arbeit vielleicht zu ändern wäre, gibt er zur Antwort, dass er einmal eine Stunde probieren wolle, in welcher ich mehr nachbohre und Warum-Fragen stelle, denn dadurch werde er sich vielleicht klarer darüber, warum er immer wieder nichts sage und nicht aus sich rausgehe ...

Diese hier nur kurz skizzierte Sitzung dient der (Zwischen-)Klärung der gemeinsamen Beziehung und Arbeit. Ich nehme mir jedoch auch für die folgende Sitzung (die 14.) geduldig vor, weiter bei der Auftragsklärung zu bleiben:

BERATER (B): Ich würde gern anknüpfen an die letzte Stunde, aber vorher will ich Sie fragen, was Ihr Anliegen ist heute.
KLIENT (K): Ja, mei ... die Frau wird Urlaub machen ... und irgendwie freu ich mich, dass sie wegfährt ...
B: Mhm, schön ... oder?
K: Normalerweise sollte es nicht so sein.
B: Nein? Warum sollte es nicht so sein?
(Schweigen)
B: Wer sagt das, dass es nicht sein darf, dass Sie sich freuen?
K: Das sagt niemand, aber ... in einer intakten Partnerschaft sollte man sich nicht freuen, wenn der eine Partner wegfährt.
B: Mhm.
K: Innerlich ist das, dass ich mich freue. Also nicht: Juhu, du fährst weg! Aber innerlich freu ich mich eigentlich, dass ich mal zehn Tage alleine bin.
B: Fährt die Tochter auch mit?
K: Die fährt auch mit, ja.
B: Ich hab da durchaus Verständnis dafür ...
K: Ja.
B: ... dass Sie sich freuen, mal zehn Tage alleine zu sein, ...
K: Ja.
B: ... auf der anderen Seite merke ich, für Sie ist das nicht ganz okay, Ihr freudiges Gefühl? Woran liegt das?
K: Ich stell mir vor, dass in einer intakten Beziehung ..., dass man sich *nicht* freuen sollte.
B: Würden Sie also sagen, weil Sie sich jetzt freuen, ist Ihre Beziehung nicht intakt? Oder ... oder ist das jetzt Blödsinn?
K: Jain.
B: Was heißt »jain«?
K: Also irgendwie spür ich auch, dass die Beziehung nicht intakt ist. Also nicht jetzt nur wegen dem ..., weil ich mit ihr nicht viel rede über die Probleme ...
B: Mhm.
K: ... weil, zum Beispiel, einerseits möchte ich, also jetzt hier zum Beispiel, sie holt mich jetzt ab, wenn ich rausgehe nachher, dass ich über die Stunde erzählen könnte, aber ich bringe es nicht fertig.
B: Ja. ... ja ... Glauben Sie, dass in Ihrer Phantasie, in Ihrem Bild, dass, wenn die Partnerschaft sozusagen intakt wäre, dass Sie sich dann leichter tun würden, dass Sie dann von der Sitzung erzählen würden?
K: Würde ich schon sagen.
B: Mhm.

K: Das ist irgendwie ... also nicht nur die Sitzungen ..., sondern allgemein, wenn jetzt Probleme da sind oder was ... wie ich jetzt zu Ihnen rede.
B: Mhm.
K: Also ganz offen, wie einem der Schnabel gewachsen ist.
B: Genau. ... Kennen Sie das, haben Sie das auch schon erlebt zu Frauen, zu Partnerinnen, wo Sie sich da gelöster ...
K: Wie gesagt, viele Partnerinnen hab ich ja nicht gehabt. Wie soll ich sagen ... Als ich mit meiner Frau zusammenkam, war ich 16 oder 17 und sie zwei Jahre jünger, das sind jetzt ja über zwanzig Jahre.
B: Bis auf die Krise ... Ich erinnere mich ...
K: Damals die Krise, freilich, das war ...
B: War da ... haben Sie sich damals zusammen mit der anderen Frau auch anders erlebt, waren Sie da vielleicht ein anderer?
K: Ich wollte ... also wie ich mich erinnern kann ... Ich wollte damals irgendwie ein anderer sein, aber ich habe, wie gesagt, es war eine kurze Beziehung, ich hab das auch nicht irgendwie fertig gebracht ..., dass ich da jetzt mit der anderen da jetzt da ... Wir haben uns auch nur ganz kurz gekannt ..., aber ich wollte damals irgendwie bewusst anders sein.
B: Waren Sie es dann auch in der kurzen Zeit mit der anderen Frau?
K: Also ... wie gesagt, es ist lange her, aber ich glaube es nicht. Also ... damals ... da war auch noch viel Alkohol im Spiel ... ich glaube es nicht.
B: Mhm.
K: Aber ich weiß schon noch, so im Hintergedanken, dass ich damals anders sein wollte. Bloß, ob ich es jetzt war, würde ich eher sagen: Nein.

Meine Haltung an dieser Stelle ist: Ich hatte nach dem Anliegen für diese heutige Sitzung gefragt. Daraus ergab sich ein sich entfaltender Dialog über die Partnerschaft des Klienten. Es ist mir nun wichtig, nicht weiter »öffnend« zu fragen, sondern »schließend« klar zu bekommen, was sich mein Gegenüber für heute vorstellt. Gleichzeitig habe ich im Hinterkopf, dass mein roter Faden die Auftragsklärung für unsere Zusammenarbeit insgesamt ist.

B: ... **was wäre ein gutes Ergebnis am Ende der Stunde für Sie? Was wollen Sie haben, was wollen Sie erreichen?**
K: Also irgendwie ..., dass ich wieder motiviert werde und irgendwie ... versuche dann mit ihr (der heutigen Partnerin) zu sprechen. Weil mir würde es zum Beispiel ... mir würde es ... eh ... gut gefallen, wenn ich jetzt zu ihr sagen würde, ich war beim Herrn Barthelmess, ja, und wir haben über unsere Beziehung gesprochen. Das würde mir zum Beispiel ... ja ... das wäre ein schönes Ergeb-

nis, würde ich sagen. Bloß dann würde sie dann, was ich jetzt wiederum nicht versteh, dann würde jetzt zum Beispiel von ihr die Frage kommen: Ja, bist du nicht zufrieden mit unserer Beziehung oder so? Ja. ... und ... weil irgendwann habe ich es schon einmal probiert gehabt, glaube ich.

B: Was war da?
K: Dann ist so ungefähr die Frage gekommen: Ja bist du nicht zufrieden mit uns? Dann hab ich es ... dann hab ich es aufgegeben ...
B: Mhm.
K: ... aufgehört.
B: Ja ... irgendwas ist da wohl mit Ihrer Beziehung, oder? Wie Sie das so empfinden ... so kommt mir das vor ...
K: Ja, wie soll ich sagen, es ist viel Gewohnheit vielleicht dabei ...
B: Mhm. ... Aber jetzt hab ich den Faden verloren ... Ich hab jetzt noch nicht ganz verstanden, aber ich glaub das lag an mir ... eh ... **Wo wollen Sie hin, vielleicht am Ende der Sitzung, was wollen Sie jetzt mit dem Thema erreichen oder machen?**
K: Dass ich wieder motiviert werde ...
B: ... motiviert werden ...
K: ... und Ansporn ...
B: ... zum Ansprechen ...
K: Ja.

Wir hatten dieses Thema schon öfter besprochen. Bisher war es jedoch dem Klienten nicht möglich, seiner Frau gegenüber »aus sich herauszugehen« und die bereits dafür erhaltene Motivation auch tatsächlich in die Tat umzusetzen. Das »Motiviert-werden-Wollen zum Ansprechen« erinnert mich an die Metapher von der Tankstelle und dem Tank mit dem Loch. Da es sich hier anbietet, versuche ich nun, »den Bogen zu schlagen« zur letzten Sitzung und zur Klärung der Therapieziele insgesamt.

B: Das erinnert mich so ein bisschen an das, was wir letzte Stunde oder auch vorletzte Stunde besprochen haben ... Sie haben ja erzählt, dass Sie unsere Sitzungen so ein bisschen als Ansporn, als Energietankstelle ...
K: Richtig, ja.
B: ... wahrnehmen, und dann sind Sie wieder voller und dann nimmt das aber wieder ab und dann kommen Sie wieder ...
K: ... um wieder ein bisschen zu tanken, wie man so sagt ...
B: Genau, und dann nimmt das auch wieder ab ...
K: Weil, die Tochter, die war jetzt im Urlaub drei Wochen mit den Eltern der Frau,

mit dem Wohnwagen in Kroatien und am Freitag in der Nacht sind sie zurückgekommen ... und da hab ich zum Beispiel jetzt, wie sie gekommen ist, ... da war ich gerade unten und hab Rasen gemäht, ... da hab ich sie umarmt und ... dabei bewusst an unsere Sitzungen bzw. an Sie gedacht. Also bewusst ... das genaue Gegenteil von dem, wie ich mich sonst vielleicht verhalte. Ich hab sie umarmt und gesagt: Gut siehst du aus! Und ihr hat das dann gefallen ... Aber bei meiner Frau ... da geht das ... nicht ... vielleicht lass ich es da so dahinschleifen, dass ich sage: Naja, die ist sowieso da.
B: Mhm.
K: Weil ich mach mir da schon öfter meine Gedanken. Ich glaube, ich hab Ihnen das auch schon einmal gesagt, also wir ... eh ... haben wenig gemeinsam, zum Beispiel beim Essen: Wir haben nicht einmal ein Gericht, was uns gemeinsam schmeckt oder so.

Mein Klient geht nicht auf die »Tankstelle« und das »Loch im Tank« ein. Stattdessen erzählt er von sich und seinem Erleben in der Partnerschaft. Ich entscheide mich, dem zunächst zu folgen. Der Klient erzählt erstmals in unserer Zusammenarbeit tiefergehend über seine ambivalenten Gefühle in seiner Beziehung.

B: Mhm. ... War das schon immer so, dass Sie weniger Gemeinsamkeiten haben, oder hat sich das erst ...
K: Nein, ich würde fast sagen, dass das eigentlich schon immer war, wenn ich jetzt so im Nachhinein darüber nachdenke. Bloß, ich hab natürlich, wie wir (gemeint ist der Berater) uns nicht gekannt haben, nicht darüber nachgedacht.
B: Ja. ... Das könnte ja heißen, wenn ich es jetzt ein bisschen übertrieben sage, dass vielleicht unsere Sitzungen auch ... eh ... übertrieben gesagt Ihre Beziehung gefährden könnten, weil Sie mehr darüber nachdenken ...
K: Ja ...
B: ... weil Sie kritischer werden, weil Sie vielleicht unzufriedener werden.
K: Ich habe jetzt zum Beispiel innerlich, während ich Ihnen das sage, habe ich jetzt in Anführungszeichen Angst davor, dass Sie vielleicht jetzt zu mir sagen: Trennen Sie sich!
B: Wäre das sozusagen das, was ich auf keinen Fall jetzt ...
K: Ja.
B: ... sagen sollte ...
K: Ja, ja, genau, richtig. Da hab ich irgendwie Angst davor.
B: Ja. ...
K: ... Bloß die andere Seite, wenn Sie es jetzt denken oder der Meinung sind ...

Sie haben da ja mehr Erfahrung ... dann wäre es auf der anderen Seite nicht verkehrt, wenn Sie es mir sagen. Aber irgendwie hab ich Angst davor.
(Schweigen)
B: Für mich wäre bei dieser ... Wenn so eine Frage im Raum schwebt ...
K: Ja.
B: ... Irgendwie ganz entfernt ... der Hauch davon ... dann ist für mich erst einmal das Wichtige, wie geht es dem Betreffenden selber ...
K: Ja.
B: ... Was hat derjenige für Wünsche und Impulse und ist er glücklich, ist er zufrieden oder ist er – wenn er ehrlich ist – eigentlich unzufrieden und möchte was anderes. ... Also ich versuche dann immer, mich auf denjenigen dann erst einmal einzustellen ...
K: Ja.
B: ... Und da bin ich mir bei Ihnen unsicher. Da kenne ich mich bei Ihnen noch zu wenig aus, wir haben darüber ...
K: ... ob ich zufrieden bin ...
B: Ja, jetzt gezielt auf Ihre Partnerschaft: Ja, da weiß ich zu wenig, das könnte ich jetzt gar nicht beurteilen.
K: Ja.
B: Wie fühlen Sie sich denn da?
K: Also eher ... würde ich mal sagen ... unzufrieden.
B: Und Ihre Frau?
K: Würde ich auch sagen, dass die unzufrieden ist.
B: Ja. ... Und wo geht die Unzufriedenheit dann hin? ... Weil durchs Reden wird es ja nicht beachtet, weil ihr redet ja nicht so viel ...
K: Nein.
B: ... vielleicht auch gar nicht darüber.
K: Gar nicht.
(Schweigen)
K: Und was vielleicht auch viel ausmacht ... von meiner Kindheit her ... dass da irgendwie ... ein Streit oder etwas war, also meine Eltern haben miteinander gestritten, dass da dann hinterher ... also da ist dann nie darüber gesprochen worden.
B: Mhm.
K: Da hat einer mit dem anderen fünf Tage nicht gesprochen und man ist sich aus dem Weg gegangen ...
B: Ja.
K: Und bei mir und bei meiner Frau ist es so: Solche Sachen wie Probleme sind nie miteinander besprochen worden. Weil wenn wir jetzt nämlich gestritten haben

einmal, meine Frau und ich, ich meine … das kommt sicher überall vor … da hat sie dann schon immer wieder probiert, hinterher, dass man darüber spricht. Und dem bin ich immer abrupt … Und das macht sie jetzt die letzten Jahre überhaupt nicht mehr.

Das Bedürfnis des Klienten, über sich und seine Beziehung zu sprechen, ist deutlich erkennbar. Dabei kommen auch neue und wahrscheinlich wichtige Aspekte zum Vorschein (wie der zuletzt angedeutete Zusammenhang zwischen dem Umgang mit Konflikten in der Herkunftsfamilie des Klienten und seinem Umgang mit Konflikten in der Partnerschaft heute). Gleichzeitig fällt es mir als Therapeut nach wie vor schwer, Klarheit über das Kernthema der Therapie zu erreichen. Mein Erleben ist: Der Klient lässt sich nicht festlegen, bringt immer wieder neue Themen und Beispiele aus seinem Leben ein. Ich bleibe bei meiner Vorgehensweise, einerseits immer wieder auf die Themen, die der Klient einbringt, vertiefend einzugehen, andererseits das Thema Auftragsklärung als roten Faden meiner Orientierung nicht aus den Augen zu verlieren. Da zum ersten Mal intensiver das Thema Partnerschaft angesprochen wurde, versuche ich im Sinne der Auftragsklärung den Unterschied zwischen Einzel- und Paartherapie zu reflektieren:

B: **Vielleicht haben wir uns bisher in unserer Arbeit sehr mit Ihnen beschäftigt als Person mit Ihren Wünschen, Zielen und Bedürfnissen, aber vielleicht haben wir und habe ich nicht beachtet, dass Ihre Situation in der Partnerschaft das gar nicht zulässt, auch wenn wir noch so gut trainieren?**
K: … Also jetzt noch einmal … genau die Frage … also dass es nicht geht, oder?
B: Dass es sein kann, dass wenn wir uns weiterhin um Sie und um Ihre Kompetenzen kümmern …
K Ja.
B: … und das mit Ihrer Partnerschaft und mit Ihrer Unzufriedenheit, die da auch da ist, weiterhin auch so ein bisschen ausklammern …
K: Ja.
B: Wäre das erfolgreich, dieser Weg? … oder wäre der Weg eher erfolgreicher, dass wir mehr als bisher auch die Partnerschaft mit anschauen?
K: Nehme ich schon an, dass wir für die Zukunft gesehen … eh … die Partnerschaft intensiver mal ansprechen. Bloß ich glaub, Sie haben einmal gesagt gehabt, dass irgendwie … ich kann mich auch täuschen … so was nur geht, wenn beide teilhaben daran.
B: Da haben wir uns vielleicht missverstanden. Es kann sein, dass ich einmal vorgeschlagen habe, dass Ihre Frau mitkommen könnte. Man kann natürlich auch in Einzelgesprächen die Partnerschaft bearbeiten. Nur ich habe so das Gefühl,

dass es ... eh ... wenn es wirklich um die Partnerschaft geht ... dann betrifft es ja Sie beide.
K: Richtig.
B: Und bei beiden ist die Unzufriedenheit eigentlich da.
K: Würde ich sagen, ja.
B: Würde Ihre Frau mitkommen?
K: Die würde ... die würde mit Sicherheit mitkommen. Bloß, da ist das erste Gefühl in mir ... mir wäre das unangenehm.
B: Ihnen?
K: Mir wäre das, was heißt, zu früh, oder so?
B: Was wäre denn das Schlimmste, was da passieren könnte?
K: Das ist das, was ich auch schon überlegt habe, ... was heißt, nicht überlegt, sondern ... dass sie jetzt zu Ihnen was sagt, was mir jetzt unangenehm wäre. Aber fragen Sie mich jetzt nicht konkret, was!
(Schweigen)
K: Wenn ich jetzt vorschlagen würde, dass meine Frau mitkommt, dann würde als Erstes die Frage kommen: Bist du nicht zufrieden mit mir?
B: Mhm.
K: ... Und dann kann ich nicht sagen: Doch, ich bin sehr zufrieden mit dir, weil dann würde sie ja sagen, warum soll ich denn dann da hingehen?
B: Wenn Sie sozusagen ehrlich antworten würden: Ich bin nicht zufrieden; deshalb möchte ich mit dir da hingehen. Was würde sie dann sagen?
K: Warum ich nicht zufrieden bin, was los ist.
B: Und dann wäret ihr mitten drin schon ...
K: Ja. Und dann ... bei solchen Sachen muss es bei uns immer dann meistens einen Schuldigen geben.
(Schweigen)
K: Verstehen Sie? Da muss dann meinetwegen ... Sie ist dann unschuldig und ich bin schuld, so ungefähr.
B: Dann streitet ihr eigentlich auch darüber, wer der Schuldige ist, oder verstehe ich das falsch?
K: Das wäre jetzt bei ihr das Erste, dass sie sagen würde: Ich hab alles richtig gemacht und mache alles richtig. Sie würde zu mir sagen, dass ich schuld bin.
B: Ja.
K: Wobei ich aber da normalerweise offener wäre als sie und würde dann sagen ... Ich würde dann sozusagen die Schuld auf mich nehmen ...
B: Ja.
K: ... und nicht sagen: Du bist alleine schuld!
(Schweigen)

Ein erneuter Versuch im Sinne der Auftragsklärung bzw. Zielklärung, eine »neue Türe« aufzustoßen:

B: **Wenn Sie nur an sich denken würden, wie würden Sie dann leben?**
K: Wie? Aber ich bin schon noch in der Partnerschaft?
B: Keine Ahnung – das frage ich Sie ja. Das weiß ich nicht.
K: Also weiß ich jetzt nicht ... auf die Schnelle kann ich jetzt nicht sagen, ich würde alleine leben oder ich würde in der Partnerschaft leben.
B: Nur für Sie selbst alleine, was Sie eigentlich wünschen, bräuchten ... wenn es nur um Sie ginge?
(Schweigen)
K: Alleine glaub ich nicht. Also ich würde ... jetzt ganz ehrlich zu Ihnen gesagt ... ich würde ... oder ich stelle mir das jetzt vor, dass ich mit einer anderen Partnerin zusammen leben würde.
B: Was haben Sie für ein Bild dazu? Wäre das gemeinsam in der gleichen Wohnung oder ...
K: Gleiche Wohnung.
B: Also ihr würdet gemeinsam leben.
K: Ja.
B: Sie würden mit der neuen Partnerin leben?
K: Ja.
B: Wie geht es Ihnen in diesem Phantasiebild? Wie fühlen Sie sich?
K: Naja, nicht schlecht ... aber wenn ich jetzt so wieder denke, dass da vorher wieder eine Trennung sein müsste ...
B: Nein, lassen Sie das jetzt einmal weg. Nur in dem Bild ...
K: Zufrieden fühle ich mich da.
B: Ist ein harmonisches Bild mit Zufriedenheit?
K: Ja.
(Schweigen)
B: Ich hab das Gefühl, es geht eigentlich für Sie persönlich darum, um eine Klärung. Ich glaube, bevor Sie jetzt mit Ihrer Frau hierher kommen würden, ist es sinnvoller, dass wir erst einmal klären, dass Sie erst einmal klären, was wollen Sie eigentlich, wenn Sie wirklich in sich hineinhören ... und einmal weglassen, was andere von Ihnen erwarten, was die Regeln besagen, was die Eltern sich vorstellen, was die Gesellschaft für Normen hat, sondern wenn Sie nur mal sich selbst spüren und nachhören, was da an Impulsen da ist ... **Ist Ihnen das eigentlich klar, was Sie da wollen?**
K: Eben nicht.
B: Genau.
(Schweigen)

An dieser Stelle erbrachten meine Auftragsklärungsversuche Klarheit darüber, dass nicht klar ist, was der Klient will. Nun handelt es sich immerhin um eine formulierte Klarheit über die eigene Unklarheit, und wir sind aus meiner Sicht einen Schritt weiter.

K: Wie gesagt, vor einer Trennung hätte ich panische Angst irgendwie. Vielleicht auch deswegen, weil ich nicht weiß, was richtig ist.
B: Vielleicht, wenn Sie es vorher genauer wüssten, in die eine oder die andere Richtung, hätten Sie dann weniger Angst?
K: Mit Sicherheit.

Die Ambivalenz und Unsicherheit des Klienten ziehen sich gleichsam durch die Sitzungen und es ist schwierig, Klarheit darüber zu erlangen, worum es eigentlich geht: Geht es darum, dass er zusammen mit seiner Partnerin kommt, oder geht es eher darum, dass er allein kommt? Geht es um eine Trennung oder um ein Arbeiten an der Beziehung? Wenn ja, mit therapeutischer Unterstützung für das Paar oder für ihn allein? Oder geht es um seine Ängste (vor einer Trennung) und darum, dass er sich eigentlich nach einem anderen Leben/einer anderen Partnerin sehnt, dies aber nicht sehen und zulassen möchte? Geht es um das Erlangen von mehr Selbstbewusstsein, unabhängig von der Partnerschaft? Provokant gefragt: Geht es darum, vielleicht lieber gar nichts zu verändern und weiterhin die therapeutischen Sitzungen als »Tankstelle« zu nutzen?

Es stellen sich Fragen über Fragen, und mein Klient scheint bislang kaum selbst die Verantwortung zu übernehmen, einige davon für sich zu beantworten. Stattdessen wird immer wieder ein Sog in Richtung des Beraters entfacht (zumindest erlebt es der Berater so), dieser möge doch die Antworten liefern und Klarheit schaffen. Dem jedoch verweigert sich der Professionelle. Wichtig allerdings scheint es mir zu sein, dass wir gemeinsam zu einer Formulierung kommen dahingehend, dass meinem Klienten nicht klar ist, worum es ihm genau geht und wo er hin will. Es macht einen Unterschied, wenn dies benannt und ausgesprochen ist. Das sorgt für Klarheit: Dann ist klar, dass bislang nichts klar ist. Außerdem denke ich, dass innerhalb des therapeutischen Prozesses, der oben in Ausschnitten dargestellt wurde, wichtige Reflexionen angestellt werden – auch wenn gleichzeitig das Anliegen des Klienten (noch) nicht klar benennbar ist.

Diese Ausschnitte aus insgesamt drei therapeutischen Sitzungen zeigen, wie wichtig das »Dranbleiben« im Sinne einer Auftragsklärung ist. Und sie zeigen, dass durchaus auch während einer Phase, in welcher der Auftrag noch unklar ist, therapeutisch gearbeitet werden kann. Ich entlasse meinen Klienten nicht aus der Verantwortung dafür, worum es ihm (eigentlich) geht, und verweigere mich dem unterschwelligen Klientenwunsch, es doch für ihn zu wissen und zu entscheiden. Und so ist es nur logisch, dass in diesem Fall auch die jeweilige Folgesitzung von mir mit der Haltung einer Auftragsklärung fortgesetzt wird. Denn es ist noch nicht entschieden und klar vom Klienten ausgesprochen, worum es ihm jetzt, nach einem Jahr der Zusammenarbeit, wirklich geht und welches Ziel er erreichen will. Derartige therapeutische Prozesse erfordern oft viel Geduld bei gleichzeitiger Hartnäckigkeit, dem Klienten zu mehr Klarheit zu verhelfen und ihn nicht aus der Selbstverantwortung zu entlassen.

7 Auftragsklärung verändert den Auftrag

Wenn der Klient im Rahmen der Auftragsklärung durch das professionelle Nachfragen »sanft gezwungen« wird, aus neuen Blickwinkeln heraus über sein Anliegen nachzudenken und zu sprechen, findet bereits im Klienten ein Prozess der Wandlung statt. Es ist eine alltägliche Erfahrung in der Beratungsarbeit, dass sich durch eine professionelle und ausführliche Auftragsklärung das Anliegen des oder der Betroffenen wandelt. Der Prozess des Nachdenkens und Klärens verändert den Inhalt, über den nachgedacht und gesprochen wird. Das Anliegen ist nicht als »fester Klumpen«, sondern eher als »beweglicher Teig« zu sehen, welcher durch das »Kneten« der Auftragsklärungsfragen seine Form, seine Konsistenz oder seine Temperatur ändern kann.

Wenn man es etwas vereinfacht ausdrückt: Die Auftragsklärung ist »die halbe Miete«. Denn wenn den am Beratungssetting Beteiligten klar ist, worum es genau geht und was man über welchen Weg konkret erreichen will, braucht man nur noch loszulaufen ... Insofern kann die Bedeutung einer sorgsamen Klärung des Auftrags für eine gelungene Beratung nicht hoch genug eingeschätzt werden.

Die Wirkung einer professionellen Auftragsklärung kann in einer Erweiterung der Sichtweisen liegen. In diesem Fall kommt statt einer verengten Betrachtung mehr Komplexität in den Blick. Durch eine intensive Klärung der Beschwerden, der Ziele und des Veränderungsweges erfolgt eine Perspektivenerweiterung. Der Klient erlebt, dass er durch die Sitzung zu neuen und weitreichenderen Erkenntnissen gelangt ist, um plötzlich festzustellen, dass das, was er anfangs als klares und einfaches Anliegen formulieren konnte, gar nicht so trivial und reduziert gesehen werden kann *(Themenerweiterung)*. Dies geht dann in der Regel mit einem vertiefenden Aha-Effekt einher.

Die Wirkung einer professionellen Auftragsklärung kann aber auch eine vereinfachende sein: Durch die Fragen des Beraters kann die subjektive Wirkung eines Erstgesprächs auch darin liegen, dass der Betreffende ein Empfinden von Fokussierung auf einen wesentlichen Aspekt verspürt. Der Klient kommt mit einer diffusen oder auch klaren Vorstellung darüber, dass sein Problem sehr weitreichend, komplex und von daher sehr schwer veränderbar sei. Er verlässt das beraterische Setting dagegen mit dem Empfinden, auf den Punkt gekommen zu sein *(Themenvereinfachung)*. Dies geht meist einher mit einer Steigerung der Motivation, nun Veränderungsschritte einzuleiten. Der Klient ist fokussierter und klarer ausgerichtet und kann somit auch Kräfte zur Veränderung aktivieren, die vorher im Komplexen verborgen lagen.

Eine dritte Variante, was professionelle Auftragsklärung bewirken kann, stellt der *Themenwechsel* dar. Der Klient durchläuft einen Prozess, innerhalb dessen er zu dem Ergebnis kommt, dass es ihm gar nicht um das zunächst präsentierte Anliegen geht. Vielmehr stehen völlig andere Bedürfnisse und Wünsche im Vordergrund, welche der Betreffende von nun an in der Beratung bearbeiten möchte.

Es stellt sich immer wieder heraus, dass der zunächst präsentierte Auftrag bzw. das zunächst präsentierte Anliegen gar nicht das »eigentliche« Anliegen ist. In Tabelle 12 fassen wir noch einmal zusammen, welche Veränderungen des ursprünglichen Auftrags durch unsere professionellen Fragetechniken möglich sind.

Tabelle 12: Wirkungsweisen der Auftragsklärung

Themenerweiterung	Der Klient erweitert seine eindimensionale Problemsichtweise. Er erlebt, dass sein »Eintrittskarten-Anliegen« in Wechselwirkung steht mit vielen bislang nicht reflektierten Komponenten. Dies eröffnet neue Handlungsoptionen.
Themenvereinfachung	Der Klient kann seine bisherige diffuse und unklare Problemwahrnehmung benennen und greifbar machen. Er empfindet mehr Klarheit und Ausgerichtetheit auf ein Ziel.
Themenwechsel	Für den Klienten führt die Reflexion seines Anliegens zu der Erkenntnis, dass es eigentlich um etwas anderes geht. Das »Eintrittskarten-Anliegen« entpuppt sich als Symptom einer anderen bzw. dahinter liegenden Thematik.

Wir werden nun zu diesen drei Wirkungsweisen der systemischen Auftragsklärung jeweils ein Praxisbeispiel kennenlernen.

Fallbeispiel Themenerweiterung

Von einem ehemaligen Kunden (die frühere Zusammenarbeit ist bereits einige Jahre her), wir nennen ihn hier »Herr Schneider«, erhalte ich folgende E-Mail:

Sehr geehrter Herr Dr. Barthelmess,

nach langer Zeit melde ich mich wieder bei Ihnen, denn ich habe ein Anliegen, bei dem Sie mir sicher weiterhelfen können: Es gibt einen großen Konflikt zwischen meinen beiden wichtigsten Angestellten. Hierzu möchte ich Ihre Unterstützung anfragen.

Bitte teilen Sie mir mit, wann wir uns hierzu treffen könnten.

Herzlichen Dank.

Beste Grüße

In meiner Antwortmail schlage ich vor, einen Beratungstermin zu zweit zu vereinbaren, um gemeinsam die Situation zu beleuchten, das weitere Vorgehen zu reflektieren und gemeinsam zu entscheiden, welche nächsten Schritte zu gehen sind. Damit ist mein Kunde einverstanden. Wir fixieren einen ersten Termin.

In dieser 90-Minuten-Sitzung erfahre ich, dass der heute 60-jährige Herr Schneider sein früheres Unternehmen verkauft hat und seit drei Jahren eine neue Firma betreibt: Er ist nun als Personaldienstleister tätig, mit zehn Mitarbeitern. Die Aufgabe des Unternehmens ist es, Fachkräfte an Unternehmen zu vermitteln und Firmen bei der Auswahl hochqualifizierter Mitarbeiter zu unterstützen. Zwischen zwei seiner Angestellten gebe es bereits seit Längerem einen unterschwelligen Konflikt, der vor einigen Monaten im Rahmen einer Teambesprechung eskaliert sei. Der eine habe den anderen »vor der gesamten Mannschaft« beleidigt. Mein Klient sei als Führungskraft in diesem Moment nicht in der Lage gewesen, richtig zu reagieren. Somit sei dies seitdem ungeklärt und der Konflikt schwele so dahin.

Durch weitere neugierige Auftragsklärungsfragen erfahre ich vielfältige Aspekte der Wirklichkeitssicht meines Kunden. So wird unter anderem deutlich, dass er mit beiden »leitenden Angestellten« befreundet ist, dass er die Firma vor drei Jahren gegründet hat und dachte, er komme ohne offizielle Firmenstruktur aus. Ferner wird offenbar, dass er sich als Chef insbesondere von einem der beiden Konfliktpartner nicht ernst genommen und geachtet fühlt und dass er genau die Inhalte, welche der jeweilige Konfliktpartner dem anderen vorwirft, als Chef genauso kritisch sieht, dies aber bislang nicht im direkten Gespräch mit dem je Betreffenden kommuniziert hat. Außerdem wird deutlich, dass er vor wenigen Wochen so weit gegangen ist, seinem langjährigem Freund und Mitarbeiter (einem der beiden Konfliktpartner) anzudrohen, ihn zu kündigen, wenn nicht mehr Respekt in seinem Verhalten sichtbar werde.

Des Weiteren erfahre ich, dass die Geschäfte sehr gut laufen. Nach dem Verkauf der alten Firma und dem Abschließen dieser früheren Lebensphase bezeichnet mein Klient seine heutige Firmenaktivität als »Zugabe«.

Auf die Frage, was ein gutes Ergebnis dieser ersten Sitzung für meinen Kunden wäre, bekomme ich zur Antwort: Wenn ich als Berater den Auftrag annehmen würde, mit den beiden Angestellten zu arbeiten und ihnen die Dinge »hart« zu sagen, die er bislang (auch aus Gründen der Freundschaft) nicht gesagt habe. Wörtlich sagt Herr Schneider: »Die Dinge, die ich als Freund schwer kommunizieren kann, soll der Berater in aller Deutlichkeit rüberbringen.«

Ich notiere diesen Auftrag an mich, gleichsam anstelle meines Klienten, des Geschäftsführers, in die Bresche springen und »in aller Deutlichkeit« mit seinen Mitarbeitern reden zu sollen, auf das Flipchart.

Im Laufe des weiteren Gesprächs wird meinem Klienten bereits deutlich, dass es vielleicht doch nicht nur um die Konfliktlösung zwischen den beiden Mitarbeitern geht. Denn auf meine Frage, ob nach einer durch mich als Berater herbeigeführten Konfliktlösung zwischen den beiden Angestellten er als Chef dann mehr Respekt von den beiden Mitarbeitern bekommen würde, antwortet er: »Wohl kaum.«

Ich notiere während des Dialogs für uns beide sichtbar die angesprochenen und reflektierten bzw. zu reflektierenden Aspekte:
- das (Eintrittskarten-)Anliegen des Klienten: Streit der beiden Mitarbeiter als Thema,
- das Thema »formale Ebene – freundschaftliche Ebene«: Wie manage ich als Herr Schneider diese beiden Ebenen?,
- das Thema Respekt bzw. fehlender Respekt (von meinem Klienten so empfunden) ihm als Chef gegenüber,
- »Wir sind Freunde«, »Wir haben einen guten Kundenstamm«, »Alles ist sicher und wir haben bereits viel erreicht – können es locker angehen« als Ausdruck einer bewussten oder unbewussten Firmenkultur,
- die Hypothese: Solange der Chef nicht »hart« kommuniziert, übernehmen das die Mitarbeiter (im Konflikt untereinander).

Mein Klient kann mit all diesen Gedanken etwas anfangen (sie kamen ja auch zumeist von ihm bzw. wurden gemeinsam im Gespräch entwickelt), insbesondere reagiert er mit einem deutlichen Lachen auf die abschließend von mir hinzugefügte Hypothese.

Im weiteren Gespräch arbeiten wir heraus, dass es nicht nur um den Konflikt zwischen seinen Mitarbeitern geht, sondern um mehr. Und vor allem wird meinem Kunden klar: Es geht um sein Verhalten als Chef bzw. Freund, es geht um die Vermischung dieser beiden Ebenen, es geht ihm aber auch darum, respektiert zu werden von seinen Mitarbeitern.

Ich mache gegen Ende dieser ersten Sitzung deutlich, dass ich sein Anliegen, den Konflikt zwischen den Mitarbeitern mit meiner externen Hilfe zu lösen, verstehen und auch annehmen kann; ich sei aber noch nicht sicher, ob es wirklich einzig um diesen Aspekt geht. Mein Klient formuliert hierzu spontan als Vermutung: Wenn er mich als Berater beauftragen würde, diesen Konflikt (für ihn) zu bearbeiten, würde der Respekt seiner Mitarbeiter ihm gegenüber als Führungskraft noch weiter zurückgehen.

Nun bin ich im Beratungsprozess so weit gekommen, dass sich die Wirklichkeitssicht meines Kunden deutlich verändert und erweitert hat. Es handelt sich hier um ein gutes Beispiel für eine Themenerweiterung. Mein Klient ist offensichtlich bereits von seinem »Eintrittskarten-Auftrag« nach dem Motto »Löse du für mich den Konflikt, sodass ich weiterhin ohne Härte führen kann« abgerückt und sieht seine Situation nun komplexer vor sich liegen. Er sieht auch, dass es mehr um ihn selbst geht, als ihm am Anfang bewusst war: um die Vermischung von Freundschafts- und Arbeitsbeziehungsebene, um seinen Führungsstil.

Ich formuliere, dass ich mir erst einmal im Nachgang zu dieser ersten Sitzung ein paar Gedanken machen müsse. Grundsätzlich sei ich bereit, den ursprünglichen Auftrag, den Konflikt der beiden Angestellten, zu bearbeiten und anzunehmen. Ich wisse aber noch nicht, ob das wirklich der richtige Weg sei. Insbesondere vor dem Hintergrund, dass es sein könne, dass dadurch der Respekt für ihn als Chef weiter Schaden nehmen könnte. Deshalb schlage ich vor, dass wir zunächst einen weiteren Termin festlegen, in welchem wiederum nur wir beide weiter arbeiten und reflektieren. Mein Gegenüber ist einverstanden und wir vereinbaren einen Termin in einer Woche.

Die meisten Berater hätten sicherlich den Auftrag einer Konfliktbearbeitung zwischen den Mitarbeitern sofort angenommen und relativ schnell einen Mehrpersonentermin vereinbart. Dabei wäre aber – so meine Hypothese – die Führungsstärke meines Kunden als Chef weiter geschwächt worden. Die Frage, wie er als »Freund« führt und wie er selbst Veränderungen herbeiführen kann, wäre nicht bearbeitet worden. Ein Berater wäre als Konfliktmoderator eingesprungen – zunächst sicherlich die einfachere Lösung für den Kunden. Meiner Erfahrung nach fragen Führungskräfte oft bei Beratern genau dann um Unterstützung nach, wenn es eigentlich um ihren ureigensten Job des Führens geht, wenn unangenehme Dinge zu entscheiden sind oder Konflikte zur Bewältigung anstehen. Oft lassen sich externe Berater schnell auf eine solche Rolle ein – entspricht sie doch (scheinbar) den Erwartungen des Kunden, für ihn bzw. anstelle der Führungskraft »den Karren aus dem Dreck zu ziehen«, wobei am besten das eigene Führungsverhalten, die eigene Unsicherheit oder Inkompetenz unbearbeitet bleibt.

Ich behaupte: Professionelle systemische Beratung lässt das nicht zu, sondern spiegelt gleichsam der auftraggebenden Führungskraft durch geschickte Fragen und reflektierende Gespräche ihre eigenen Anteile an der Ist-Situation. So findet ein Chef zur Eigenverantwortung zurück bzw. wird nicht aus ihr durch einen Beratungsauftrag entlassen. Die Kunst auf Beraterseite besteht darin, den Kunden durch ein reflektierendes Auftragsklärungsgespräch dahin zu führen, dass er selbst erkennt, dass der ursprüngliche Auftrag (in unserem Beispiel: Der Berater soll den Konflikt zwischen den beiden Angestellten lösen) zwar eine kurzfristige Entlastung zur Folge haben kann, jedoch keine nachhaltige systemische Unterstützung bedeuten würde.

In das erste Beratungsgespräch ging ich bereits aufgrund der vorher empfangenen Mail mit der Annahme, dass ich es wahrscheinlich mit der Idee des Kunden zu tun bekommen werde, dass ich mich als externer Berater mit den beiden im Konflikt stehenden Mitarbeitern zusammensetzen solle, während sich mein Kunde heraushalten will. Außerdem hatte ich bereits von Anfang an die Hypothese, dass es wahrscheinlich keine gute Idee sein würde, wenn ich diesen Auftrag so annehmen würde. Hätte ich allerdings diese Gedanken bereits in der ersten halben Stunde des ersten Gesprächs so formuliert, hätte ich in meinem Gegenüber wahrscheinlich ein Gefühl, nicht verstanden zu werden, bewirkt: Es wäre in Herrn Schneider sicherlich zu einer Irritation darüber gekommen, warum sich der Berater »verweigert«. Erst durch intensive Auftragsklärungsfragen und das gemeinsame vertiefende Reflektieren der Gesamtsituation wurde für den Klienten ein veränderter Beratungsauftrag immer deutlicher.

Die zweite Sitzung beginne ich mit der Frage, wie unser erstes Gespräch nachgewirkt habe. »Mir ist klar geworden, dass es um den fehlenden Respekt als Kernthema geht. Und ich muss die Konfliktbearbeitung zwischen den beiden Mitarbeitern selbst machen.« Herr Schneider führt weiter aus, dass in den Augen seiner Mitarbeiter der Respekt vor ihm noch weiter sinken würde, wenn er einen externen Coach zur Konfliktbewältigung engagieren und sich als Chef herausnehmen würde.

Als Kernfrage für die zweite Sitzung wird formuliert: »Wie führe ich das nächste Gespräch?« Gemeint ist das Gespräch mit den beiden im Konflikt stehenden Angestellten. Es ist eine völlig neue Wirklichkeitskonstruktion entstanden, und wir arbeiten an einem veränderten Auftrag mit einer anderen Ausrichtung.

In einer Arbeit mit Stühlen, die der Klient stellvertretend für sich und die beiden Angestellten im Raum stellt, reflektieren wir die Beziehungen, Denkweisen und Gefühle der Beteiligten. Ich lasse Herrn Schneider auch stellvertretend auf den Stühlen seiner beiden Angestellten Platz nehmen und sich in deren Lage und

Position versetzen. Vom Stuhl eines Mitarbeiters (Mitarbeiter A) formuliert er an den Chef (also an sich selbst): »Beziehe mich mehr ein und informiere mich mehr!«

Vom Stuhl des anderen Mitarbeiters (Mitarbeiter B) formuliert Herr Schneider folgende Erwartungen: »Weise alle in die Schranken, die nicht vollen Einsatz zeigen!«; »Greife härter durch!«; »Sei nicht so gutmütig!«

Meinem Klienten wird in dieser Arbeit mit den Stühlen im Raum deutlich, dass und wie sehr sich Mitarbeiter A isoliert fühlt und »es nicht leicht hat in dieser Dreierkonstellation«. Hintergrund ist, dass Herr Schneider seit vielen Jahren mit Mitarbeiter A »eigentlich« befreundet ist und dieses freundschaftliche Verhältnis »stark zurückgegangen« sei – wohingegen er jetzt zu Mitarbeiter B ein »mehr freundschaftliches als geschäftliches Verhältnis« habe. So arbeiten wir gemeinsam heraus, wie belastet die (freundschaftliche) Beziehung zwischen Herrn Schneider und dem Angestellten A ist. Auf meine Frage hin formuliert der Klient: »Wenn das zwischen mir und Mitarbeiter A besser laufen würde, wäre es auch zwischen Mitarbeiter A und B entspannter.« Diese Aussage kennzeichnet für mich eine neue Sichtweise der Gesamtkonstellation: Weg vom Konflikt zwischen den beiden Mitarbeitern hin zu dem Konflikt, den der Klient selbst mit A unterschwellig hat.

In dieser zweiten Sitzung konnten einige Perspektiverweiterungen erarbeitet werden und es wurde das Gespräch des Herrn Schneider mit seinen im Konflikt stehenden Mitarbeitern vorbereitet. Zur dritten Sitzung erschien Herr Schneider entspannt – er konnte von einem »guten Dreiergespräch« und einer »viel besseren Arbeitsatmosphäre« in seiner Firma berichten.

Fallbeispiel Themenvereinfachung

In der Beratung eines Paares im Alter um die 30 beginnen beide lebhaft von der »Vielzahl« ihrer Probleme zu erzählen: Es gebe immer wieder Streit zwischen den beiden Partnern zu unterschiedlichen Themen. Schnell wird folgender Gesamtzusammenhang deutlich: Beide wohnen im Haus der Eltern des Mannes. Sie hatten vor drei Jahren die Wohnung unter dem Dach bezogen. Der Mann pflegt ein intensives Verhältnis zu seinen Eltern, indem er oft »unten« Kaffee trinke oder der Mutter im Garten helfe. Im weiteren Gespräch fällt auf, dass für die Frau diese Wohnkonstellation am Anfang sehr schön und angenehm war, sie hatte auch den »Familienanschluss« genossen, weil sie selbst »keine Familie habe«. Erst auf Nachfrage gibt sie zu verstehen, dass sie sich nun aber zunehmend »eingeengt« fühle von den »zukünftigen Schwiegereltern«. Dies wiederum verstehe ihr Partner allerdings nicht, dem seine Eltern wichtig seien, was sie ja auch verstehe.

Durch weitere Vertiefungsfragen wird dem Mann immer deutlicher, wie sehr doch seine (zukünftige) Frau unter der mangelnden Abgrenzung zu seinen Eltern leidet. Es scheint, dass für die Frau der Nutzen der Paarberatung auch darin liegt, gerade diesen Aspekt mithilfe des Beraters deutlicher werden zu lassen. Im »normalen Alltag« gebe sie das nicht so offen zu, denn sie wolle ihrem Mann nicht weh tun. Sie wisse ja, wie wichtig ihm ein gutes Verhältnis zu seinen Eltern ist.

Der Mann zeigt sich zunehmend berührt und nachdenklich. Schließlich sagt er: »Dann ziehen wir aus!« Dieser Satz bleibt eine Weile so stehen, ohne dass jemand weiter spricht. Nach einer Weile wiederholt er, seine Frau anschauend: »Dann ziehen wir aus!« Die Frau zeigt sich zunächst verwirrt und überrascht, und dann erfreut. Beide verlassen diese erste Sitzung mit einer klaren Ausrichtung, welche die »Vielzahl« ihrer Probleme, mit der sie die Beratung aufgesucht hatten, lösungsorientiert »auf den Nenner bringt«.

Es wird eine weitere Sitzung zur Unterstützung des Auszugsplans vereinbart.

Das Paar erlebte zu Beginn der Sitzung eine Vielzahl von Konfliktthemen. Durch das zur Reflexion anregende Auftragsklärungsgespräch konnte eine Reduzierung und Konzentration auf das Thema Auszug bzw. Umzug erfolgen. Beide haben die Erkenntnis über den anstehenden Lösungsschritt gewonnen und sind motiviert für weitere Umsetzungsschritte.

Abschließend betrachten wir noch einen Fall aus der Supervision von professionellen Beratern.

Fallbeispiel Themenwechsel
Eine Sozialpädagogin, die in einem mittelständischen Industriebetrieb im betrieblichen Sozialdienst arbeitet, bringt als Anliegen in eine Gruppensupervision ein, dass sie gern ein paar Informationen hätte, wie man im Zusammenhang mit Trauerarbeit systemisch arbeiten könne bzw. solle. Ganz offensichtlich erschien ihr das Anliegen als gleichsam sachliche Frage, die im Rahmen des zur Supervision zusammengekommenen Kollegenkreises und insbesondere durch die Antworten von mir (als Supervisor) zu bearbeiten wäre. Geschehe dies, so sei das persönliche Anliegen erfüllt.

Durch das neugierige Nachfragen von mir und vonseiten der anderen Supervisanden ergibt sich vom Fall der Sozialpädagogin folgendes Bild: Sie wurde von einer 28-jährigen Mitarbeiterin um Beratung gebeten (zwei Sitzungen waren bereits erfolgt), die durch einen Autounfall ihren jungen Ehemann verloren hatte und nun dieses schreckliche Trauma verarbeiten muss. Die Fragen der Supervisanden nach »normalen« oder »unnormalen« Trauerreaktionen sowie eine kurze Diskussion über Trauerphasen wurden schon bald durch meine neugierigen Nachfragen in Bezug auf den Überweisungskontext und die Beziehungszusammenhänge abgelöst. Nun entstand folgendes Bild: Der Vorgesetzte der Witwe hatte zunächst die Sozialpädagogin kontaktiert, wobei dieser in einem gemeinsamen Gespräch mit der Betriebssozialarbeiterin seine persönliche Betroffenheit, aber auch seine Sorge um die Leistungsfähigkeit seiner Mitarbeiterin zum Ausdruck brachte. In diesem Gespräch sowie in einem danach anberaumten Dreiergespräch mit dem Vorgesetzten und der betroffenen Mitarbeiterin erhielt unsere Supervisandin vom Vorgesetzten der Trauernden nach ihrer Wahrnehmung folgenden Auftrag: »Machen Sie mir meine Mitarbeiterin schnell wieder gesund und leistungsfähig!«

Im weiteren Supervisionsprozess kann die Sozialpädagogin durch einen kurzen, aber intensiven Arbeitsprozess mit »leeren Stühlen« (Stühle werden symbolisch im Raum gestellt, um die Systemzusammenhänge bildlich zu erfahren und zu reflektieren) erkennen, dass sie bislang durch diesen Auftrag des Vorgesetzten in der Arbeit mit der Mitarbeiterin »blockiert« wurde. Sie spürte, dass sie diesem Anliegen nicht gerecht werden konnte. Als nächster Schritt – so überlegte sie – gehe es zum einen darum, dass sie sich selbst nicht zu sehr von diesem Wunsch des Vorgesetzen unter Druck setzen lasse, und zum anderen darum, dass sie in der gemeinsamen Arbeit mit der betreffenden Mitarbeiterin diesen von ihr empfundenen Wunsch des Chefs ansprechen würde (»Ihr Chef will Sie schnell wieder leistungsfähig haben«). Dann wolle sie mit der Mitarbeiterin besprechen, was dieses Anliegen des Vorgesetzten für ihre Arbeit zu zweit bedeute. Ferner könne es noch einmal wichtig werden – was momentan jedoch nicht der Fall sei –, in einem direkten Gespräch mit dem Vorgesetzten den von ihr wahrgenommenen Auftrag zurückzuweisen bzw. zu relativieren.

Als Supervisor gab ich noch den Rat, im Auge zu behalten, ob zwischen der Mitarbeiterin und ihrem Vorgesetzten geklärt werden könne, wie unter den Umständen der Traumaverarbeitung und Trauerarbeit das sachliche Arbeitsverhältnis auszugestalten sein sollte und nach welchen Kriterien und unter welchem Zeitaspekt die Arbeitsleistung der Mitarbeiterin bewertet wird und unter Umständen Sanktionen vonseiten des Chefs drohen könnten. Sie als Sozialpädagogin könne auf Wunsch in dieser Richtung unter Umständen vermittelnd bzw. moderierend tätig werden. Abschließend wurde in der Supervisionsgruppe noch die Gefahr erörtert, als professionelle Beraterin im Sozialdienst eines Unternehmens in eine unpassende Vermittlerrolle und Verantwortungsrolle zwischen Vorgesetzten und Mitarbeitern zu geraten, der teilweise nur über das bewusste Relativieren und Ausschlagen von Aufträgen begegnet werden kann.

Dieses Beispiel aus der Supervision zeigt, wie es durch Auftragsklärungsnachfragen passieren kann, dass die Klientin zu einer völlig neuen Sichtweise kommt: Aus dem »Es geht um Trauerphasen« wurde ein »Es geht um einen bewussten Umgang mit Erwartungen, die an mich als betriebliche Sozialpädagogin herangetragen werden«. Das Thema wechselte während des Prozesses und bekam eine völlig neue Ausrichtung.

XI Ist »gut« nur gut und »schlecht« nur schlecht? Vom Arbeiten ohne Wertung

Der systemische Berater betrachtet die Auftragsklärung als wichtige Intervention, und diese Intervention ist auch immer wieder während der Begleitung eines Klientensystems nötig – ist also nie so richtig abgeschlossen. Diese beraterische Herausforderung der Auftragsklärung als permanenten Prozess konnten wir im vorherigen Kapitel kennenlernen.

Eine weitere wichtige und permanente Herausforderung besteht darin, mit einer wesentlichen Paradoxie umzugehen. Diese geht vom Adressatensystem aus: Es bittet um beraterische Unterstützung, um eine Veränderung vom Jetzt-Zustand zu erreichen. Der oder die Berater sollen helfen, aus dem Problem herauszufinden und einen Zielzustand zu erreichen. Dies ist gleichsam die offizielle Grundbotschaft der Klienten: »Hilf mir, mich zu verändern!« Der inoffizielle Unterton dabei ist jedoch: »Wir wollen alles so lassen, wie es ist – das gibt uns Sicherheit; den Preis und die Anstrengungen, die mit einer Veränderung verbunden sind, wollen wir nicht auf uns nehmen!«

Der systemische Prozessberater nimmt seine Kunden in ihrer Unzufriedenheit mit dem Ist-Zustand an und ernst, er nimmt auch die Rolle an, als Begleiter für Veränderungen einzutreten und dahingehend Unterstützung zu leisten. Gleichzeitig ist es aber äußerst hilfreich, wenn ich als Berater auch mit den homöostatischen Kräften des Kundensystems rechne; damit also, dass der Weg zur Zielerreichung unter Umständen mit systeminternen Widerständen gepflastert ist. Aus der Medizin kennen wir den Begriff des sekundären Krankheitsgewinns: Eine Erkrankung bietet meist auch eine Gelegenheit, einen Nutzen daraus zu ziehen. Sei es, dass ich nun endlich vor mir selbst eine Legitimation habe, mich auszuruhen, sei es, dass sich nun endlich meine Mitmenschen oder mein Partner mehr um mich kümmern, sei es, dass ich eine bestimmte Arbeit oder Aufgabe, die gerade von mir im gesunden Zustand gefordert wäre, nicht erledigen muss, weil ich ja nun krank bin ... Der Krankheitsvorteil geht wieder verloren, wenn man gesund wird (sich verändert).

Die beraterische Erfahrung lehrt, dass wir dann am besten Klienten auf ihrem Weg begleiten können, wenn wir eine gewisse Neutralität wahren hinsichtlich der von Klientenseite beschriebenen Ist- und Soll-Zustände. Wenn wir also nicht in die Falle tappen, den Ist-Zustand nur als schlecht und den Soll-Zustand nur als gut zu betrachten. Hier helfen Fragen weiter wie:
- Was ist das Gute am Schlechten (also am gegenwärtigen Problemzustand)?
- Was ist das Schlechte am Guten (also am erwünschten Zielzustand)?

In diesem Kapitel werden wir die hinter diesen Fragen liegende professionelle Haltung näher betrachten.

In meinen Ausbildungsseminaren erkläre ich bereits am fünften Ausbildungstag die Funktionsweise der paradoxen Intervention. Dies tue ich nicht, um die Teilnehmer sofort zu befähigen oder zu ermuntern, ab sofort diese Methode im Alltag einzusetzen – eher rate ich hier zur Zurückhaltung. Mir geht es vielmehr darum, über das Erklären und Diskutieren dieser Methode ein tieferes Verständnis bei den Ausbildungsteilnehmern für die Haltung eines systemischen Beraters zu erwirken. Ich beginne meine Ausführungen zunächst mit dem Thema Hypothesenbildung, leite dann über zum Thema Umdeutung, um schließlich die Methode der paradoxen Intervention (dann eigentlich nicht als Methode, sondern als Haltung) zu erklären. Genau diesen Weg beschreiten wir nun auch.

1 Hypothesenbildung

In den ersten vier Tagen der Ausbildung erlernten die Teilnehmer bereits einige konstruktivistische und systemtheoretische Grundlagen. Wir machten uns den Unterschied zwischen Wissens- und Prozessberatung bewusst und wendeten das Thema Auftragsklärung bereits in praktischen Beratungsübungen an. Nun frage ich: »Wir haben bisher noch nicht über Hypothesenbildung des Beraters gesprochen; heißt das, dass ihr bisher in den Beratungsübungen ohne Hypothesenbildung gearbeitet habt?« Aus den Gruppen kommt hier regelmäßig und zu Recht ein Nein. Es wird klar, dass jeder Frage, die ich während eines Beratungsgesprächs mehr oder weniger spontan stelle, eine Hypothese des Beratenden zugrunde liegt. Warum wähle ich gerade diese Frage aus und nicht jene? Es gibt einen bewussten oder unbewussten Grund, eine bewusste oder unbewusste Hypothese, die mich gerade das (und nicht jenes) fragen lässt und somit den weiteren Gesprächsverlauf steuert.

1.1 Die systemische Schleife

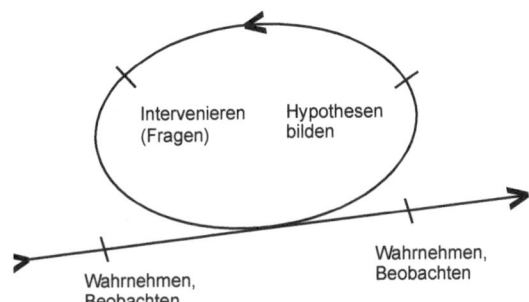

Abbildung 20: Die systemische Schleife

Man kann das Tun des Professionellen als permanente Aneinanderreihung von systemischen Schleifen betrachten: Der Berater nimmt das Klientensystem wahr, er beobachtet es: Er hört zu, sieht zu, achtet auf verbale und nonverbale Botschaften. Aus diesem Material verdichten sich im Berater Wirklichkeitskonstruktionen und Annahmen (Hypothesen). Diese können beispielsweise beinhalten, was inhaltlich noch wichtig sein könnte zu erfragen, welche Personen noch relevant sein könnten, welche Ursachen das Problem haben könnte, was eine Lösung so schwer machen könnte und so weiter (siehe Abbildung 20).

Der Berater konstruiert also aufgrund seiner Wahrnehmungen und Beobachtungen seine Hypothesen. Dabei ist zu bedenken, dass bereits die Wahrnehmung eines jeden Individuums sehr subjektiv und eingeschränkt ist – von daher ist es bereits auf dieser ersten Stufe der Wahrnehmung immer wieder wichtig, sich zu fragen, was ich eigentlich gern wahrnehme und was nicht. Durch welche Brille schaue ich gern und durch welche nicht? Das Problem dabei: Wir sehen nur, was wir sehen. Wir sehen nicht, was wir nicht sehen. Ein guter Berater weiß aber und macht sich immer wieder bewusst, dass er nicht sieht, was er nicht sieht. Dadurch kann er (zumindest ab und zu) seinen Wahrnehmungsbereich weiten und öffnen, Nicht-Gesehenes in den Blick nehmen.

Die wahrnehmungsbasierten Hypothesen führen dann zu bestimmten Beraterinterventionen: beispielsweise eine gezielte Frage. Im Anschluss an die Frage/Intervention hat der Berater nun die Möglichkeit, die Reaktion des Klientensystems zu beobachten. An dieser wahrgenommenen Reaktion wiederum wird er versuchen »abzulesen«, ob für das Klientensystem diese Fragerichtung relevant ist oder nicht. Da man ja nicht in das Adressatensystem hineinschauen kann (Blackbox), bleibt nur das Erschließen anhand der verbalen und nonverbalen

(Re-)Aktionen. Die systemische Schleife wiederholt sich mit dem (erneuten) Wahrnehmen des Beraters, was zu einem (erneuten) Hypothesenbilden und Intervenieren führt ...

Habe ich als Berater das Gefühl, dass das von mir angestoßene Thema sinnvoll und nützlich für den oder die Adressaten ist, werde ich vermutlich »durch diese Tür hindurchgehen« und länger verweilen, indem ich Nachfragen stelle, Zeit und Raum zur Verfügung stelle. Habe ich allerdings das Gefühl, dass das von mir angestoßene Thema nicht (zumindest nicht jetzt) »verfängt« und zu (Re-)Aktionen führt, werde ich vermutlich nicht weiter durch diese Tür gehen, sondern flexibel neue »Versuchsballons« starten, um das Kundensystem zur Reflexion anzuregen.

Die von Beraterseite konstruierten Hypothesen sind notwendige, hilfreiche und wirksame Wirklichkeitskonstruktionen des Beraters. Als subjektive Konstrukte haben sie unter Umständen mehr mit den internen Deutungsmustern des Beraters zu tun als mit der internen Wirklichkeit des Kunden. Sie sind aber als Deutungsmuster des Beraters unverzichtbar, um einen roten Faden verfolgen zu können. Sie ermöglichen dem Berater eine gewisse Vorausplanung einer Sitzung, obwohl er weiß, dass eine lineare Planung in der Prozessberatung nicht möglich ist. Denn die systemische Schleife lehrt uns, dass wir immer wieder aufs Neue wahrnehmen, deuten und hypothetisieren müssen und wir nicht wissen können, was wir als Nächstes wahrnehmen, deuten und hypothetisieren werden ...

Das Hypothesenbilden dient uns also als Leitfaden und zur Vorstrukturierung des beraterischen Handelns. Gleichzeitig ist uns bewusst, dass es einen Leitfaden nicht gibt. Deshalb ist neben dem Hypothesen-bilden-Können das Hypothesen-fallen-lassen-Können so wichtig. Es geht darum, das Klientensystem neu betrachten und deuten zu können. Die geistige Flexibilität des Beraters ist immer gefragt.

Nach diesem Einschub im Zusammenhang mit der systemischen Schleife möchte ich nun – immer noch unter der Überschrift »Hypothesen bilden« – den Faden hin zur paradoxen Intervention wieder aufgreifen. Wir haben uns weiter oben bereits bewusst gemacht, dass es im Sinne eines sekundären Krankheitsgewinns auch immer positive Aspekte einer als problematisch erlebten Situation gibt. Diese positiven Aspekte allerdings sind in der Regel den Klienten (momentan) nicht bewusst. Deren Aufmerksamkeit ist vielmehr auf die Negativität der Ist-Situation gerichtet. Der systemische Berater greift nun bei seiner Hypothesenbildung die Ambivalenz eines Symptoms/Problems auf: Er sucht (auch) nach dem Guten im Schlechten. Er macht sich nicht (nur) zum Verbündeten eines Ziel-Zustands, sondern auch zum Verbündeten des Ist-Zustands. Dies drückt sich in einer als paradox zu beschreibenden Haltung aus: Als Berater sehe ich »Problem« und damit die »Aufrechterhaltung des Problems« auf der einen und »Veränderung« und damit die »Lösung des Problems« auf der anderen Seite als gleichberechtigt an.

Diese paradoxe Haltung werde ich den Klienten nicht sofort »unter die Nase reiben«, indem ich zu Beginn einer Sitzung formuliere: »Also, als systemischer Berater gehe ich davon aus, dass eine Problemsituation auch immer ihr Gutes hat, und deshalb bin ich noch nicht so sicher, ob es gut ist für Sie, eine Veränderung herbeizuführen.« Mit einer derartigen Botschaft zu Beginn einer Zusammenarbeit und ohne weitere Begründung wird man Kunden erschrecken und vertreiben. Sie werden sich zu Recht völlig unverstanden fühlen und Einfühlungsvermögen des Beraters vermissen.

Diese meine paradoxe Haltung wird vielmehr als Unterton in meiner Arbeits- und Denkweise wirksam. So zu allererst in der Art und Weise, wie ich an die Hypothesenbildung herangehe.

1.2 Wie kreiere ich Hypothesen?

Hypothesenbildung dient der Vorbereitung einer therapeutischen bzw. beraterischen Intervention sowie als Leitfaden für die Strukturierung einer Sitzung. Wenn man als Berater Hypothesen bildet, entwickelt man Möglichkeiten, wie das Problem des Klientensystems mit unterschiedlichen Aspekten oder Eigenschaften des Klientensystems zusammenhängen könnte:
- Welche Wirklichkeitssichten des Klientensystems konstruieren das Problem?
- Seit wann wird diese Situation als Problem konstruiert und von wem?
- Welche Gedanken, Gefühle, Motive des oder der Beteiligten erhalten das Problem aufrecht?
- Welche für das Klientensystem geltenden Werte, Maßstäbe und Regeln könnten mit dem Problem zusammenhängen bzw. einer Lösungsfindung im Wege stehen?
- Im Mehrpersonensetting wie der Familien- oder Teamberatung: Welche Kommunikationsweisen und Beziehungsdynamiken sind für mich als Berater beobachtbar und wie könnten diese mit der Problematik zusammenhängen?

In Abbildung 21 wird ein einfaches Dreikomponentenmodell vorgestellt. Die intrapsychischen Prozesse wie Denken, Fühlen, Motivation und die Wirklichkeitskonstruktionen beziehen sich auf das Individuum. Kommunikationsprozesse hingegen stehen für die Beziehungsdynamik zwischen den Personen: Wie interagieren die Systemmitglieder? Dieser kommunikative Aspekt kommt also in der Familien-, Team- und Organisationsberatung zum Tragen – immer dann, wenn es um eine Mehrpersonenberatung geht.

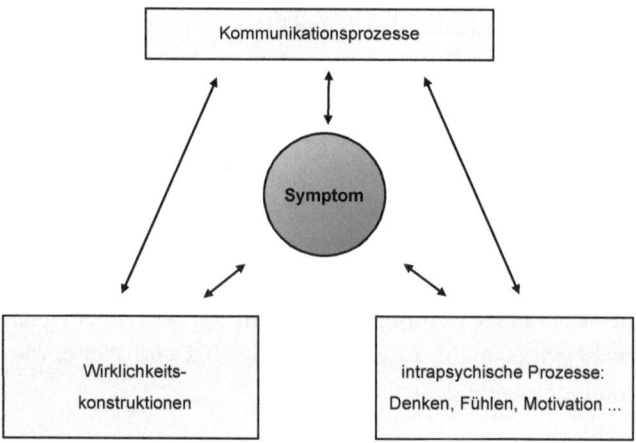

Abbildung 21: Symptomeinbindung

Abbildung 21 verdeutlicht, dass man als Systemiker bei der Hypothesenbildung immer versucht, einen Bezug zwischen dem Problem/Symptom und den »Komponenten« des Adressatensystems herzustellen. In diesem einfachen Dreikomponentenmodell sind als Komponenten berücksichtigt: die Art und Weise, wie die Personen miteinander umgehen, Beziehung gestalten und kommunizieren (Kommunikationsprozess), die Art und Weise, wie die betreffenden Personen ihre Wirklichkeit wahrnehmen und beschreiben (Wirklichkeitskonstruktionen), die gesamte innere psychische Kraft eines Individuums, die sich insbesondere in Gedanken, Gefühlen und Motivationslagen ausdrückt (intrapsychische Prozesse).

Mithilfe dieses einfachen Modells kann der Berater nun hypothetische Annahmen darüber aufstellen, wie die Entstehung und Aufrechterhaltung des Symptoms »getragen wird« von der Art und Weise des Kommunikationsprozesses, der Art und Weise der Wirklichkeitskonstruktionen und der Art und Weise der Gedanken, Gefühle und Motive der handelnden Personen.

Die Bildung einer zirkulären Hypothese ist dabei ein besonderes Merkmal einer systemischen Herangehensweise. So ist es wichtig, ein Problem von möglichst vielen Seiten, unter zirkulärer Vernetzung und unter Infragestellung möglichst vieler stillschweigender Voraussetzungen zu überprüfen. Dabei kann sich das Symptom eines Indexpatienten in der Familientherapie, zum Beispiel das Schulversagen des Kindes, als ein Teil eines familiären Spiels erweisen. So ist es möglich, dass mithilfe des Beraters in der Familiensitzung deutlich wird, dass die Problematik des Kindes die Eltern wieder näher zusammen bringt, da deren Kommunikationsweise zunehmend um die gemeinsame Sorge um das Kind kreist; Konflikte auf der Paarebene können so »unter den Teppich gekehrt« und das für das Familiensystem bedrohliche Szenario einer möglichen Trennung der Partner hintangestellt werden. Aus dieser hypothetischen Perspektive wäre das Schulversagen des Kindes ein genial anmutender Schachzug, den elterlichen Konflikt zu deeskalieren und Stabilität in das Gesamtsystem zu bringen. Die therapeutische Interventionsstrategie bestünde in diesem Fall in der Bewusstmachung des Paarkonflikts und möglicherweise in der konstruktiven Bearbeitung in weiteren Paarsitzungen ohne Kind. Das Kind als Symptomträger (Indexpatient) wäre damit entlastet – und das Problem des Kindes dahingehend umgedeutet, als dass es einen Versuch zur Entlastung der Eltern darstellt.

Eine derartige Herangehensweise des Professionellen spiegelt wiederum die Sichtweise, immer auch das Gute am Schlechten zu sehen: Das im Familiensystem zunächst nur negativ bewertete Symptomverhalten des Kindes (Schulversagen) wird für die Beteiligten zunehmend auch durch die Brille gesehen, dass es einen positiven Wert für das Gesamtsystem hat. Voraussetzung dafür, dass die Familienmitglieder hier einen neuen Zugang bekommen, ist allerdings die beraterische Grundhaltung, immer auch nach dem Nutzen der Problematik zu suchen und in dieser Richtung auch zirkuläre Hypothesen zu bilden.

Die am möglichen Nutzen der Problematik ausgerichteten Hypothesen stellen also einen wichtigen roten Faden des Beraters in den Sitzungen dar. Die Wirkung ist, dass Problemträger im Prozess der Beratung Stück für Stück entlastet werden und die Perspektive der Beteiligten zunehmend auf die Wechselwirkungen im Gesamtsystem gerichtet werden können. So kann dann auch gemeinsam an einer Lösung gearbeitet werden – alle sind in der Pflicht, nicht nur der Problemträger.

Bilden wir Hypothesen, so suchen wir wie gesagt immer nach Möglichkeiten, wie die beschriebene Problematik mit unterschiedlichen Aspekten oder Ebenen des Gesamtsystems verbunden sein könnte. Hierbei ist das einfache Dreikomponentenmodell (Abbildung 21) sehr hilfreich. Es besagt, dass ein beratungsrelevantes Problem (in der Abbildung in der Mitte stehend) immer im Gesamtzusammenhang von Wirklichkeitskonstruktionen, intrapsychischen Prozessen der Beteiligten und Kommunikationsprozessen (Beziehungsdynamiken) gesehen werden kann.

Dabei stelle ich mir diese Abbildung wie ein Mobile vor: Verändert sich an einer Komponente etwas, so verschieben sich auch die anderen Aspekte; alles ist mit allem verbunden. Die Veränderung an einer Stelle bewirkt aufgrund der Vernetzung Veränderung an anderer Stelle (siehe Abbildung 22).

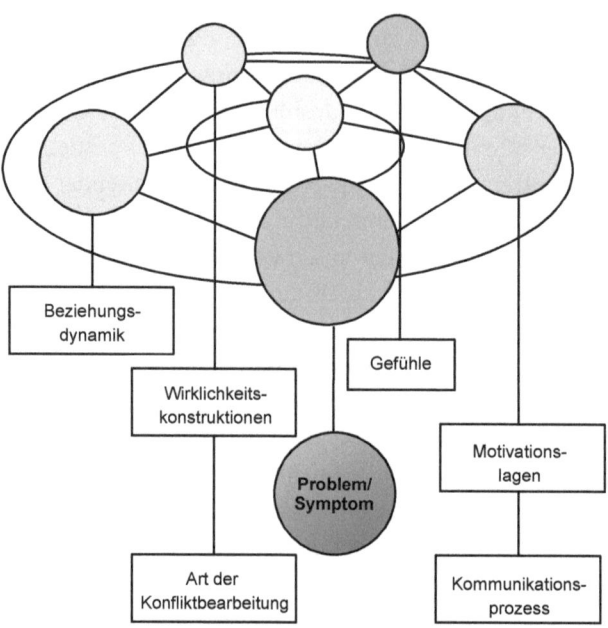

Abbildung 22: Das Hypothesenmobile

Wird es beispielsweise möglich, dass ein Beteiligter seinen Chef plötzlich neu betrachten kann (»Der ist ja gar nicht nur böse; mir wird nun klar, dass er mich herausfordern und fördern will«), so wird diese Veränderung in der Wirklichkeitskonstruktion sicherlich dazu führen, dass die bewussten und unbewussten Kommunikationen, die von diesem Mitarbeiter ausgehen und die Beziehung zum Chef mit beeinflussen, nun »weicher« und offener werden. Diese Veränderung im Kommunikationsprozess zwischen Mitarbeiter und Chef wiederum könnte dazu führen, dass die Motivation des Mitarbeiters ansteigt (intrapsychische Prozesse verändern sich).

Gleichzeitig betrachte ich Abbildung 22 auch so, dass »das in der Mitte hängende Problem« momentan dafür sorgt, dass die Komponenten drum herum scheinbar fixiert sind in ihrem Sosein. Das Klientensystem kann sich gleichsam unbewusst ausruhen, da das Problem in der Mitte dafür sorgt, dass die Art und Weise des Umgangs miteinander nicht verändert wird oder verändert werden muss, dass die Art und Weise, wie Wirklichkeit gesehen und konstruiert wird, nicht verändert werden muss und dass die Art und Weise, wie man denkt und fühlt und welche Motive einen leiten oder nicht leiten, gleich bleiben kann.

Ein Problem stabilisiert also die Prozesse im Kundensystem. Andersherum: Veränderungen in nur einer der angegebenen Komponenten bringen das Mobile wieder ins Schwingen und führen zu Bewegungen, Neuausrichtungen, Veränderungen ... Diese Chance nutzt der Berater. Das Schöne dabei: Er hat als Interventionsziele unterschiedliche Möglichkeiten. Nehmen wir ein einfaches Beispiel für eine Intervention auf der Ebene des Kommunikationsprozesses:

In einer Teamberatung fällt dem Berater auf, dass von den sieben Teammitgliedern neben dem Teamleiter vor allem zwei weitere Mitarbeiterinnen immer wieder das Wort ergreifen, zwei weitere Teammitglieder gelegentlich Beiträge liefern und zwei weitere bislang nur auf Aufforderung des Beraters sprechen, und dann auch nur kurz und knapp. Der Berater bildet aufgrund seiner Beobachtung die Hypothese, dass aufgrund dieser gewohnten Kommunikationsform im Team eine Langeweile entsteht, ja sogar für einen Teil des Teams mit zunehmendem Reden der anderen Gefühle des Genervtseins und der Demotivation einhergehen. Die Intervention auf der Ebene des Kommunikationsprozesses setzt der Berater um, indem er nach einer Weile die Viel-Redner freundlich, aber bestimmt unterbricht und den Wenig-Rednern mehr Raum zuteilt. Schnell verändert sich die Atmosphäre im Team: Die Zurückhaltenden werden aktiv und bringen konstruktive Sichtweisen ein, die bislang nicht in dieser Form kommuniziert wurden. Dadurch entspannt sich bei den Viel-Rednern das Bedürfnis nach Viel-reden-Müssen (vielleicht sogar nach Viel-auf-die-anderen-einreden-Müssen), da ja nun plötzlich ein gemeinsamer Teamspirit spürbar ist und die bislang »wenig Motivierten« aktive Beiträge liefern. Diesen wiederum ist diese neue Form der Aktivität nur möglich, weil ja gerade die Kollegen, die sonst immer reden, nun einmal zurückhaltend waren, zugehört haben und eine offene Atmosphäre entstanden war.

Es soll hier nicht behauptet werden, dass eine Teamproblematik immer so schnell und nur durch eine einfache Intervention auf der kommunikativen Ebene behoben werden kann. Gleichwohl ist der Effekt eines gezielten und konsequenten Verstörens auf der kommunikativen Ebene nicht zu unterschätzen: Wenn ich als Berater beim »Teammobile« das Element der Kommunikation verändernd »anstupse«, verändert sich in den Beteiligten automatisch das, was innerpsychisch abgeht an Gedanken und Gefühlen und der Lust und Laune, mitzumachen. Es ändert sich auch die Art und Weise, Dinge zu sehen und damit Wirklichkeit zu konstruieren.

In der Einzelberatung sehe ich das gleiche Mobile mit den bekannten Elementen vor mir. Der Unterschied zur Mehrpersonenberatung liegt darin, dass der Aspekt der Kommunikation zwischen den Beteiligten wegfällt. Zwar sehe ich meinen Einzelklienten als jemanden, der in seiner Lebenswirklichkeit auf bestimmte Art und Weise kommuniziert und in Beziehung steht, was auch in der Beratung reflektiert wird. Innerhalb der Beratung finden derartige Kommunikationen jedoch nicht statt, weil der Klient ja allein da ist und nicht mit seinem Team oder Partner.

Zusammenfassend halten wir fest, dass Hypothesen Annahmen des Beraters darstellen, die nicht nur dazu führen, dass er in bestimmte Richtungen Fragen stellt (also für sich Informationen gewinnt). Vielmehr führen die Hypothesenhinterlegten Fragen dazu, neue Informationen in das Adressatensystem einzuführen. So kann beispielsweise in der Frage an das Team, welche Kompetenzen am meisten fehlen würden, sollte – nur einmal hypothetisch gedacht – Kollege xy das Team verlassen und eine neue Stelle annehmen, die Information eingeführt werden, dass es möglich ist, das Team zu verlassen. Ein eventuell tabuisiertes oder verdrängtes Thema (Möglichkeit des Ausscheidens) wird durch diese Frage allerdings nicht direkt, sondern sehr elegant und indirekt eingeführt, denn die Hauptfragerichtung bedeutet ja nicht: »Wollen Sie das Team verlassen?«, sondern: »Welche Kompetenzen würden dann dem Team am meisten fehlen?«. Durch die Beantwortung dieser Frage erfolgt also ein weiterer Informationsgewinn für alle Beteiligten, nämlich der in Bezug auf offen kommunizierte Kompetenzzuschreibungen. Für den Berater besteht die Möglichkeit, diese Frage gleichsam reihum zu stellen, also in Bezug auf jedes Teammitglied die anderen zu fragen, welche Kompetenzen bei einem Ausscheiden am meisten fehlen würden; eine entsprechende Teamsituation vorausgesetzt, kann allein diese Fragestellung viele neuartige Denk- und Sichtweisen voneinander in einer wertschätzenden Atmosphäre transparent machen. Gelingt diese Intervention (wir denken an das Mobile), so werden sich automatisch die Wirklichkeitskonstruktionen der Teammitglieder sowie deren Gedanken, Gefühle und auch die Arbeitsmotivation (positiv) verändern.

Durch derartige hypothesengestützte Fragen führt der Professionelle also neue Erklärungsmöglichkeiten, neue Denkweisen, neue Gefühlslagen, neue Handlungsoptionen ein, welche sich von den bisher im Klientensystem vorherrschenden unterscheiden. Eine beraterische Intervention lebt davon, einen Unterschied zu machen zum Bisherigen. Andererseits müssen die Hypothesen bzw. Fragen des Beraters auch aus Sicht des Adressaten anschlussfähig sein und Sinn haben – nur dann werden sie als relevant eingestuft und führen zu weiterer Reflexion bzw. zu verändertem Verhalten.

Einer meiner Lehrer während meiner Familientherapieausbildung hat mir den Satz mitgegeben: »Interventionen sollten angemessen ungewöhnlich sein.« Er meinte damit genau diesen Zusammenhang: Die (aus Sicht des Klientensystems vorhandene) Angemessenheit meines beraterischen Tuns ist notwendig, um Vertrauen aufzubauen und um ernst genommen zu werden. Nur wenn das Klientensystem aus seiner Logik heraus empfindet: »Das, was der tut, macht

Sinn«, und vor allem: »Wir fühlen uns verstanden«, hat man als Berater eine echte Chance.

Wenn ich aber diese Chance habe, Vertrauen aufgebaut habe, in gewisser Weise die gleiche Sprache spreche wie das Adressatensystem, sollte ich auch mit Ungewöhnlichem daherkommen: Genau darin liegt die Möglichkeit der Intervention, die dann wirklich einen Unterschied ausmacht im Vergleich zu den bisherigen Wirklichkeitskonstruktionen und Handlungsmöglichkeiten im System. Um dieses Ungewöhnliche bieten zu können, brauche ich als Berater einen möglichst großen kreativen Spielraum für meine Hypothesen und Ideen zum Klientensystem. Je offener und flexibler ich mir erlaube zu denken und zu fühlen und daraus Hypothesen zu bilden, umso anregungsreicher kann ich im Sinne des Ungewöhnlichseins wirken.

Runden wir nun das Thema »Hypothesen bilden« mit einer kleinen Fragenliste ab. Diese kann Sie in der konkreten Beratungssituation beim kreativen Hypothesenbilden unterstützen, beispielsweise nach einer Sitzung bzw. zur Vorbereitung eines nächsten Termins:

- Wie könnte es kommen, dass das Kundensystem gerade jetzt dieses Problem präsentiert?
- Worin könnte der Kern des Problems bestehen?
- Welche gegenwärtigen Kommunikationen (deren Art und Weise und deren Inhalt) könnten das Problem am Leben erhalten bzw. einer Lösungsfindung im Wege stehen?
- Welche Wirklichkeitskonstruktionen (Sicht- und Erklärungsweisen der Beteiligten) könnten das Problem am Leben erhalten bzw. einer Lösungsfindung im Wege stehen?
- Welche Gefühle (offene oder verdeckte Emotionen der Beteiligten) könnten das Problem am Leben erhalten bzw. einer Lösungsfindung im Wege stehen?
- Welche Regeln, die vom Klientensystem befolgt werden, könnten zur Entstehung oder Aufrechterhaltung der Problematik beitragen bzw. Lösungsschritten im Wege stehen?
- Welche Werte, die vom Adressatensystem als wichtig angesehen werden, könnten zur Entstehung oder Aufrechterhaltung der Problematik beitragen bzw. Lösungsschritten im Wege stehen?
- Worin könnte der Nutzen des Problems für das System liegen?
- Worin könnte der Nutzen des Problems für jeden Einzelnen liegen?
- Welchen Preis müsste das System insgesamt bezahlen, wenn das Problem gelöst würde?
- Welchen Preis müssten die Einzelnen bezahlen, wenn das Problem gelöst würde?

- Wer hätte vermutlich den höchsten Preis für eine Problemlösung zu bezahlen?
- Wie könnte das Klientensystem bislang versucht haben, das Problem zu lösen?
- Inwiefern könnten die bisherigen Lösungsversuche des Kundensystems inzwischen zum Teil des Problems geworden sein?
- Was würde wohl geschehen, wenn das Problem anhält?
- Was könnte geschehen und ermöglicht werden, wenn das Problem gelöst wird?

2 Umdeutung (Reframing)

In diesem Kapitel folgen wir dem roten Faden »Vom Guten im Schlechten und vom Schlechten im Guten«, und diese Haltung hängt auch mit der paradoxen Intervention zusammen, die wir noch erörtern werden. Hierzu haben wir soeben unter dem Aspekt der Hypothesenbildung herausgestellt, dass der systemische Berater versucht, das Problem immer durch zwei Brillen zu betrachten: Einerseits soll es weg, weil es belastet, stört, Leid schafft; andererseits stellt das Problem aber auch einen Stabilitätsanker für das Gesamtsystem dar, es hat immer auch einen Nutzen.

Dass letztlich jedes Problem, jede Situation, jedes Faktum, was einem im Leben begegnet, gleichberechtigt immer als negativ und als positiv betrachtet werden kann – dieser Grundgedanke liegt auch der Technik der Umdeutung zugrunde.

Wenn hier von Technik die Rede ist, so nur deshalb, weil in der Fachliteratur das Thema Umdeutung bzw. Reframing gemeinhin als Technik behandelt wird. Für mich ist es mehr: Es ist eine Haltung des systemischen Beraters. Der Unterschied liegt darin: Betrachte ich Umdeutung als Technik, werde ich als Berater eher versucht sein, dem Klienten aktiv neue (Um-)Deutungsmöglichkeiten seiner Situation anzubieten. Erzählt mir der Klient beispielsweise von seiner Wut, dann formuliere ich: »Sie sind emotional bei der Sache und lassen Ihre Gefühle raus ...«; spricht der Klient von der belastenden Situation in seiner Arbeitsbeziehung, könnte der Berater im Sinne der Umdeutung formulieren, dass es eine gute Herausforderung darstellt, unter diesem Chef zu arbeiten, da der Klient viel über sich selbst lernen kann.

Es mag ja sein, dass derartige gesprächstechnisch angewendete Umdeutungen für den Klienten hilfreich sind. Meine Erfahrung ist allerdings, dass eine Umdeutung viel tiefgreifender und nachhaltiger wirken kann, wenn sie nicht als Gesprächstechnik daherkommt, sondern durch einen längeren sprachlichen Austausch zwischen Klient und Berater entsteht. Voraussetzung dafür ist die Haltung des Beraters, die bereits im vorigen Abschnitt unter »Hypothesen bilden« deutlich wurde: Jede als Problem angesehene Situation kann auch durch eine andere Brille betrachtet werden.

In einer Ausbildungsgruppe fragte mich ein Teilnehmer im Zusammenhang mit der Umdeutung, was ich denn machen würde, wenn mir mein Klient in der nächsten Sitzung sagen würde, dass der (Umdeutungs-)Erklärungsansatz, der in der letzten Sitzung gefunden wurde, gar nicht stimme. Meine spontane Antwort war: »Dann nehme ich das so, frage neugierig nach, wie er denn darauf gekommen sei, und öffne mich wieder für neue Deutungsansätze.« Anlässlich der im Seminar gestellten Frage hatte ich im Anschluss ein vertiefendes Pausengespräch mit dem Ausbildungsteilnehmer. Es wurde deutlich, dass er selbst als Coaching-Klient einen Berater erlebt hatte, der offensichtlich mit diesem Werkzeug der Umdeutung gearbeitet hatte; der Teilnehmer konnte diese Beratungsdeutungen wohl zunächst hören und annehmen, merkte dann jedoch nach der Sitzung, dass es für ihn nicht passend war. Mit dem Teilnehmer besprach ich, welchen Unterschied es macht, ob ich als Berater eine »Umdeutungstechnik« anwende oder aber mit der »Umdeutungshaltung« arbeite.

Umdeutungshaltung meint: Ich biete dem Klienten nicht vorschnell neue Deutungsmuster an, sondern rege durch geschickte Fragen den Klienten selbst dazu an, über das Problem neu nachzudenken und auch Aspekte zu reflektieren, die positiv daran sein könnten. Dies mache ich vorsichtig und spielerisch – oft entsteht dadurch eine gewandelte Wirklichkeitskonstruktion, die dann auch wirklich nachhaltig für den Klienten wirken kann.

Was ist nun genau mit einer Umdeutung gemeint? Im Englischen bzw. neudeutsch spricht man auch von Re-framing. »Frame« ist der Rahmen – somit bedeutet Reframing einen Rahmenwechsel vorzunehmen (siehe Abbildung 23).

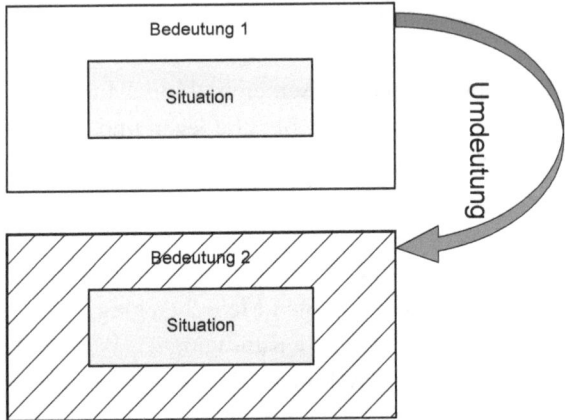

Abbildung 23: Umdeutung als Re-framing (Um-rahmung)

»Eine Umdeutung besteht [...] darin, den begrifflichen und gefühlsmäßigen Rahmen, in dem eine Sachlage erlebt und beurteilt wird, durch einen andern zu ersetzen, der den ›Tatsachen‹ der Situation ebenso gut oder sogar besser gerecht wird, und dadurch ihre Gesamtbedeutung ändert« (Watzlawick, Weakland u. Fisch, 1975, S. 118).

Die Umdeutung verändert die Beziehung zwischen einer Situation und ihrer Bedeutung. Dadurch kann ein Problem aus seinem symptomatischen Zusammenhang gelöst werden. Es wird eine neue Bedeutung gefunden (Bedeutungsreframing) oder das problematische Verhalten wird in einen neuen Kontext gestellt, in welchem es Sinn macht oder machen kann (Kontextreframing).

Der Klient soll also befähigt werden, sinnvollere und nicht abwertend-problematische Interpretationen für sein Verhalten zu finden oder andere soziale Situationen (Kontexte) zu reflektieren, in welchen das als problematisch erlebte Verhalten durchaus angebracht ist und sogar eine wichtige Ressource seiner Persönlichkeit darstellt.

Reframing basiert auf folgenden Grundannahmen:
- Jedes noch so problematische Verhalten bezweckt etwas Gutes und ist in irgendeiner Weise sinnvoll.
- Die innere Landkarte (die sich ein Mensch anfertigt) ist nicht das Territorium (die Außenwelt) und es gibt die »eine Wirklichkeit« oder »Wahrheit« nicht.
- Jeder Mensch hat die Ressourcen, die er für eine neue Sicht der Welt und einen produktiveren Umgang mit ihr braucht.

Jeder Sachverhalt, der von den Klienten als Problem gesehen wird, beinhaltet auch positive Aspekte. Diesen Blick kann man insbesondere dann gewinnen, wenn man untersucht, welchen Nutzen das Problem im Lebenszusammenhang des Klienten hat.

Wenn Sie, liebe Leserin, lieber Leser, einmal innehalten und vor dem Hintergrund Ihrer eigenen Lebensgeschichte überlegen und eine Situation auftauchen lassen, die Sie längst bewältigt und überwunden haben, die Ihnen aber zum damaligen Zeitpunkt Probleme und Sorgen bereitete ... Versetzen Sie sich noch einmal in Ihr »damaliges Ich« und empfinden das Leid und vor allem auch die damalige Sichtweise nach. So mag es beispielsweise eine Situation sein, wo es um Trennung von einem geliebten Menschen ging oder eine ungewollte Schwangerschaft oder eine ungewollte Kündigung ... Welche Deutung hatten Sie damals? Was war also der »Rahmen«, den Sie damals um diese Lebenssituation gelegt haben? Und wie sieht aus heutiger Sicht rückblickend auf diese Situation der Deutungsrahmen aus?

Beispielsweise sagen Sie heute: »Wenn sich damals mein Partner nicht von mir getrennt hätte, hätte ich meinen heutigen Mann nie kennengelernt.« Oder: »Meine Tochter gibt mir so viel, ich kann mir ein Leben ohne Kind heute gar nicht mehr vorstellen, und damals war anfangs die Vorstellung, schwanger zu sein, ein Horror für mich.«

Unsere Biografie steckt voller Probleme oder Herausforderungen, die wir immer wieder auf bestimmte Art und Weise gemeistert haben. Und unsere Identität und Sichtweise auf unsere Lebensgeschichte steckt voller Umdeutungen. Umdeutungen, die schleichend durch das Leben in uns entstanden sind, durch den Lauf der Dinge, durch unsere Anpassungsfähigkeit an neue Situationen, durch unser Wachsen an Herausforderungen.

Als systemischer Berater gelingt es beispielsweise mit dieser Umdeutungshaltung in einer schwierigen Paartherapie, dass die beiden Partner das tiefe Band der Verbundenheit sehen und empfinden können, welches sie durch all die Schwierigkeiten getragen hat. Das Paar erzählt gleichsam von einer langen Liste des Unglücks mit sexuellen Schwierigkeiten, medizinisch-gesundheitlichen Herausforderungen und gegenseitigen Verletzungen. Es folgt daraus, dass mit ihrer Partnerschaft grundlegend etwas nicht in Ordnung sein könne. Der Berater hört zu, fragt nach. Er speist aber auch immer wieder Fragen ein, die das Potenzial zum Bedeutungsreframing haben:
- »Was hat Sie all die Jahre zusammengehalten?«
- »Welches war die schwierigste Zeit als Paar und was hat damals den Ausschlag gegeben, dass Sie heute noch zusammen sind?«
- »Bei all den Problemen, die Sie schildern, spüre ich eine große Kraft, die Sie als Paar bis heute irgendwie getragen hat und die Sie als Paar – bei all den Problemen – hier heute vor mir sitzen lässt; wie würden Sie diese Kraft nennen? Wie würden Sie diese Kraft beschreiben?«
- »Warum haben Sie nicht längst aufgegeben?«

Das Paar antwortet »scheibchenweise« auf obige Fragen und damit wird – neben der immer noch vorherrschenden gedanklichen Zuschreibung »Mit uns stimmt etwas Grundlegendes nicht« – langsam ein zweiter Bedeutungsrahmen etabliert: »Es gibt etwas, was uns über all die Jahre zusammengehalten hat. Eine Kraft, die andere Paare nicht haben ...«

Gestaltet ein Berater mit dieser Umdeutungshaltung den Beratungsprozess, so ist es fast unerheblich, ob dann am Ende das Paar selbst diese Umdeutung ausspricht oder ob der Berater an passender Stelle einen Kommentar abgibt:

»Sie haben nun neben all Ihren Schwierigkeiten auch davon gesprochen, dass es diese besondere Kraft in Ihnen oder zwischen Ihnen gibt, die andere Paare nicht haben ...«

Erfolgreich ist ein derartiger Reframingprozess dann, wenn bei einer derartigen Aussage die Beteiligten zustimmend nicken können und diese neue Bedeutungsgebung auch mit eigenen Worten formulieren und ergänzen können und wollen. Geschieht dies, so ist es gut möglich (wie in diesem Fall), dass in der Folgesitzung zwar die Problematik noch nicht verschwunden ist, aber beispielsweise berichtet wird, dass nun beide ihre Beziehung unter einem völlig neuem Licht betrachten können und sie gemeinsam einen tollen Abend beim gemeinsamen Ausgehen verbracht hätten, was vorher in dieser Form jahrelang nicht vorgekommen sei.

3 Paradoxe Intervention

Wenn wir nun über paradoxe Intervention sprechen, so steht auch dies – wie bereits beim Thema Reframing – unter dem Motto: Haltung statt Technik.

Wenden Sie Reframing und paradoxe Intervention weniger als Technik, sondern eher als innere Haltung an, die Ihre gedankliche Ausrichtung als Berater prägt. Dann werden Sie Erfolge erzielen, weil Sie den Möglichkeitsbereich für das Adressatensystem erweitern. Ihr Denken ermöglicht Umdeutung und Paradoxes. Dies wirkt. Bleiben Sie dabei authentisch und lassen Sie sich Zeit, bis sich aufgrund des erfolgten Gesprächsverlaufs geradezu eine Umdeutung aufdrängt oder eine paradoxe Intervention im Raum liegt.

Früher betrachtete ich das Thema paradoxe Intervention unter großem Respekt und ich fragte mich, wie denn nun diese wundersame Technik funktionieren würde. Mir war es in meiner Ausbildung auch als Technik erklärt worden; der tiefere Sinn und vor allem das tiefere Verständnis allerdings blieb für mich im Verborgenen. Zweierlei musste ich im Laufe der Jahre erst verstehen lernen, um damit auch die paradoxe Intervention zu verstehen:
- Erstens, dass eine paradoxe Intervention keine Zaubertechnik ist, sondern einer gründlichen Gesprächsvorbereitung bedarf, wie das schon angesprochen wurde. Es geht um eine Gesprächsvorbereitung, welche die Fragen nach dem Guten im Schlechten lebendig werden lässt.
- Und zweitens durfte ich erkennen, dass jeder paradoxen Intervention eine Umdeutung zugrunde liegt. Hier geht es um ein Reframing, welches das Klientensystem auch »mitgehen« kann.

Diese Vorbemerkungen zur beraterischen Haltung und zum tieferen Verständnis sind mir wichtig. Vor diesem Hintergrund folgt nun eine kurze Erklärung der Technik bzw. der »technischen Möglichkeiten« der Anwendung der paradoxen Intervention.

Beginnen wir mit einer Definition der Technik: Durch paradoxe Interventionsformen werden dem Klienten Handlungsanweisungen gegeben, die seinen Erwartungen und Absichten entgegenstehen. Das vorgestellte Problem wird in einer Art und Weise interpretiert, dass es auf der Grundlage dieser Erklärung nicht mehr als problematisch gesehen werden kann.

Die paradoxe Intervention heißt deshalb paradoxe Intervention, weil man dem Klienten (zunächst einmal) genau das rät, was er eigentlich mithilfe des Beraters loswerden will. Dies geschieht – und das ist das Entscheidende – eingebunden in eine Umdeutung. Denn die paradoxe Handlungsanweisung an den Klienten, er solle doch (zumindest bis zur nächsten Sitzung) weiterhin seinen Ärger hinunterschlucken (der Klient kam mit dem Ziel, mehr Selbstbewusstsein zu entwickeln und keinen Ärger mehr wie in den letzten Jahren »reinzufressen«), ergibt ohne weitere Erklärung keinen Sinn.

Im Gegenteil: Bleibt eine paradoxe Handlungsanweisung ohne Umdeutung (welche als Erklärung dient), wird sie absolut kontraproduktiv wirken. Der Kunde fühlt sich missverstanden, in seinem Problem nicht ernst genommen und vielleicht sogar auf den Arm genommen. Gelingt es dagegen in einem Beratungsprozess, gemeinsam herauszufinden, was auch das Gute im Schlechten ist, so macht plötzlich die Option, zumindest bis zum nächsten Termin den Ärger weiter hinunterzuschlucken, durchaus Sinn.

Im Beratungsgespräch wurde herausgearbeitet, dass der Betreffende so viel unterdrückte Wut in sich sieht, dass er Angst davor hat, diese könnte unkontrolliert aus ihm ausbrechen und er könnte damit Beziehungen gefährden oder zerstören. Klient und Berater kamen bereits zu der Formulierung, dass es vor dem Hintergrund der jahrelangen Neigung des Schluckens und Ansammelns wichtig ist, den »inneren Stausee« an Emotionen »langsam abzulassen« in einer Weise, dass es nicht zum »Dammbruch« kommt. Der Klient sagte bereits zum Berater, dass er den »Bohrer« jedoch noch nicht gefunden habe, mit dessen Hilfe er erste kleine Löcher in die Staumauer bohren könne, um ein erstes Wasser dosiert ableiten zu können.

Nun ist es möglich, dass für den Berater eine paradoxe Intervention gleichsam in der Luft liegt:

»Ich möchte Ihnen zum Abschluss heute sagen, dass ich finde, Sie haben heute mit mir gut gearbeitet. Besonders das Bild vom Stausee und der Staumauer hat mich beeindruckt.« Der Klient nickt. »Mir scheint wichtig zu sein, dass Sie in der

Tat zunächst Ausschau halten nach der Möglichkeit, die Staumauer ›anzubohren‹, anstatt sie mit einem Mal zum Einsturz zu bringen. Sie sprachen ja vorhin davon, dass Ihnen das Angst machen würde und zu negativen Folgen führen könnte.« Der Klient nickt. »Also möchte ich mit Ihnen weiter daran arbeiten. Bis zur nächsten Sitzung allerdings erscheint es mir wichtig, dass Sie weiterhin darauf achten, dass die Staumauer stabil bleibt und dass Sie folglich auch darauf achten, weiterhin Ihren Ärger hinunterzuschlucken.« Der Klient schaut etwas erstaunt und nickt.

Man kann es bei dieser paradoxen Intervention belassen. Man kann jedoch auch – der Klient ist bis hierher mitgegangen – die Sitzung abrunden, indem man gemeinsam überlegt, wie die Hausaufgabe des bewussten Ärger-Hinunterschluckens am besten bewerkstelligt werden kann. Beispielsweise könnte dabei herauskommen, dass der Betreffende jeden Abend nach dem Abendessen für fünf Minuten innehält, sich den Ärger des Tages bewusst macht, in einer kleinen Gedankenübung diesen Ärger »im Stausee deponiert« und darauf achtet, dass die Staumauer stabil bleibt.

Man kann drei Formen der paradoxen Intervention unterscheiden: Symptomverschreibung, Abraten und Splitting. Unser Beispiel vom »Ärger runterschlucken« stellt eine Symptomverschreibung dar.

3.1 Symptomverschreibung

Dem Klienten wird das verschrieben, was er als störend oder problematisch und vor allem als nicht beeinflussbar erlebt. Durch die Verschreibung des Symptoms verändert sich dessen Kontext. Gibt der Berater beispielsweise einem Klienten mit der Schwierigkeit, Ärger und Wut (angemessen) ausdrücken zu können, den Auftrag, sich in bestimmter Weise »runterschluckend« zu verhalten, so kann dies Folgendes bewirken:
- Das Symptom wird aufgewertet, umgedeutet. Durch eine gute Begründung, welche die Systemzusammenhänge miterfasst, wird die Aufgabe plausibel: »Sie sollten bis zu unserem nächsten Termin Ärger weiter im Stausee ansammeln, weil Sie sonst zu unkontrolliert oder zu verletzend sein würden. Sie sollten dies so tun, bis Sie andere Möglichkeiten des Ärger-Ausdrückens (›Anbohren‹ der Staumauer) gefunden haben. Außerdem wollen Sie auf keinen Fall Ihre Partnerin verletzen.«
- Der Klient erlangt Kontrolle darüber, das Symptom bewusst zu zeigen (»Ärger runterschlucken«). Dies steht der bisherigen Erfahrung entgegen, wonach keine Kontrolle bei der Verhinderung der Problematik erlebt wurde (»Ich will ja meinen Ärger mitteilen, aber es geht nicht«).

- Es wird eine »Sei-spontan-Paradoxie« angewendet: Durch die Aufforderung, ein spontanes Verhalten (Symptom) *bewusst* herbeizuführen (»Ärger runterschlucken«), wird das spontane Verhalten in seinem Ablauf so gestört, dass es nicht mehr oder nicht mehr so wie bisher gezeigt werden kann.

Im Zusammenhang mit der Symptomverschreibung ist es mir wichtig, noch einmal auf das dahinter liegende systemische Verständnis von Symptomen bzw. Problemen zu sprechen zu kommen. Hierzu zwei zusätzliche und ergänzende Perspektiven:

Symptome stellen in einem bestimmten Kontext »eine Art Sprache dar: Sie haben eine bestimmte Bedeutung und Grammatik; es gibt Regeln darüber, wie auf ein bestimmtes Symptomverhalten zu reagieren ist. Wer sich depressiv und niedergeschlagen zeigt, veranlasst beispielsweise seine Mitmenschen, ihn zu trösten und aufzumuntern. Aus diesen und ähnlichen Regeln entwickeln sich Rückkoppelungskreise. Sie bedingen, dass Symptome sich stabilisieren bzw. unabhängig von ihrer Entstehung im Interaktionssystem spezifische Funktionen übernehmen. Solange man das Symptom nur als negativ, als möglichst schnell zu beseitigende ›Störung‹ betrachtet, verliert man dessen positiven und ›funktionellen‹ Aspekt aus den Augen« (Simon, Clement u. Stierlin, 1999, S. 315 f.).
- »Das Wesentliche der systemisch-zirkulären Perspektive besteht darin, Symptome nicht mehr als lästiges Übel, als Mangel an Kompetenzen oder Fähigkeiten [...], sondern als beziehungsgestaltende Fähigkeiten zu verstehen.
- Wie trete ich mit meinen Mitmenschen in Beziehung, um mein Symptom, meinen Konflikt, mein Problem zu erzeugen?
- Welchen Entwicklungsauftrag beinhaltet mein Symptom, Problem, Konflikt?
- Übernimmt mein Symptom, Problem, Konflikt die Gestaltung meiner Beziehungen in einer Art und Weise, zu der ich in der momentanen Phase meiner Entwicklung nicht in der Lage bin?
- Fordere ich durch mein Problem das in meinen Beziehungen Fehlende [...] ein?« (Wienands, 2005, S. 31).

3.2 Abraten

Bei dieser Variante der paradoxen Intervention rät der Berater von der (zu schnellen) Veränderung des Klientensystems ab. Belässt es der Berater in unserem Beispiel bei dem Kommentar, der Klient sollte bewusst dafür sorgen, dass sich nichts am »Runterschlucken« verändert bis zur nächsten Sitzung, ohne dabei noch obendrein die Aufgabe zu geben, dieses »Ärger-Hinunterschlucken« einmal täglich bewusst zu tun (Symptomverschreibung), dann handelt es sich um ein Abraten von Veränderung. Auch das Abraten ist verknüpft mit einer Begründung, die das Symptom aufwertet und dessen positive Funktion im Gesamtzusammenhang hervorhebt. Es wird der hohe Preis betont, der für eine Veränderung zu zahlen wäre.

Eine »verschärfte Form« des Abratens könnte man in der Variante sehen, dass der Berater sogar bestreitet, dass eine Veränderung möglich ist. Auch und besonders bei einer derartigen Argumentation ist es wichtig, dass – für den Klienten sinnvoll und annehmbar – das Symptom im Sinne eines Reframings aufgewertet wird. Wenn der Klient die positive Funktion des Symptoms für sich sehen kann, ist ein Abraten des Beraters von Veränderung nachvollziehbar.

Der Klient, der seinen Berater hört und ihm in seiner Erklärung folgen kann, wie er von Veränderung (von der Lösung des Problems) abrät, gerät unweigerlich in eine Irritation. Diese besteht darin, dass letztlich das bisherige (unbewusste) Tun so nicht mehr weitergeführt werden kann. Denn es gibt zwei Möglichkeiten:

Entweder der Klient befolgt die paradoxe Intervention. In diesem Fall erfüllt er den Auftrag des Beraters. Er ändert nichts. Indem er dies jedoch bewusst tut, hat sich bereits etwas geändert: Das, was bisher unbewusst oder unwillkürlich ablief, kann er nun bewusst herbeiführen. Das, was bisher »über ihn kam«, wozu er keine Ich-Steuerung empfunden hatte, führt er nun aktiv herbei – ein erster Schritt der aktiven Gestaltung und Steuerung. Denn nun kann ich etwas, das ich bisher nicht dahingehend steuern konnte, dass es weggeht, dahingehend steuern, dass es (beispielsweise bis zum nächsten Beratungstermin) bleibt. Der Klient erlangt – über den Umweg der »aktiven Benutzung eines An-Schalters« ein erstes Gefühl für einen »Schalter«, auch wenn er eigentlich gleich den »Aus-Schalter« finden wollte.

Die zweite Möglichkeit, wie ein Klient auf die paradoxe Intervention reagieren kann, besteht darin, dass er den Auftrag des Beraters nicht erfüllt, was einer Lösung des Problems gleichkommt. So kann es sein, dass der Klient nun nach dem Abendessen während der fünf Minuten der »Hausaufgabe des Ärgerhinunterschluckens« plötzlich den inneren Drang verspürt, dass es »so nicht weitergehen kann«, und prompt der Entschluss gefasst wird, mit der Partnerin ein Gespräch zu führen, in dem er erstmals offen und ausführlich über seine Missstimmung spricht. Ein Gefühl von »Was tue ich mir da eigentlich immer an, wenn ich alles im Stausee deponiere« kann plötzlich Kräfte freisetzen und neue Handlungsoptionen öffnen.

3.3 Splitting

Beim Splitting als der dritten Variante der paradoxen Intervention reagiert der Berater gespalten auf den Klienten, sodass absichtlich Uneindeutigkeit erzeugt wird. Der Berater zeigt sich unentschieden oder zweifelnd. Bei einem Beratungssetting mit zwei Beratern übernimmt der eine Professionelle die eine, der andere Kollege die andere Sichtweise.

Über das Splitting kann der Berater der Gefahr entgehen, beim Klienten Widerstand zu erzeugen. Denn übernimmt man als Leiter der Sitzung überwiegend den »Veränderungspart«, so wird sich das Klientensystem eher der Homöostase zuwenden und im Status quo verharren. Ergreift man dagegen Partei für die bestehenden Strukturen und spricht sich gegen eine Veränderung aus (das Grundprinzip der paradoxen Intervention), so erhält das Klientensystem die Chance, sich verstärkt mit der Veränderungsenergie zu identifizieren. Beim Splitting übernimmt der Berater gleichzeitig beide Anliegen (Tendenz zur Bewahrung und Tendenz zur Veränderung).

Dem Kundensystem werden also die eigenen Tendenzen sowohl in Richtung Veränderung als auch in Richtung Bewahrung wertfrei gespiegelt. Diese Wertfreiheit stellt eine neue Information für den Klienten dar, der bislang seinen Ist-Zustand abwertet und einen Zielzustand höher bewertet.

In unserem Wut-Beispiel wäre es eine Möglichkeit, dass man als Berater zum einen äußert, wie sehr man dem Klienten doch wünscht, dass er zum »Ärgerrauslassen« kommt und Wege findet, dies ohne Nebenwirkungen zu erreichen, zumal man ja auch den Leidensdruck des Klienten wahrnimmt. Zum anderen würde man im Sinne des Splitting hinzufügen: »Andererseits denke ich mir, dass es gut für Sie ist, den Zustand des Runterschluckens noch beizubehalten. Denn wir haben ja heute herausgefunden, dass die Gefahr eines ›Dammbruchs‹ besteht …«

Symptomverschreibung, Abraten und Splitting – es geht immer um eine Aufwertung der Symptomatik. Es geht immer darum, dass im gemeinsamen Sprachspiel zwischen Klient und Berater Wege zu einer neuen Deutung der Situation gefunden wurden. Ist in diesem Sinne das Problem »umgerahmt«, steht einer paradoxen Intervention nichts im Wege. Allerdings sollte – und dies ist der ethische Aspekt dabei – eine Symptomverschreibung immer nur dann erfolgen, wenn ich als Profi auch guten Gewissens damit leben kann, dass der Klient auch tatsächlich die Symptomatik beibehält. In Fällen von Gewaltanwendung in der Familie beispielsweise wäre eine Symptomverschreibung selbstverständlich unter keinen Umständen vertretbar.

Im Regelfall handelt es sich ja im beraterischen oder therapeutischen Alltag um Symptome oder Problemfälle, die bereits seit Längerem als stabil beschrieben werden, und vor dem Hintergrund einer jahrelangen Problematik wird es auf zwei Wochen bewusstes Symptom-Herbeiführen nicht ankommen – wie in unserem Beispiel des »Ärger-Hinunterschluckens«. Außerdem handelt es sich in der Regel um Problemsituationen, die vom Klienten so erlebt werden, dass »es« geschieht, obwohl er es eigentlich anders (steuern) will. Es fehlt also die Ich-Steuerung in Richtung einer Lösungshandlung. Da diese weder vom Klienten noch vom Berater herbeigezaubert werden kann, kann die begründete Verschreibung, das »Es« bewusst herbeizuführen, eine äußerst konstruktive Irritation für das Adressatensystem darstellen.

3.4 »Wasch mich, aber mach mich nicht nass!«

Die Mailänder Schule der Familientherapie um das Team von Selvini Palazzoli »erfanden« die paradoxe Intervention. In ihrem Buch »Paradoxon und Gegenparadoxon« (Selvini Palazzoli, Boscolo, Cecchin u. Prata, 1977) beschreiben sie ihre Erfahrungen. Sie waren müde geworden, als Familientherapeuten immer wieder Lösungen anzustoßen. Denn ihr Eindruck war: Je mehr wir uns als Professionelle anstrengen und Veränderungen initiieren wollen, umso mehr scheint das Familiensystem im Gegenzug an Bewährtem festzuhalten. Da mag zwar ein Symptom verschwinden, dafür etabliert sich ein nächstes. Da mag zwar das Problemthema wechseln, die Art und Weise des Umgangs zwischen den Ehepartnern oder zwischen Eltern und Kindern aber bleibt gleich.

Was also tun? Die Mailänder Familientherapeuten fanden heraus, dass folgende Beschreibung einer therapeutischen Situation äußerst hilfreich ist, da sie die Haltung des Therapeuten entspannt und verändert: Die ratsuchende Familie kommt nicht nur mit der offiziellen Botschaft an den Therapeuten: »Hilf uns zur Veränderung!«, sondern auch mit der inoffiziellen Botschaft: »… aber wir wollen, dass alles gleich bleibt!« Während also der Leidensdruck und damit auch der Wunsch nach einer Lösung/Veränderung offen(sichtlich) kommuniziert werden, wird unterschwellig die Angst vor Veränderung vermittelt. Und so ist das Bewahrungsbedürfnis des Klientensystems nach Sicherheit gebenden eingespielten Mustern ebenso im therapeutischen Raum.

Vor der Erfindung der paradoxen Intervention gab es diese Gedankengänge so nicht. Es gab also auch die damit verbundene Haltung des Therapeuten noch nicht so explizit, das Gute im Schlechten mitzudenken.

Warum heißt der Buchklassiker der Mailänder Gruppe »Paradoxon und Gegenparadoxon«? Weil sie postulierten, dass die in die Therapie kommende Familie oder der in die Beratung kommende Einzelklient mit einem Paradoxon auftritt, indem eigentlich kommuniziert wird: »Wasch mich (uns), aber mach mich (uns) nicht nass!« (siehe Abbildung 24). Das erste Paradoxon besteht darin, dass das Klientensystem gleichzeitig sich verändern will und sich nicht verändern will. Es will also gleichsam gewaschen werden, aber nicht nass gemacht

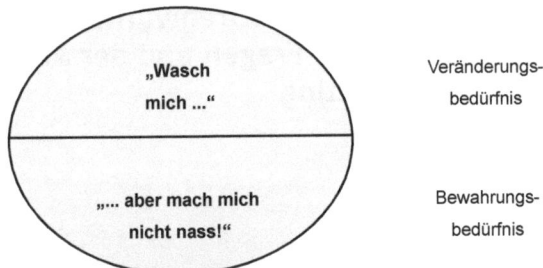

Abbildung 24: »Wasch mich, aber mach mich nicht nass!«

werden. Das zweite Paradoxon (Gegenparadoxon) besteht nun in der Haltung bzw. Intervention des therapeutischen Teams, nicht bzw. nicht nur Veränderung anzuregen, sondern auch die Nicht-Veränderung positiv zu bewerten und infrage zu stellen, ob die Veränderung wirklich die Lösung sei.

Das behandelte Problem wird durch den Berater so bearbeitet (mit der Hintergrundhaltung, das Gute im Schlechten ausfindig zu machen), dass Umdeutungsmöglichkeiten für den Problemzustand entstehen. Möglicherweise ergreift der Professionelle sogar die Initiative und verschreibt den Ist-Zustand, da er bestimmte Vorteile bietet. Wie bereits ausführlich dargestellt gibt es die Möglichkeit einer Symptomverschreibung oder eines Splitting, bei welchem dem Adressatensystem die eigene Paradoxie gespiegelt wird – nach dem Motto: »Eigentlich will ich Ihnen helfen, bald Veränderungen herbeizuführen, um aus dem Problem herauszukommen. Andererseits wurde ja durch unser Gespräch auch deutlich, dass es durchaus nützlich ist, so wie es jetzt ist …«

Durch eine derartige beraterische Intervention wird das vom Klientensystem unbewusst ausgesendete Paradoxon (»Wasch mich, aber mach mich nicht nass!«) diesem zurückgespiegelt (»Ich will Sie gern waschen, aber ich bin mir nicht sicher, ob das Nassmachen für Sie – zumindest zum jetzigen Zeitpunkt – möglich ist, gut ist, verträglich ist«). Mit der zugrunde liegenden »Haltung des Guten im Schlechten und Schlechten im Guten« wahrt der Berater seine Neutralität. Er gerät weniger in Gefahr, in unentspannte Hyperaktivität zu verfallen. Diese Gefahr besteht ja besonders dann, wenn das Adressatensystem in der gemeinsamen Arbeit passiv und inaktiv bleibt. Und je hyperaktiver der Berater wird, umso inaktiver kann das Klientensystem bleiben. Die der paradoxen Intervention zugrunde liegende Haltung wirkt dem entgegen.

XII Wie geht »zirkulär« ohne »Drehwurm«? Vom Einsatz zirkulärer Fragen und der Arbeit im Mehrpersonensetting

Es ist ein systemisches Urprinzip, zirkulär zu denken und zu handeln. Wechselwirkungen und Beziehungen werden in den Blick genommen und bearbeitet. Dabei gehen wir davon aus, dass sich die Art und Weise der Kommunikation und Beziehungsgestaltung eines Menschen und seine innerpsychischen Gedanken und Gefühle gegenseitig bedingen.

So wird der systemische Berater in der Einzelberatung immer auch den Kontext des Betreffenden mit erfragen – also nach relevanten Bezugspersonen und Beziehungen Ausschau halten. Der Klient wird in seiner relevanten Umwelt betrachtet. Wie wird diese Umwelt, wie werden diese anderen Personen, die Beziehungen, in welchen der Klient lebt, von ihm wahrgenommen? Was bewirkt diese seine Umweltwahrnehmung in ihm für Gefühle und Wirklichkeitskonstruktionen? Und wie wirken sich seine Gefühle und Wirklichkeitskonstruktionen wiederum auf seine Beziehungen aus? Mithilfe zirkulärer Fragen in der Einzelberatung kann der Professionelle derartige Zusammenhänge bewusst und bearbeitbar machen.

Auch in der Mehrpersonenberatung wie Familien- oder Teamberatung wird der Berater nach dem Kontext bzw. der relevanten Umwelt fragen. Im Fall einer Familie mit Eltern und Kindern können das beispielsweise die Großeltern, der Arbeitsplatz, die Nachbarschaft etc. sein. Bei Teams gibt es in der Organisation Bezugspunkte wie andere Abteilungen, Chefebenen, Projektgruppen, Kunden, Lieferanten und so weiter.

Gleichzeitig fokussiert der systemische Berater im Mehrpersonensetting auch auf die Art und Weise des Umgangs der Beteiligten untereinander. Er versucht, die wechselseitigen Aktionen und Reaktionen der Systemmitglieder dahingehend zu verändern, dass eine neuartige Qualität der Kommunikation und des Miteinander-Umgehens entsteht. Dabei handelt es sich um ein komplexes Feld. Wenn beispielsweise fünf Teammitglieder in einem Raum sind, so sind auch gleichzeitig fünf verschiedene Wirklichkeitskonstrukteure vorhanden, fünf unterschiedliche Erlebensweisen und fünf Arten, zu kommunizieren. All dies gerät in Wechselwirkung. Die individuellen Gedanken und Gefühle sind vernetzt mit den unterschiedlichen Kommunikationen und Beziehungen der Beteiligten untereinander. Nicht selten hat man als Berater in einem Mehrpersonensetting das Gefühl einer gewissen Überforderung: Der eine sagt dieses, der andere jenes, hier spürt man dies, dort das, der eine spricht viel, der andere fast gar nichts, die einen sehen es so, die anderen anders, nicht alle können bisher mit der vom Teamleiter vorgeschlagenen Zieldefinition mitgehen ... Hier bekommt man leicht einen »Drehwurm« – zumal auch noch alles »ineinandergreift« und sich wechselseitig bedingt.

Wie kann man sich als Berater in dieser Komplexität der Wechselwirkungen gut behaupten? Wie kann man zirkulär denken und handeln, ohne dass einem schwindelig wird? Wie können relevante Interdependenzen innerhalb des Adressatensystems bewusst gemacht und verändert werden?

Gegen einen beraterischen Drehwurm hilft: die Methode des zirkulären Fragens (1 und 2) sowie natürlich auch andere systemische Fragetechniken (3), eine neutrale bzw. allparteiliche Haltung (4) und eine sorgfältige Auftragsklärung im Mehrpersonensetting (5).

Zirkuläres Fragen im Mehrpersonensetting hilft uns, die vorhandene Komplexität zu bearbeiten, ohne den Faden zu verlieren. Denn es ist für uns als Leiter der Sitzung wichtig, die Zügel in der Hand zu behalten und einen roten Faden zu haben, der uns hilft, durch den Dschungel der Komplexität und Wechselwirkungen eine gute »Schneise zu schlagen«.

Beginnen wir also dieses Kapitel mit der vielleicht wichtigsten Methode des systemischen Ansatzes: dem zirkulären Fragen. Bevor wir darauf eingehen, wie diese Vorgehensweise im Mehrpersonensetting anzuwenden ist (2), soll zunächst auch die gewinnbringende Möglichkeit besprochen werden, in der Einzelarbeit mit zirkulären Fragen zu arbeiten (1).

1 Zirkuläre Fragen in der Einzelberatung

Mit der Technik des zirkulären Fragens im Einzelgespräch kann auf geniale Art der relevante Kontext des Klienten einbezogen werden. Ferner werden Sichtweisen anderer Personen bewusst, was zur Erweiterung der Wirklichkeitskonstruktion des Klienten beiträgt.

Das Vorgehen besteht darin, den Klienten über die Denk-, Gefühls- und Sichtweisen anderer für ihn wichtiger Personen zu befragen. Es ist also eine Technik der »Vergegenwärtigung einer dritten Partei«. Bezugspersonen des Klienten, die nicht am Beratungsgeschehen teilnehmen, werden mit einbezogen.

Dies ermöglicht, eine »zirkuläre Brücke« in das Gespräch einzuführen, welche die systemische Vernetztheit der Denk-, Gefühls- und Sichtweisen dieser relevanten Bezugspersonen mit denen des Klienten verdeutlicht. Ein Beispiel für eine zirkuläre Frage:
- »Was erwartet Ihre Frau von Ihnen?«
- Und dann: »Was löst diese Erwartung in Ihnen aus und wie verhalten Sie sich dann Ihrer Frau gegenüber?«
- Und dann: »Wie reagiert dann wiederum Ihre Frau auf Sie?«

Der Klient beantwortet dem Berater die erste Frage, welche eine zirkuläre Frage darstellt. Er präsentiert seine Wirklichkeitskonstruktion darüber, was seine Frau von ihm erwartet. Diese innere Annahme über die Erwartungen seiner Frau an ihn werden bewusst gemacht und durch die weiteren Nachfragen wird erreicht, dass das zirkuläre Wechselspiel zwischen dem Verhalten des Klienten (welches auf der inneren Annahme der Erwartungen seiner Ehefrau an ihn basiert) und dem Verhalten seiner Frau in den Blick genommen wird.

Beispielsweise formuliert der Klient auf die erste (zirkuläre) Frage, dass er der Meinung sei, seine Frau erwarte von ihm, dass er weniger arbeiten und abends früher nach Hause kommen solle, um seine Partnerin bei der Kindererziehung und beim Ins-Bett-Bringen der Kinder mehr unterstützen zu können. Auf die zweite Frage (was diese Erwartung in ihm auslöse) gibt er zur Antwort, dass er das Gefühl habe, in Bezug auf seine Arbeitsbelastung im Job von seiner Frau kein Verständnis zu bekommen, weshalb er auch aufgehört habe, von seinem Berufsalltag zu erzählen. Und auf die dritte Frage schließlich (wie daraufhin wiederum seine Frau reagiere) berichtet der Klient, dass seine Frau daraufhin auch aufgehört habe, nachzufragen und von ihrem Tag mit den Kindern zu erzählen.

Der Berater könnte mit einer weiteren Frage anknüpfen: »Angenommen, Ihre Frau würde nicht von Ihnen erwarten, dass Sie früher nach Hause kommen – was wäre dann anders für Sie?« Der Klient antwortet: »Dann würde ich lockerer nach Hause kommen, egal wie spät es geworden ist. Wir würden uns liebevoller begrüßen und alles wäre einfach lockerer und entspannter.« Der Berater könnte dann mit der zirkulären Frage fortfahren: »Wie würde daraufhin Ihre Frau reagieren?« »Meine Frau würde sich freuen, dass ich da bin, und wir würden, nachdem die Kinder im Bett sind, noch ein Glas Wein miteinander trinken und uns gegenseitig vom Tag erzählen.«

Zirkuläre Fragen in der Einzelberatung ermöglichen, dass bewusst bearbeitet wird, wie der Klient seinen Kontext wahrnimmt und wie er aufgrund dieser seiner Wahrnehmung (Annahmen über Denkweisen, Gefühle, Erwartungen anderer ihm gegenüber) (re-)agiert. Dabei wird deutlich, wie der Betreffende aufgrund seiner Wirklichkeitskonstruktionen über andere relevante Bezugspersonen sein Handeln ausrichtet.

Durch hypothetische Fragen nach möglicherweise in anderer Weise vorhandenen Gedanken und Gefühlen der Bezugspersonen wird bewusst gemacht, dass auch ein anderes Handeln des Klienten möglich wäre (in unserem Beispiel ein »lockereres Nach-Hause-Kommen«). Gleichzeitig wird implizit auch deutlich, dass es sich zumeist nicht um Tatsachen (»Meine Frau erwartet von mir, dass ich weniger arbeite und früher nach Hause komme«), sondern um Annahmen handelt, die es sich lohnen kann, mit der betreffenden Person abzugleichen. Vielleicht käme in einem Gespräch der beiden Partner heraus, dass es der Ehefrau gar nicht um das grundsätzliche weniger Arbeiten geht, sondern um das »liebevolle Nach-Hause-Kommen«.

Grundsätzlich können zirkuläre Fragen im Einzelgespräch Unterschiedliches bewirken:
a) Kontextklärung: In welcher Umwelt lebt der Klient und welche Wirklichkeitskonstruktion hat er von dieser Umwelt, von den relevanten Bezugspersonen?
   - »Welche Personen spielen im Zusammenhang mit Ihrem Anliegen eine Rolle?«
   - »Wie würden diese Personen das Problem sehen?«
   - »Was erwartet wohl Person xy von Ihnen? Welche Hoffnungen macht sich die Person xy, wenn Sie nun Einzelberatung in Anspruch nehmen?«
   - »Wer würde am ehesten merken, dass unsere Beratungsarbeit erfolgreich ist? Woran würde es diese Person festmachen?«
b) »Verflüssigen« von Eigenschaften wird möglich:
   - »Was müssten Sie tun, damit Ihr Mann sagt, Sie seien unzuverlässig?«
   - »Was müssten Sie tun, damit Ihr Mann sagt, Sie sind nicht mehr unzuverlässig? Woran würde er es merken?«
   - Als paradoxe Frage: »Angenommen, Sie wollten Ihren Mann noch ärgerlicher machen – wie könnten Sie das tun?«
   - »Was müssten Sie tun, dass Ihr Mann weniger wütend ist?«
   - »Woran würde Ihr Mann feststellen, dass die Ehe nicht mehr ›langweilig‹ ist?«
c) Die Wirkung der subjektiven Umweltkonstruktion des Klienten auf sein Verhalten kann bewusst gemacht werden:
   - »Wenn Sie also denken, Ihr Chef hat das Bild eines ›unsicheren Mitarbeiters‹ von Ihnen, wie verhalten Sie sich dann ihm gegenüber?«
   - »Wie kommt es, dass Sie denken, Ihr Chef hat dieses Bild von Ihnen?«
   - »Angenommen, Sie würden denken, Ihr Chef hätte ein anderes Bild von

Ihnen, nämlich das Bild eines ›souveränen Mitarbeiters‹, würden Sie sich dann anders verhalten? Wie genau?«
- »Wie könnten Sie dazu kommen, anzunehmen, dass Ihr Chef ein positives Bild von Ihnen hat?«

d) Die Gestaltungsmöglichkeiten des Klienten auf die Umwelt werden offenbar:
- »Angenommen, Sie würden sich morgen einfach anders verhalten, denken, fühlen … – Woran würden Ihre Kinder das merken?«
- »Was wäre anders für Ihre Kinder? Wie würden sich dann Ihre Kinder verhalten?«

e) Die Wechselwirkung zwischen den angenommenen Sichtweisen/Handlungen des anderen und den eigenen Sichtweisen/Handlungen werden offengelegt:
- »Sie haben jetzt erzählt, wie Ihr Mann dies aus Ihrer Sicht erlebt. Was löst das bei Ihnen aus?«
- »Angenommen, Ihr Mann würde es anders erleben, was würde das für Sie bedeuten, was wäre dann für Sie anders?«

f) Über hypothetische Fragen werden elegant neue Wahlmöglichkeiten eingeführt, ohne als Berater direkt eine Handlungsaufforderung zu geben:
- »Angenommen, Sie würden weniger Druck auf Ihren Sohn ausüben wegen der Hausaufgaben, woran würde Ihr Sohn dies merken?«
- »Wäre es für ihn eher angenehm oder unangenehm?«
- »Würde er dann vermutlich eher mehr oder weniger lernen?«

Wichtig ist, sich als Berater bewusst zu machen: Jede »normale« Frage kann auch als zirkuläre Frage gestellt werden. Eine »normale« Frage bezeichnet man als lineare Frage, da sie direkt an eine Person gerichtet ist und von der Fragerichtung her auch auf diese Person abzielt (»Wie geht es Ihnen?«). Eine zirkuläre Frage hingegen wird an eine Person gerichtet, hat aber eine andere Person zum Thema (»Wie geht es Ihrem Kollegen?«). Hier antwortet jemand anstelle einer anderen Person – es geht um ein Hineinversetzen in einen Dritten.

Man wird in der Einzelberatung immer wieder zwischen eingeflochtenen zirkulären Fragen und linearen Fragen wechseln. Gerade durch diese Perspektivenwechsel erlebt der Klient über seine Antworten ein »Nebeneinanderstellen« seiner Sichtweisen und der (angenommenen) Sichtweisen anderer. So kann beispielsweise im Coaching ein Kunde, der sich über seine Unsicherheit beim Reden beklagt und sein mangelndes Selbstbewusstsein verbessern will, gefragt werden, wer in der Firma außer ihm denn noch seine Unsicherheit beim Reden bemerken würde. Der Klient antwortet: »Eigentlich niemand. Meine Mitarbeiter im Team merken das gar nicht, glaube ich, dass ich nervös bin beim Sprechen.« Diese Antwort auf die zirkuläre Frage bietet sofort einen neuen Zugang zur Problematik. Denn solange man nur in der Erlebensperspektive des Betreffenden bleibt (»Ich bin unsicher und habe kein Selbstbewusstsein«) ist dies die einzige Perspektive, die im Coaching im Raum ist. Sobald jedoch auch die Perspektive mit hinzu kommt, dass offensichtlich der Betreffende der Meinung ist, dass seine Unsicherheit gar nicht bemerkt wird, dass ihm vielleicht sogar von den Mitarbeitern Souveränität zugeschrieben wird, erhält man eine ressourcenorientierte weitere Brille auf die Thematik – entstanden durch die Antwort des Klienten auf eine zirkuläre Frage.

Ebenso ist es möglich, dass eine zirkuläre Frage in der Einzelberatung gleichsam in die andere Richtung wirkt: Der Klient nimmt aus seiner eigenen Perspektive kein Problem wahr, muss sich aber beim Hineinversetzen in seine Bezugspersonen bewusst machen, dass es auch andere Sichtweisen gibt, die relevant für ihn sind. So hatte ich einen Mann in Therapie, bei dem sein Alkoholkonsum Thema wurde. Er machte Andeutungen, dass er daran etwas verändern sollte. Auf meine Frage, ob er meine, dass er ein Alkoholproblem habe, erhielt ich jedoch die Antwort: »Nein.« Ich schloss mit einer zirkulären Frage an: Was würde Ihre Frau sagen: Hat ihr Mann ein Alkoholproblem? »Hm – meine Frau würde sagen ... ja, die würde sagen, dass ich zu viel trinke.« In diesem Beispiel kommt durch das zirkuläre Fragen und die Antwort des Klienten eine kritischere Sichtweise ins Spiel – eine Sichtweise, die der Klient bei einer rein linearen Befragung über seine Gedanken und Gefühle nicht eingebracht hätte. Im weiteren Therapieverlauf kann nun über die Wirklichkeitskonstruktionen zwischen »Alkoholproblem ja« und »Alkoholproblem nein« reflektiert werden – der Klient kommt zu einer offeneren und selbstkritischeren Auseinandersetzung mit diesem Thema, ohne vom Berater dazu direkt oder linear gedrängt zu werden (siehe Tabelle 13).

Tabelle 13: Wie man aus einer linearen Frage eine zirkuläre Frage kreieren kann

lineare Frage	zirkuläre Frage
»Was ist Ihr Anliegen?«	»Was würde Ihre Frau sagen, was Ihr Anliegen ist?«
»Was wollen Sie erreichen?«	»Was würde Ihr Chef vermuten, was Sie hier erreichen wollen?«
»Was könnte vielleicht Ihr erster Schritt sein?«	»Was würden Ihre Eltern antworten, wenn ich sie fragen würde, was Ihr erster Schritt sein könnte?«
»Was wünschen Sie sich von Ihrem Mann?«	»Was denkt wohl Ihr Mann, was Sie sich von ihm wünschen?«
»Was müssten Sie tun, um eine glücklichere Beziehung zu führen?«	»Was müssten Sie tun, damit Ihre Frau sagt, wir führen eine glücklichere Beziehung?«

2 Zirkuläre Fragen in der Mehrpersonenberatung

Im klassischen »vor-systemischen« Therapieansatz liegt der Fokus der Betrachtung und damit auch der Fragestellung auf der Person an sich:
- »Wie geht es Ihnen?«
- »Was ist in Ihnen los?«
- »Was wünschen Sie sich?«
- »Wie erklären Sie sich das Problem?«
- »Was wäre für Sie am Ende der heutigen Sitzung ein gutes Ergebnis?«

Derartige lineare Fragen sind wichtig, um Empathie und Wertschätzung auszudrücken, um einen guten Kontakt zum Klienten zu entwickeln und so eine vertrauensvolle Arbeitsbasis aufzubauen oder zu erhalten. Dieses »Andocken« an der Innenwelt des Klienten ermöglicht sowohl in der Einzel- als auch in der Mehrpersonenberatung Exploration, Bewusstwerden und das Erkennen von psychischen Entwicklungsschritten.

Jedes Gefühl, jedes Verhalten und jedes Symptom einer Einzelperson hat jedoch nicht nur für den Betreffenden Bedeutung, sondern stellt im sozialen Kontext immer einen Verhaltensbeitrag dar. Insofern handelt es sich nicht nur um innerpsychische Komponenten, sondern um kommunikative Angebote, wenn sich beispielsweise jemand traurig fühlt, ein Symptom wie Depression zeigt, sich zurückzieht etc.

Wenn sich in einer sozialen Situation jemand traurig fühlt, eine Depression hat oder sich zurückzieht, dann weiß derjenige, dass dies von anderen wahrgenommen wird. Dieser kommunikative Aspekt wird mit den zirkulären Fragen aufgegriffen:
- Als zirkuläre Frage in der Paarberatung: »Was denken Sie, wie es Ihrem Mann geht, wenn Sie traurig sind?«
- »Wie würde sich Ihr Mann das Problem erklären?«
- »Was wünscht sich wohl Ihr Mann?«
- »Was wäre für Ihren Mann am Ende der heutigen Sitzung ein gutes Ergebnis?«

Darüber hinaus gibt es immer dritte Personen, welche sich ein Bild machen von der Beziehung von zwei anderen Menschen:
- Als zirkuläre Frage an Kollegen in der Teamberatung: »Was denken Sie, Herr A, was es bei Ihrem Kollegen B auslöst, wenn sich Kollege C krankmeldet?«
- »Wie erleben Sie, Frau D, die Zusammenarbeit zwischen A und B?«

Der zirkulär fragende systemische Berater versteht ein Problem, ein Symptom oder eine Krankheit nicht als Ding, sondern als Prozess, welcher durch Handlungen und Kommunikationsweisen (sowie durch die Wirklichkeitskonstruktionen der Beteiligten) im sozialen System so entstanden ist bzw. aufrechterhalten wird. Insofern kann man mithilfe des zirkulären Fragens auch Probleme oder Symptome »entdinglichen«, also »verflüssigen«:
- Als zirkuläre Frage an den Vater in der Familienberatung: »Was muss Ihr Sohn genau tun, damit Ihre Frau sagt, er sei aggressiv?«
- Als Folgefrage, um die Verhaltensabläufe aus der Sicht des Vaters konkret beschrieben zu bekommen: »Wie reagiert Ihre Frau darauf?«
- Als zirkuläre Frage an die Mutter: »Was tut Ihr Sohn konkret, wenn ihn Ihr Mann als ›der ist doch ganz normal‹ beschreibt?«

Zirkuläre Fragen bewirken Wandlung. Dies kann geschehen, indem jeder sanft gezwungen wird, sich in Beziehung zu den anderen zu setzen und die eigene individuelle Sichtweise mit dem System in Verbindung zu bringen. Die Frage »Wem macht das Alkoholproblem in der Familie am meisten zu schaffen?« lässt sich nicht linear beantworten, sondern muss in Beziehungen beantwortet werden. Antworten wie »Meiner Frau mehr als mir« sorgen dafür, dass neue Sichtweisen und Unterscheidungen vollzogen werden, welche die Möglichkeit eröffnen, aus dem eingefahrenen Spiel (eingefahrene Sichtweisen führen zu eingefahrenen Handlungsweisen führen zu eingefahrenen Sichtweisen ...) herauszukommen.

Mit zirkulären Fragen kann man die Funktion des dargelegten Problems im »pathologischen Kommunikationsspiel« des Systems sondieren. Damit zielt man als Berater auf die zirkulären Prozesse der Gestaltung von Wirklichkeit ab und regt zu offener Bedeutungsgebung und Spekulation übereinander an.

Gleichzeitig hilft die Methode, die beraterische Neutralität zu wahren: Klienten gehen durch die zirkulären Fragen in ein wechselseitiges Übereinander-Nachdenken und Bezugnehmen; sie beschäftigen sich mit sich auf neuartige Weise – der Berater mit seiner Meinung und seiner Haltung zum Problem wird in den Augen der Klienten unwichtiger.

Grundsätzlich kann man im Mehrpersonensetting jede (lineare) Frage auch zirkulär stellen. Es gibt also keine Grenzen, was die Inhalte oder Fragerichtungen betrifft. Ohne den Anspruch auf Vollständigkeit folgen hier noch einige Beispiele möglicher Wirkungsweisen von zirkulären Fragen in der Mehrpersonenberatung:
a) Zirkuläre Fragen können darauf abzielen, die Wirklichkeitskonstruktionen der Klienten kennenzulernen und diese zu relativieren:
- Frage an den Abteilungsleiter: »Wie erklärt sich wohl Ihr Mitarbeiter A, dass sich sein Kollege B entschieden hat, das Team zu verlassen?«

b) Durch zirkuläre Fragen können jetzige und frühere Beziehungsmuster verdeutlicht werden:
   - »Ist es immer so, dass, wenn sich die Eltern heftig auseinandersetzen, Karin eher der Mutter zustimmt und Gerhard auszugleichen versucht?« Und dann: »War es früher einmal anders?«
c) Zirkuläre Fragen versuchen zu klären, durch welche Ereignisse Beziehungsveränderungen ausgelöst wurden:
   - »Ist die Stimmung im Team besser oder schlechter geworden, seit Ihr früherer Chef in den Ruhestand gegangen ist?«
d) Mit zirkulären Fragen kann dem Mythos entgegengewirkt werden, wonach die Symptome unwillkürlich ohne das Dazutun der Individuen aufträten:
   - »Angenommen, es wäre die Absicht Ihrer Frau, noch mehr Angst zu bekommen, wie könnte sie das am besten tun?«
e) Zirkuläre Fragen ermitteln Rangfolgen, anhand derer sich Beziehungsunterschiede verdeutlichen:
   - »Wer ist am meisten an therapeutischen Gesprächen interessiert?«
f) Zirkuläre Fragen können die Aufmerksamkeit auf das Positive, die Ressourcen, die Entwicklungsmöglichkeiten lenken:
   - »Wenn in der nächsten Nacht auf unerklärliche Weise das gegenwärtige Problem verschwände, woran würde Ihr Mann dies am folgenden Tag bemerken?«
g) Mit zirkulären Fragen kann man hypothetisch neue Wahlmöglichkeiten einführen und positive Erwartungen in Bezug auf die Zukunft erzeugen:
   - »Was wird für Ihre Frau anders sein, wenn sie keine Angst mehr hat?«

Wenden wir die zirkulären Fragen in der Mehrpersonenberatung an, ist es äußerst wichtig, denjenigen, über welchen aufgrund der zirkulären Frage spekuliert wurde, im Anschluss einzuladen, aus seiner Sicht zu antworten. Dadurch entsteht erst der spannende Abgleich von unterschiedlichen Wirklichkeitskonstruktionen. Es geht also darum, nach einer zirkulären Frage einen linearen Abgleich zu machen. Wir formulieren die soeben gestellte zirkuläre Frage nun als lineare Frage direkt an die Person, über welche gerade spekuliert wurde.

Anstatt Person B direkt zu fragen, was sie heute erreichen will (in diesem Gespräch), entscheidet sich der Berater zunächst für eine zirkuläre Frage. Diese ist an Person A gerichtet, stimmt aber inhaltlich mit der möglichen direkten (linearen) Frage an B überein: »Was will wohl Ihr Kollege B heute erreichen?« Person A antwortet nun und präsentiert ihre Annahme darüber, was B wohl heute erreichen will. Dies bewirkt in Bezug auf die Person A zum einen, dass

Wie geht »zirkulär« ohne »Drehwurm«?

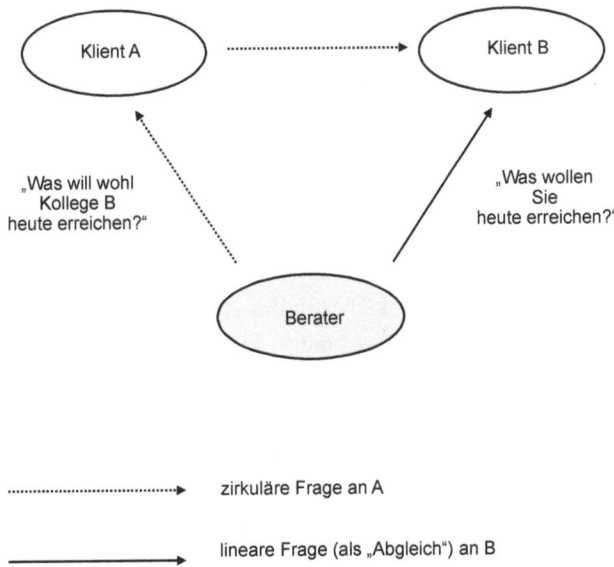

Abbildung 25: Zirkuläre Frage und linearer Abgleich

sie gleichsam sanft gezwungen wird, sich in das Gegenüber einzufühlen, und zum anderen, dass ihr Sprechen aus der reinen Ich-Perspektive zumindest kurzzeitig unterbrochen wird.

Die in Abbildung 25 dargestellte zirkuläre Frage, die von A beantwortet wird, bewirkt während der Beantwortung in der Person B eine erhöhte Aufmerksamkeit. Person B wird also interessiert zuhören. Gleichzeitig wird sich der Wunsch manifestieren, zu dieser Annahme des Kollegen A nun auch selbst Stellung beziehen zu dürfen.

Dem wird nun auch von Beraterseite Rechnung getragen: Als Fragensteller im Mehrpersonensetting achte ich immer darauf, dass mir eine zirkuläre Frage eher kurz beantwortet wird, und sogleich ermögliche ich der anderen Person, sich nun aus ihrer Sicht dazu zu äußern. In unserem Abbildungsbeispiel folgt nun also die direkte Frage an B: »Was wollen Sie heute erreichen?«

Ich frage B nicht: »Stimmt das, was A gesagt hat (was er annimmt, was Sie heute erreichen wollen)?« – Eine derartige Frage würde ohne Not ein Qualitätsmerkmal von »stimmen« – »nicht stimmen« oder von »richtig« – »falsch« in das Gespräch einführen. Weil meine Haltung als Berater aber ist, dass es kein »richtig« oder »falsch« gibt, sondern dass in jedem Fall die geäußerte Annahme von A über B insofern stimmt, als sie eben die Annahme von A ist, stelle ich ganz neutral die Frage im gleichen Wortlaut noch einmal.

Ich verwende also dieselbe Frage zweimal: zunächst als zirkuläre Frage an die eine Person gerichtet, dann als lineare Frage an die andere Person gerichtet. Somit kann nun Person B aus ihrer Sicht darlegen, was sie heute erreichen will.

Beispielsweise spekuliert A (auf die zirkuläre Frage), dass B heute erreichen will, dass A in einem bestimmen Konflikt der beiden einlenken solle. B hingegen formuliert auf die lineare Frage, dass er erreichen will, dass wieder mehr Verständnis für die gegenseitigen Positionen ermöglicht werde. Durch einen derartigen Abgleich von Wirklichkeiten kann sehr schnell Wandel und Veränderung geschehen: Person A, bisher in der Annahme, es gehe B darum, nur Zugeständnisse zu fordern, erfährt Neues: Eine Brücke wird möglich, gegenseitige Annäherung passiert.

Als Berater achte ich darauf, dass nach der Beantwortung der zirkulären Frage und der direkt danach erfolgten Beantwortung der linearen Frage gleichsam ein kleiner Raum entsteht für das Wirkenlassen der nun ausgesprochenen, nebeneinanderstehenden Wirklichkeiten: auf der einen Seite das von der einen Person über die andere Vermutete, auf der anderen Seite das von der betreffenden Person Gesagte.

Nicht immer kommt es dabei zu einem sofort ersichtlichen Erkenntnisgewinn. Die Klienten gewinnen aber immer neue Informationen über ihre Beziehungen. Stellen wir uns folgendes Szenario vor: Person A gibt auf die zirkuläre Frage des Beraters zur Antwort: »Ich glaube, B möchte heute erreichen, dass wir über das Thema ›Aufgabenverteilung‹ sprechen und eine Lösung finden.« Und B antwortet auf die lineare Frage an ihn: »In der Tat, mir ist es heute sehr wichtig, über das Thema ›Aufgabenverteilung‹ zu sprechen und eine Lösung herbeizuführen.«

In diesem Fall liegt die Annahme von A über B und das, was B aus seiner Sicht »tatsächlich« will, sehr nahe beieinander, es ist praktisch deckungsgleich. Vordergründig hat sich durch diese Fragesequenz also nichts Neues ergeben; im Hintergrund allerdings wirkt auch hier eine Neu-Information auf die beiden Gesprächspartner: »Aha, das, was A an dieser Stelle von B annimmt, ist deckungsgleich.« Dies stellt eine Information über die Beziehung der beiden dar.

Aus meiner Sicht leben die zirkulären Fragen im Mehrpersonensetting davon, dass der Berater relativ schnell einen spielerischen Wechsel moderiert zwischen der Spekulation auf eine zirkuläre Frage und der Stellungnahme der betreffenden Person (über den linearen Abgleich). Für dieses Vorgehen ist es wie bereits erwähnt sehr hilfreich, nach einer gestellten zirkulären Frage im Wortlaut gleichbleibend eine lineare Frage anzuknüpfen (siehe Tabelle 14).

Tabelle 14: Zirkuläre Fragen und anschließende lineare Fragen als Abgleich

zirkuläre Frage	anschließende lineare Frage als Abgleich
Zirkulär an die Frau: »Was denken Sie, wie es Ihrem Mann geht?«	Linear an den Mann: »Wie geht es Ihnen?«
Zirkulär an die Frau: »Was ist wohl mit Ihrem Mann los?«	Linear an den Mann: »Was ist mit Ihnen los?«
Zirkulär an den Mann: »Was wünscht sich Ihre Frau von Ihnen?«	Linear an die Frau: »Was wünschen Sie sich von Ihrem Mann?«
Zirkulär an die Frau: »Was wäre für Ihren Mann am Ende der heutigen Sitzung ein gutes Ergebnis?«	Linear an den Mann: »Was wäre für Sie am Ende der heutigen Sitzung ein gutes Ergebnis?«
Zirkulär an den Mann: »Was wäre für Ihre Frau wohl am Ende der heutigen Sitzung ein gutes Ergebnis?«	Linear an die Frau: »Was wäre für Sie am Ende der heutigen Sitzung ein gutes Ergebnis?«

Entscheidend ist also, nicht nur mit zirkulären Fragen zu operieren, sondern sie gekonnt mit linearen Fragen zu mischen. Aus Klientensicht ließe sich das so beschreiben: Wenn in meiner Anwesenheit der Berater meine Frau über ihre Sichtweise darüber befragt, was für mich wohl am Ende der heutigen Sitzung ein gutes Ergebnis wäre, höre ich zunächst gespannt zu, was meine Frau dazu denkt. Gleichzeitig entsteht in mir das Bedürfnis, es anschließend aus meiner Sicht darzustellen (was am Ende der heutigen Sitzung für mich ein gutes Ergebnis wäre). Wenn ich hierzu nicht die Gelegenheit erhalte, werde ich mich als Klient nicht gehört und verstanden fühlen. Hierzu dient der lineare Abgleich des Beraters. Im Anschluss kann der Berater umgekehrt herangehen und zuerst an mich die spekulative Frage richten, was denn wohl für meine Frau am Ende der heutigen Sitzung ein gutes Ergebnis wäre. Ich antworte auf diese zirkuläre Frage, indem ich mich in sie hineinversetze. Nachdem meine Vermutung ausgesprochen ist, wird meine Frau vom Berater direkt befragt, was für sie am Ende der heutigen Sitzung ein gutes Ergebnis wäre.

Für den Berater, der das Mischen von zirkulären und linearen Fragen (zum Abgleichen von Wirklichkeitskonstruktionen) beherrscht, ergeben sich über die unterschiedlichen Antworten der Personen eine Fülle von »Geschenken«, die er im weiteren Gesprächsverlauf aufgreifen und einer weiteren Klärung zuführen kann.

Fassen wir die Vorteile des zirkulären Fragens im Mehrpersonensetting zusammen (vgl. hierzu auch Schwing u. Fryszer, 2012, S. 209 ff.; Simon u. Rech-Simon, 2015):

– Es werden verschiedene Betrachtungsweisen offenbar, welche bislang möglicherweise nicht bewusst waren und so auch nicht lösungsorientiert eingesetzt werden konnten.

- Individuelle Wahrnehmungsmuster werden erweitert: »Wie sieht denn eigentlich meine Tochter das Problem?« (»Es gibt nur eine Wahrheit« wird relativiert).
- Es erfolgt eine Sensibilisierung für die sich wechselseitig bedingenden Prozesse innerhalb des Klientensystems (Diese Sichtweise ist mit der Suche nach dem »einen Schuldigen« unvereinbar).
- Die Aufmerksamkeit wird vom Symptom weg hin zur Interaktion der Mitglieder des Klientensystems gelenkt.
- Zirkuläres Fragen unterstützt die Neutralität des Beraters. Er kann offen und zugewandt sein, wird aber nicht Partei ergreifen.
- Es können gleichzeitig Informationen gewonnen (Exploration) und gegeben (Intervention) werden.

3 Weitere Fragetypen für die Mehrpersonenberatung

Unserer Kunst und Kreativität des Fragenstellens sind keine Grenzen gesetzt. Neben den wichtigen zirkulären Fragen sollen hier einige weitere hilfreiche Frageprinzipien für die Mehrpersonenberatung dargestellt werden.

3.1 Unterschiede erfragen

Verwendet ein Klient einen Begriff zur Beschreibung einer Situation (»Die Beziehung ist stressig«), kann der Berater zur Klärung/zur Informationsneubildung im Klientensystem beitragen, indem er
- nach den Merkmalen der Unterscheidung fragt: »Woran erkennen Sie, dass die Beziehung ›stressig‹ ist?«
- nach der »anderen Seite« der Unterscheidung fragt (Negation): »Woran würden Sie erkennen, dass die Beziehung nicht mehr ›stressig‹ ist?«

Dieses Unterschiede-Erfragen geht sowohl in einer problemklärenden Richtung (siehe obiges Beispiel) als auch in einer lösungsorientierten Richtung (»Woran würden Sie erkennen, dass Sie als Team auf der Skala xy einen Punkt weiter sind?«).

Ferner können Unterschiede linear oder zirkulär erfragt werden. Beim Unterschiede-Erfragen geht es darum zu erkennen, durch welche Brille(n) die Systemmitglieder ihre Problemrealität und auch Lösungsrealität betrachten (würden).

3.2 Durch Fragen die Information einstreuen: Jeder ist (mit-)verantwortlich für die Handlungen aller anderen

Bestimmte Fragestellungen setzen eine gegenseitige Bedingtheit der einzelnen Verhaltensbeiträge voraus – beispielsweise diese:
- »Wenn Sie wollten, dass Ihre Frau genau das tut, worüber Sie sich jetzt beklagen, wie könnten Sie das am ehesten erreichen?«

Derartige Fragen machen gleichsam aus Opfern (Mit-)Täter: Der Berater sorgt dafür, dass sich während der Sitzung niemand hinter einer reinen Opferhaltung verschanzen kann.

3.3 Spielen mit zeitlichen Dimensionen

Es geht darum, erzählte Klientengeschichten, die allzu statisch und verdinglicht daherkommen, durch das Einführen einer zeitlichen Perspektive zu relativieren. Es werden Änderungen/Abweichungen vom beschriebenen Zustand in der Vergangenheit und in der Zukunft abgefragt:
- »Wann hat die von Ihnen beschriebene Situation begonnen?«
- »Wie lange wird sie noch dauern?«

Ferner ist es im Mehrpersonensetting oft äußerst hilfreich, wenn der Berater zwischenzeitlich radikal aus der momentan vorhandenen Problemtrance aussteigt mit einer Frage, welche die Betroffenen in eine zeitliche Dimension zurückversetzt, in welcher die Probleme noch nicht erlebt wurden, sondern positive Eigenbeschreibungen möglich werden. So kann beispielsweise in der Paarberatung gefragt werden:
- »In der ersten Zeit Ihres Kennenlernens – was hat Sie an Ihrem Partner am meisten fasziniert, was hat Sie angezogen?«

Eine weitere Möglichkeit besteht darin, hypothetisch in eine »Lösungszukunft« zu gehen:
- »Lassen Sie uns in der Phantasie in die Zukunft reisen ... Stellen Sie sich vor, Sie befinden sich in der Zukunft, sagen wir zwei Jahre voraus ... und Sie befinden sich in einer Situation, in der das Problem, um das es heute geht, gelöst ist. Was ist anders?«

Eine derartige Zukunftsfrage ist der Wunderfrage sehr ähnlich. Es kommt darauf an, die Klienten mit einer kleinen Phantasiereise in eine Welt zu versetzen, in der das Problem weg ist. Der Berater wird sich die problemfreie Situation von den unterschiedlichen Beteiligten genau erklären und ausführen lassen.

3.4 Klärung individueller und gemeinsamer Werte

Fragen zu Unterscheidungen bzw. Übereinstimmungen in Bezug auf Werte können einen guten gegenseitigen Informationsaustausch unterstützen, welcher idealerweise zu mehr gegenseitigem Verständnis beiträgt. Gleichzeitig wird eine gemeinsame Reflexion über Werte angestoßen, welche eine gemeinsame Familien- oder Gruppenidentität stärken kann. Beispiele:
- »Wem ist die Autonomie/Unabhängigkeit des Einzelnen am wichtigsten?«
- »Wem ist das Wohl der anderen am wichtigsten?«
- »Wie wichtig ist Ihnen als Familie/als Team Zuverlässigkeit, Pünktlichkeit, Vertrauen …?«
- »Welche Werte, die in Ihrer Familie/in Ihrem Team gelebt werden, hebt Sie am meisten von anderen Familien/Teams ab?«

3.5 Subsysteme und Koalitionen erfragen

- »Wer macht was mit wem?«
- »Wer verbringt mit wem am meisten/am wenigsten Zeit?«
- »Welche Personen haben übereinstimmende Meinungen?«
- »Welche Personen haben gegensätzliche Meinungen/Ziele?«
- »Wechseln solche ›Bündnisse‹ öfter oder sind sie eher stabil?«

3.6 Rangfolgen ermitteln

- »Wer findet xy am wichtigsten? Wer am wenigsten?«
- »Wer würde als Erster …, wer zuletzt …?«
- »Wenn Sie eine Rangfolge erstellen würden in Bezug auf …, wer käme an erster Stelle, zweiter Stelle …?«

3.7 Hypothetische Fragen stellen

Durch hypothetische Fragen lassen sich sehr elegant und spielerisch Möglichkeiten, Ideen und Hypothesen des Beraters als Informationsangebot an das Klientensystem »heranführen«. Es macht einen Unterschied, ob man als Bera-

ter (linear zur Frau) sagt »Haben Sie schon einmal darüber nachgedacht, Ihren Mann zu verlassen?« oder ob man (zirkulär den Mann) fragt:
- »Was würde Ihnen am meisten fehlen, wenn Ihre Frau Sie verlassen würde?«

4 Neutralität und Allparteilichkeit im Mehrpersonensetting

4.1 Neutralität als Allparteilichkeit

Im Rahmen der systemischen Beratung ist der professionell Tätige nicht nur einer Person, sondern allen Beteiligten gegenüber verpflichtet. Folglich muss der Berater in seiner Tätigkeit eine unparteiliche Position gegenüber den verschiedenen Personen, Sichtweisen, Gefühlen, Denkweisen etc. einnehmen. Hierfür ist eine vom Mailänder Team für die Familientherapie formulierte neutrale Grundhaltung sinnvoll:

> »Unter Neutralität des Therapeuten verstehen wir eine spezifische pragmatische Wirkung, die seine Gesamthaltung während der Sitzung auf die Familie ausübt […] Der springende Punkt ist der, dass der Therapeut, *so lange* er mit einem Familienmitglied spricht und es auffordert, sich über das Verhältnis von zwei anderen zu äußern, *stets* mit dieser Person verbündet zu sein scheint. Sobald er sich aber einem *anderen* Familienmitglied zuwendet und dieses um seine Meinung bittet, hört das Bündnis mit dem ersten auf und es entsteht ein neues Bündnis mit dem anderen, dann mit dem nächsten und so weiter. Das Endresultat dieser sukzessiven Bündnisse ist, dass der Therapeut gleichzeitig mit jedem und keinem verbündet ist« (Selvini Palazzoli, Boscolo, Cecchin u. Prata, 1981, S. 137).

Was hier beschrieben wird, kann man auch als Allparteilichkeit bezeichnen: Im Mehrpersonensetting ist es wichtig, dass der Berater zu jeder anwesenden Person eine Beziehung aufbaut, die es ihm ermöglicht, die jeweilige Sicht- und Erlebnisweise nachvollziehen zu können. Für mich ist Allparteilichkeit gleichsam als »Ergänzungsbegriff« zu Neutralität auch deshalb wichtig, weil deutlich wird: Der Berater hat sich nicht nur distanziert (neutral) zu verhalten, er sollte auch Bündnisse des Verstehens und Anteilnehmens mit den Einzelnen eingehen. Der entscheidende Punkt ist dabei, dass ich als Berater temporäre Bündnisse und permanent wechselnde Bündnisse bilde. Ich baue eine Verbindung auf, die im nächsten Moment durch die Zuwendung zu einer anderen Person abgelöst wird. So ergreife ich für alle Partei und für niemanden – ich bin allparteilich und neutral.

Was wir hier als Neutralität besprechen, ist eine Neutralität gegenüber Personen (4.2). Es gibt jedoch auch eine Neutralität gegenüber Problemen/Symptomen (4.3) sowie generell gegenüber Wirklichkeitskonstruktionen (4.4).

4.2 Neutralität gegenüber Personen

Es bleibt unklar und offen, aufseiten welcher Personen der Berater mehr steht. Der Professionelle ist allen Beteiligten gegenüber empathisch und nimmt Anteil. Er vermeidet es, in Konflikte zwischen den Systemmitgliedern verwickelt zu werden, und lenkt eher seinen Fokus auf das »Dazwischen« statt auf die einzelnen Personen. Hierbei untermauert die Methode des zirkulären Fragens die Neutralität des Beraters.

4.3 Neutralität gegenüber Problemen/Symptomen

Es bleibt unklar und offen, ob wir als Berater das Symptom oder Problem eigentlich für etwas Gutes oder Schlechtes halten – ob wir es gut oder schlecht finden, wenn die Arbeitszeiten von bestimmten Teammitgliedern nicht eingehalten werden oder Vater in der Familie nur selten zu Hause ist. Ebenso offen bleibt, ob wir das Problem beseitigen wollen oder dem Fortbestehen der Problematik durchaus auch eine positive Seite abgewinnen können. So gewinnt der Professionelle eine respektvoll-ambivalente Haltung gegenüber den Problemen: Sowohl das Leiden daran als auch der mögliche Nutzen des Problems für die Aufrechterhaltung der Selbstorganisation des Klientensystems wird anerkannt (vgl. Kapitel XI).

4.4 Neutralität gegenüber Wirklichkeitskonstruktionen

Es bleibt unklar und offen, welche der im gemeinsamen Gespräch geäußerten Problemerklärungen, Lösungsideen, Werthaltungen und Meinungen der Berater gut oder schlecht findet. Es wird nicht deutlich, wie wir als systemischer Berater zur geäußerten Führungsphilosophie des Teamleiters stehen oder wie wir es finden, dass ein Kind mit 40 Jahren noch zu Hause bei den Eltern lebt oder ein anderes mit 14 Jahren auszieht ... So wird der Prozess wertfrei und offen gehalten. Ferner schützt es den Professionellen, nicht in Kämpfe um das »richtige« Krankheits- oder Lösungskonzept einzusteigen.

5 Auftragsklärung im Mehrpersonensetting

Die Auftragsklärung im Mehrpersonensetting erfordert ein besonderes Fingerspitzengefühl. Bereits in der Anbahnung der »eigentlichen« Beratung stellen sich Fragen. Stellen wir uns eine Teamberatung vor, die angefragt wird.

5.1 Führe ich ein Vorgespräch?

Führe ich ein Vorgespräch? Und wenn ja, mit wem? Hier wäre beispielsweise daran zu denken, mit der Teamleitung ein Vorgespräch zu führen, um zu erfahren, worum es geht und wie aus Sicht der Führungskraft die »Gemengenlage« im Team ist. Geht man diesen Weg, erhält man Vorinformationen, die wichtig sein können, man stärkt auch gleichsam die Rolle der Führungskraft im Vorfeld, hat bereits vor dem »eigentlichen« Termin mit dem gesamten Team ein Bild und kann Hypothesen bilden sowie erste Interventionsüberlegungen anstellen. Gleichzeitig beinhaltet ein derartiges Vorgespräch die Chance, über ein genaues Nachfragen eventuell gemeinsam mit der Teamleitung die ursprüngliche Idee einer Teamberatung infrage zu stellen. So ist es denkbar, dass gemeinsam entschieden wird, anstelle einer Beratung für das gesamte Team (zunächst) eine Sitzung anzuberaumen, in der insbesondere zwei Mitarbeiter, die im Konflikt miteinander stehen, zusammen mit der Leitung diesen Konflikt bearbeiten.

Allerdings stellen sich auch kritische Fragen: Was bewirkt es für die Mitarbeiter im Team, wenn sie wissen, es hat ein Vorgespräch zwischen Führungskraft und Berater gegeben? Wie kann damit transparent umgegangen und somit sichergestellt werden, dass der Berater nicht von vornherein als parteiisch wahrgenommen wird? Insbesondere dann, wenn ein Konflikt zwischen der Führungskraft und Teammitgliedern vorliegt: Entscheidet man sich in einer derartigen Situation für Vorgespräche, dann sollte dies nicht nur mit der Führungskraft auf der einen Seite, sondern auch mit den Mitarbeitern auf der anderen Seite geschehen.

Man kann auch mit allen Beteiligten ein individuelles Vorgespräch führen, bevor man in die gemeinsame Teamberatung einsteigt. Dies allerdings scheitert meist zum einen an den zeitlichen und finanziellen Ressourcen (es ist schließlich sehr zeitaufwendig, mit jedem Teammitglied einzeln ein Vorgespräch zu führen), zum anderen sind verdeckte Aufträge zu bedenken.

5.2 Wie schütze ich mich vor verdeckten Aufträgen?

Ein verdeckter Auftrag liegt vor, wenn man als Berater in einem Einzelgespräch (dies kann ein Vorgespräch sein oder ein kurzer Austausch auf dem Gang »so zwischen Tür und Angel«) Botschaften und Informationen erhält, die der Betreffende im Mehrpersonensetting so nicht äußern würde – dann aber innerlich erwartet, dass der Berater aufgrund dieser »verdeckt« gegebenen Information in seinem Sinne handelt.

So gibt mir eine Führungskraft im Vorgespräch zu verstehen, dass in Bezug auf einen Mitarbeiter im Team bereits eine Versetzung entschieden sei, dies sei jedoch noch nicht kommuniziert, sodass der Betreffende und das Team davon noch nichts wissen. Und ich als Berater solle doch bitte vor diesem Hintergrund dieser Person in der Teamberatung nicht allzu viel Raum geben ... In einem solchen Fall entscheide ich mich dafür, einen derartigen Auftrag nicht anzunehmen. Durch Fragen in Bezug auf den Sinn einer Teamberatung, noch bevor dieser Schritt offengelegt ist, und durch ein gemeinsames Reflektieren eines »Sinnmachens« einer Teamberatung zum jetzigen Zeitpunkt oder aber erst zu einem späteren Zeitpunkt führe ich eine Klärung herbei.

Es kommt auch häufig vor, dass eine Führungskraft versucht, den Berater dahingehend zu funktionalisieren, dass er anstelle der Führungskraft bestimmte »Dinge regelt« im Team, die eigentlich Führungssache wären. Die Tendenz von Leitenden, Konflikten aus dem Weg zu gehen und dafür einen Berater zu engagieren, der als Externer eine Lösung bringen soll, ist groß. Dabei hat in aller Regel der Leiter die Vorstellung, dass er selbst ja mit diesem Problem im Team nichts zu tun habe, dass also folglich auch er selbst in der Teamberatung gar nicht anwesend sein müsse ... Auch derartige Vorstellungen durchkreuze ich in aller Regel, indem ich in Vorgesprächen durch vertiefte Klärungsfragen zu einem Bewusstsein beitrage, dass die dargestellte Problematik durchaus zirkulär und vernetzt zu sehen ist – auch und gerade mit der Funktion der Führung.

5.3 Wie kann Vertrauen entstehen?

Dies ist eine weitere wichtige Frage für das Mehrpersonensetting. Ich habe als Berater nur eine Chance, wenn mir von den unterschiedlichen Personen oder Parteien eines Konflikts Vertrauen entgegengebracht wird. Hier sind Aspekte des vertraulichen Umgangs mit Informationen zu nennen, aber eben auch das klare Zurückweisen von verdeckten Aufträgen. Beispielsweise sieht die Anfangssituation eines gewünschten Coachings in einer Organisation oft folgendermaßen aus: Eine Führungskraft oder die Personalabteilung schickt einen Mitarbeiter ins

Coaching. Hier interveniere ich sogleich zu Beginn, indem ich mich in einer ersten Zusammenkunft nicht sofort allein mit dem Coachee (Coaching-Kunden) zusammensetze, sondern zunächst ein Gespräch zwischen Auftraggeber (Chef oder Personalabteilung), Coachee und mir initiiere. So können die gegenseitigen Erwartungen offen und transparent geklärt werden. Sie werden zwischen den Beteiligten dann direkt ausgetauscht und nicht »über Bande« über mich als Berater. Dieses Vorgehen ermöglicht es mir, neutral zu bleiben, und vor allem: Ich wahre die Chance, von meinem zukünftigen Coachee als vertrauenswürdig angesehen zu werden. Denn ich stelle in einem solchen ersten Dreiergespräch auch klar, dass ich keinerlei Informationen über Coaching-Inhalte an den Auftraggeber weiterleiten werde (vgl. hierzu auch »Auftragsklärung bei Geschickten«, Kapitel X, 5).

Es wird deutlich: Bereits zu Beginn oder vor Beginn einer Mehrpersonenberatung/Teamberatung stellen sich für den professionellen Berater viele Fragen. Man ist bereits vor der »eigentlichen« Beratung als Profi gefordert und steckt bereits mitten in einem Prozess, der reflektiert werden sollte und weise zu steuern ist. Dabei wird der erfahrene Berater nicht (sofort) alle Kundenwünsche erfüllen – »Wir brauchen spätestens nächste Woche eine Teamberatung« –, sondern derartigen Wünschen mit gemeinsam zu reflektierenden Fragen begegnen. Nur so können wirklich eine Vorgehensweise und ein Setting gewählt werden, welche der Problematik gerecht werden.

5.4 Schritte der Auftragsklärung in einer Teamberatung

Die angesprochenen Fragen, ob man Vorgespräche führt, wie man sich vor verdeckten Aufträgen schützt und wie Vertrauen entsteht, sind zu Beginn einer Teamberatung sehr wichtig. Deshalb beschreiben wir nun ein schrittweises Vorgehen, bevor die »eigentliche« Teamberatung beginnt (vgl. hierzu auch Sagebiel u. Vanhoefer, 2006). Es handelt sich um eine »idealtypische« Schrittfolge – jedes Vorgehen in der Praxis muss sich an den Gegebenheiten orientieren. Die Klärung des Auftrages mithilfe dieser Schrittfolge bedeutet bereits Intervention, da zum einen allen Beteiligten die Möglichkeit eröffnet wird, ihre Sichtweisen über das Problem und die Ziele darzulegen. Zum anderen werden gleichzeitig Dialoge und Reflexionen unter den Beteiligten angestoßen, die bereits Wirklichkeit verändern können.

Folgende Schritte der Auftragsklärung für einen externen Teamberater werden wir näher beleuchten:
1. Schritt: Perspektiven der Auftraggeber
2. Schritt: Interview mit der Führungskraft des Teams

3. Schritt: Interview mit den Mitarbeitern im Team
4. Schritt: Zusammenfassung und Rückmeldung nach den Vorgesprächen
5. Schritt: Erste Teamberatung

Geht ein Berater diesen Weg, so ist es ihm gelungen, gewissermaßen einen weitreichenden Auftrag für die Klärung des Auftrags erhalten zu haben. Das ist nicht immer leicht, da Auftraggeber oft stringent eindimensional problem- und zielorientiert denken (»Gehen Sie mal ins Team und machen Sie mal ...«). Hier kommt uns als Berater bereits im Vorfeld die Aufgabe zu, für ein mehrere Perspektiven berücksichtigendes Vorgehen einzutreten.

Ferner ist zur Schrittfolge zu bemerken, dass der Berater einen schmalen Grat geht zwischen dem sinnvollen Befragen der unterschiedlichen Beteiligten auf der einen Seite und der Gefahr auf der anderen Seite, zwischen den Interessengruppen zerrieben zu werden. Dies kann etwa geschehen, wenn man im Vorgespräch durch die Führungskraft als impliziten Auftrag erhält, als Berater das Team in eine bestimmte Richtung zu beeinflussen, oder wenn man Einladungen erhält, bestimmte Wirklichkeitskonstruktionen anzuerkennen und zu berücksichtigen (»Unter uns gesagt, Mitarbeiterin C ist für diese Funktion auf Dauer nicht geeignet, wissen Sie ...«). In solchen Momenten stellt sich (wie bereits weiter oben ausgeführt) für den Berater die Frage, wie er mit derartigen unterschwelligen Botschaften und verdeckten Aufträgen umgehen kann und soll. Die grundlegende Erfahrung aus der Praxis ist, dass es notwendig ist, derartige aus Einzelgesprächen erhaltene Botschaften nicht anzunehmen und beim Betreffenden »zu lassen«. So obliegt es seiner Entscheidung, ob er tatsächlich diese Inhalte auch in eine gemeinsame Kommunikation mit den anderen »einspeist« oder nicht. Nur im ersten Fall hat der Berater (offiziell) damit umzugehen. Bleiben derartige Informationen dagegen auf der Ebene des Einzelgesprächs zwischen Berater und Führungskraft, so kann der Berater diese Informationen zur Hypothesenbildung nutzen. Gleichzeitig wird er natürlich gut beraten sein, derartige verdeckte Aufträge zurückzugeben (»Was wollen Sie mir damit sagen?«, »Was soll ich jetzt mit dieser Information?«, »Werden Sie das eben Gesagte im Team eher ansprechen oder eher nicht ansprechen?« ...).

1. Schritt: Perspektiven der Auftraggeber

Der Auftraggeber kann mit der Führungskraft im Team identisch sein oder auch abweichen. Oft ist der Auftraggeber für eine Teamberatung der Vorgesetzte der Führungskraft im Team, die Geschäftsleitung oder die Personalabteilung. Ist ein neben der Führungskraft vorhandener Auftraggeber vorhanden, sollte der Berater auf dieser Ebene folgende Fragen stellen:

- »Woran würde es der Auftraggeber merken, dass eine wie auch immer geartete Teammaßnahme erfolgreich war?«
- »Was wären genau die Unterschiede zum jetzigen Zustand?«
- »Wer würde dann was (anders) tun?«
- »Wenn alles so bliebe, wie es momentan ist, für wen wäre das eher von Vorteil/von Nachteil?«
- »Angenommen, das betreffende Team würde seine Leistungsfähigkeit signifikant steigern, welche Folgen würden sich daraus für die Organisation ergeben? Welche neuen Themen und Herausforderungen würden dann für andere Stellen, Teams, Personen in der Organisation auftauchen?«

Insbesondere der letzte Fragenkomplex zielt darauf ab, das Gute vom Ist-Zustand zu reflektieren und den »systemischen Preis« einer Veränderung des Teams für die Gesamtorganisation sichtbar werden zu lassen.

2. Schritt: Interview mit der Führungskraft des Teams

Im einzeln geführten Erstgespräch mit der Führungskraft können unter anderem folgende Fragen verfolgt werden:
- »Was soll aus Ihrer Sicht nach einer Teammaßnahme konkret anders sein?«
- »Was soll wohl aus Sicht des Teams nach einer Teammaßnahme anders sein?«
- »Welche Themen sollen/müssen aus Ihrer Sicht behandelt werden, welche nicht?«
- »Wer würde wie reagieren, wenn ich als Berater den Auftrag von Ihnen so annehmen würde?«
- »Worin sehen Sie das Problem/die Probleme?«
- »Worin sehen die Teammitglieder das Problem/die Probleme? Gibt es da Unterschiede?«
- »Angenommen, Sie wollten als Führungskraft dazu beitragen, dass alles so problematisch bleibt, wie es ist, oder dass es sogar noch schlimmer wird: Wie müssten Sie das am besten tun?«
- »Was würde geschehen, wenn im Team alles so bleiben würde, wie es ist? Für wen wäre das eher angenehm, für wen eher unangenehm?«
- »Wie haben Sie bisher versucht, die Probleme zu lösen?«
- »Welche Teamentwicklungsmaßnahmen hat es bislang schon gegeben? Mit welchem Erfolg/Ergebnis (aus Ihrer Sicht, mit welchem Erfolg aus der Sicht der Mitarbeiter)?«
- »Welche Fähigkeiten und Stärken hat Ihr Team?«
- »Was soll auf jeden Fall so bleiben, wie es ist?«
- »Was funktioniert gut?«

- »Woran werden Sie konkret den Erfolg einer Teammaßnahme feststellen können?«
- »Angenommen, Ihr Team-Zielzustand wäre erreicht, womit wären Sie dann beschäftigt? Was käme dann an neuen Herausforderungen auf Sie/auf das Team zu?«

3. Schritt: Interview mit den Mitarbeitern im Team

Nach dem Vorgespräch mit der Führungskraft kann sich der Berater die Erlaubnis einholen, mit den Teammitgliedern ein Vorgespräch zu führen. Die Gefahr allzu vieler Vorgespräche allerdings haben wir bereits angesprochen. So ist es durchaus denkbar und zum Beispiel meine persönliche gängige Praxis, auf Vorgespräche mit den Mitarbeitern zu verzichten. Die Führungskraft ist anders positioniert und hat eine andere Funktion gerade auch im Vorkontakt mit dem externen Berater – von daher wird in aller Regel auch verstanden, dass hier ein Vorgespräch geführt wurde. Entscheidend für die gute Weiterarbeit ist ein guter Vertrauensaufbau zu allen Beteiligten. Dazu gehört, dass ich als Berater keinen Anlass gebe für die Annahme, mit der Führungskraft »in einem Boot zu sitzen«. Nach meiner Erfahrung ist es dazu nicht nötig, mit jedem einzelnen Teammitglied ein Vorgespräch zu führen, nur um von allen Beteiligten als neutraler Berater wahrgenommen zu werden. Insofern spricht viel dafür, gleich nach dem Vorgespräch mit der Teamleitung in ein gemeinsames Setting mit Führungskraft und Team einzusteigen und so mit gleichsam frühzeitiger Teamentwicklung mit allen Teammitgliedern zu beginnen.

Der Vorzug des separaten Interviews der Teammitglieder (beispielsweise innerhalb eines gemeinsamen Termins mit dem Berater, aber ohne Führungskraft) besteht andererseits darin, dass sie über die Möglichkeit der Beratung informiert werden und den Berater persönlich kennenlernen können, »bevor es losgeht«. Der Berater erhält Informationen über die Erwartungen der Mitarbeiter, bevor er den eigentlichen Teamprozess startet, und hat so mehr Möglichkeiten, sich über Hypothesen zu den unterschiedlichen kennengelernten Sichtweisen der Beteiligten fundiert auf die Teamberatung einzustellen.

Folgende Fragen können relevant sein. Sie können sowohl dem Teammitglied einzeln gestellt werden als auch im gemeinsamen Teaminterview zur Geltung kommen:
- »Wie erleben Sie dieses Team?«
- »Welches Image hat das Team in der Organisation?«
- »Was läuft gut im Team?«
- »Was soll auf jeden Fall so bleiben, wie es ist?«
- »Was läuft nicht so gut?«

- »Was fehlt?«
- »Worin sehen Sie das Problem/die Probleme?«
- »Worin sieht wohl die Führungskraft das Problem/die Probleme? Gibt es da Unterschiede?«
- Falls schwerwiegendere Probleme geschildert werden, kann die paradoxe Frage gestellt werden: »Angenommen, Sie wollten als Team dazu beitragen, dass alles so problematisch bleibt, wie es ist, oder dass es sogar noch schlimmer wird, wie müssten Sie das am besten tun? Was könnte jeder Einzelne dazu beitragen?«
- »Was wäre, wenn im Team alles so bleiben würde, wie es ist? Für wen wäre das eher angenehm, für wen eher unangenehm?«
- »Gibt es konkrete Veränderungswünsche?«
- »Wie klar sind die Aufgaben verteilt, wie klar sind die Rollen, Ziele und Strategien?«
- »Wie wird Führung erlebt?«
- »Wie hoch ist bei Ihnen die Bereitschaft (auf einer Skala von 0 bis 10), Neues zu lernen und sich auf einen Teamentwicklungsprozess einzulassen?«
- »Welche anderen Fragen müsste ich noch stellen, um auf die wirklich wichtigen Themen mit Ihnen zu sprechen zu kommen?«

4. Schritt: Zusammenfassung und Rückmeldung nach den Vorgesprächen

Nun kann der Berater die in den unterschiedlichen Vorgesprächen aufgetauchten Themen, Problemsichten und Zielformulierungen anonym zusammenfassen und dem Auftraggeber rückmelden. Er wird eine Empfehlung abgeben, wie aus professioneller Sicht nun zu verfahren ist. Es sollte anonymisiert ein Dokument erstellt werden, welches nach den Vorgesprächen allen daran Beteiligten zur Verfügung gestellt wird und aus welchem hervorgeht, welches die relevanten Themen, Fragestellungen und Ziele sind, an denen in der Folge lösungsorientiert gearbeitet werden soll. Der Berater benennt also die Hauptthemen und unterschiedlichen Zielformulierungen, greift die unterschiedlichen Vorschläge für ein weiteres Vorgehen auf und bewertet diese aus seiner Sicht, indem er letztlich eine Empfehlung für die weitere Prozessgestaltung ausspricht.

Dieses Vorgehen einer zusammenfassenden Rückmeldung an alle Beteiligten macht insbesondere dann Sinn und wird auch umso mehr erwartet, wenn der Berater nicht nur ein Vorgespräch mit der Führungskraft, sondern auch mit den einzelnen Teammitgliedern durchgeführt hat. Fand hingegen lediglich ein Vorgespräch mit der Führungskraft statt, reicht es in der Regel, zu Beginn einer gemeinsamen Teamsitzung darüber kurz zu berichten und beispielsweise die Führungskraft zu bitten, kurz die Inhalte und Themen aus diesem Vorgespräch für alle transparent zu machen.

5. Schritt: Erste Teamberatung

Nun kann die »eigentliche« Teamberatung beginnen, indem der Berater mit dem Team und der Führungskraft (auf der Basis der vorher stattgefundenen Vorgespräche) einen Einstieg gestaltet. Dabei geht es – auch wenn bereits einzelne Vorgespräche stattgefunden haben – zunächst um eine gemeinsame Zielformulierung:
- »Wo wollen Sie als Team hinkommen?«
- »Was läuft gut und sollte so bleiben, wie es ist?«
- »Was läuft nicht gut und sollte geändert werden?«
- Frage zum Austausch und zur Reflexion unterschiedlicher Wirklichkeitskonstruktionen: »Was ist Ihr Anliegen?«
- »Wer leidet unter der momentanen Situation mehr/weniger?«
- »Was erwarten Sie vom Berater?«
- »Was wäre für diese erste Teamsitzung ein gutes Ergebnis?«
- »Soll es weitere Beratungstermine geben? Voraussichtlich wie viele werden wir brauchen?«
- »Was ist Ihr gemeinsames Ziel der Teamberatung?«

Es ist sinnvoll, eine derartig strukturierte Vorgehensweise im Sinne einer Auftragsanbahnung und Auftragsklärung in der Teamberatung vor Augen zu haben. Auch wenn man in der konkreten praktischen Arbeit nicht alle Schritte (gleichermaßen) geht: Wichtig ist ein klares Bewusstsein des Beraters für die angesprochenen Themen und Fragestellungen. Dies erhöht die Chance, Vertrauen aufbauen zu können und den unterschiedlichen Personen und Sichtweisen gerecht zu werden.

Was wir hier in Bezug auf die Teamberatung nun sehr ausführlich beschrieben und reflektiert haben, kann auch in abgewandelter Form für die Anfangssituation in einer Familienberatung sehr nützlich sein. Hier wird es ein Familienmitglied geben, welches den Erstkontakt (per Telefon) initiiert. Auch hier stellen sich für die professionelle Vorgehensweise Fragen. So zum Beispiel, wie vertiefend man bereits in einem (telefonischen) Vorgespräch auf die Thematik zu sprechen kommt oder ob man ein Vorgespräch anbietet oder ob man – wenn ein Einzelvorgespräch gewünscht wird – diesem nachgeht oder darauf besteht, dass zum ersten Termin gleich alle Betroffenen kommen sollen …

Wichtig ist, dass man gerade in der Arbeit mit Mehrpersonensystemen immer wieder seine Rolle und sein Vorgehen reflektiert – weniger nach feststehenden Regeln und feststehenden Schrittfolgen, eher immer wieder aufs Neue dem Klientsystem, der Situation und sich selbst gerecht werdend.

Schlussbemerkung: Systemische Zumutungen

Unsere Reise durch die Welt der systemischen Haltung geht zu Ende, und es eröffnet sich eine unermessliche Vielfalt an Möglichkeiten, auf der Basis der herausgearbeiteten Orientierungen und Aspekte zu arbeiten.

Die Grundparadoxie, dass wir als Systemiker in Klientensysteme einwirken wollen, die sich letztlich selbst steuern und organisieren, war grundlegend für all unsere Überlegungen zur systemischen Expertise. Dies führte uns zu den wirksamen Grundhaltungen des Nichtwissens, Nichtverstehens, Eingebundenseins und Vertrauens.

Dabei muten wir uns als systemische Berater einiges zu, zum Beispiel den Verzicht auf das »Besserwissen«. Wir verzichten auch auf das »Besserverstehen« und sind mit der Erkenntnis konfrontiert, uns auch selbst in unserer Vorgehensweise immer wieder neu hinterfragen und relativieren zu müssen – gerade wenn es so scheint, dass doch der Klient im Widerstand sei.

Mit der systemischen Haltung zu beraten, bedeutet jedoch auch für unsere Kunden eine Zumutung: Sie werden aus ihrer Eigenverantwortung für die Problemlösung nicht entlassen. Wir muten es unseren Klienten zu, selbst verantwortlich für die Lösungsfindung zu sein und zu bleiben. Klientenfragen werden in aller Regel mit Gegenfragen von Beraterseite beantwortet, und eine inhaltliche Stellungnahme oder Wertung des Beraters ist kaum zu bekommen ... Der Klient bleibt in der Verantwortung, eine passende Lösung zu kreieren, der Berater übernimmt die Verantwortung für den Beratungsprozess. Er agiert mit der Haltung des Vertrauens in die Fähigkeiten des Kundensystems. Dies mag für den Klienten manchmal anstrengend und unbequem sein, es stellt jedoch einen stärkenden und nachhaltigen Weg dar, Lösungen zu generieren.

Diese systemischen Zumutungen bieten also gerade erst die Chance für Entwicklung und für eine freie Entfaltung der Klientenressourcen. Und sie bieten uns als Berater die Chance, sehr kreativ und verantwortungsvoll Prozessbegleiter zu sein.

In diesem Sinne ist es lohnend, sich immer wieder aufs Neue Aspekte seiner persönlichen Haltung, mit der man beraterisch unterwegs ist, bewusst zu machen. Die Selbstreflexion des Beratungsprofis sollte sich auch und gerade auf die innere Haltung beziehen. Am besten laden Sie sich von Zeit zu Zeit selbst dazu ein, Ihre konkrete Vorgehensweise als Systemiker vor dem Hintergrund der »Haltungsfragen« zu beleuchten. Oder Sie reflektieren dies gemeinsam mit Kollegen und tauschen sich aus.

Es lässt sich nie eindeutig sagen, wie der »richtige« Prozess einer Beratung auszusehen hat. Wann ist was zu tun? Welche Technik ist wann einzusetzen? Uns ist längst klar, dass diese wichtigen Fragen offen sind und offen bleiben. Sie sind immer auf den konkreten Beratungsfall, die konkrete Situation und die Persönlichkeit des Beraters zu beziehen. Die systemische Haltung jedoch bietet einem einen Bezugspunkt, diese Fragen konkret und fallbezogen für sich gut und professionell beantworten zu können.

Dabei hilft es uns, dass wir in diesem Buch die systemische Haltung klar beschrieben haben. Sie dient uns mit all ihren Facetten als Richtschnur für alle Fälle ... Sie wirkt im Hintergrund unseres Handelns und gibt eine Orientierung für das, was in einer bestimmten Beratungssituation konkret zu tun ist. Sie stellt für jeden systemischen Berater die Basis seiner Professionalität dar. Wenn man auf dieser Basis aufbauend bzw. verbunden mit ihr kreativ wird und Techniken und Methoden zum Einsatz bringt, wird aus dem Zusammenspiel einer bewussten systemischen Haltung mit konkret eingesetzten Fragen und Interventionsverfahren ein hochwirksames beraterisches Gesamtkunstwerk.

Bewahren Sie Haltung!

Literatur

Anderson, H., Goolishian, H. (1992). Der Klient ist Experte: Ein therapeutischer Ansatz des Nichtwissens. Zeitschrift für systemische Therapie, 10 (3), 176–189.
Bamberger, G. G. (2015). Lösungsorientierte Beratung (5. Auflage). Weinheim.
Bandler, R., Grinder, J. (1994). Metasprache und Psychotherapie. Die Struktur der Magie I. Paderborn.
Barthelmess, M. (2014). Systemische Beratung. Eine Einführung für psychosoziale Berufe (4. Auflage). Weinheim.
Bateson, G. (1995). Geist und Natur. Eine notwendige Einheit (4. Auflage). Frankfurt a. M.
Beilfuß, C. (2015). Ein Himmel voller Fragen. Systemische Interviews, die glücklich machen. Heidelberg.
Berne, E. (2002). Spiele der Erwachsenen. Psychologie der menschlichen Beziehungen. Reinbek.
Bleckwedel, J. (2015). Systemische Therapie in Aktion. Kreative Methoden in der Arbeit mit Familien und Paaren (4. Auflage). Göttingen.
Der Große Brockhaus (1984). Bd. 10 (18. Auflage). Wiesbaden.
Graumann, C.-F. (1960). Eigenschaften als Problem der Persönlichkeits-Forschung. In Ph. Lersch, F. Sander, H. Thomae (Hrsg.), Handbuch der Psychologie; 4. Band: Persönlichkeitsforschung und Persönlichkeitstheorie. Göttingen.
Hammel, S. (2015). Handbuch des therapeutischen Erzählens. Geschichten und Metaphern in Psychotherapie, Kinder- und Familientherapie, Heilkunde, Coaching und Supervision. Stuttgart.
Hargens, J. (2011). Aller Anfang ist ein Anfang. Gestaltungsmöglichkeiten hilfreicher systemischer Gespräche (4. Auflage). Göttingen.
Holmes, T. (2013). Reisen in die Innenwelt. Systemische Arbeit mit Persönlichkeitsanteilen. München.
Kaimer, P. (1999). Lösungsfokussierte Therapie. Psychotherapie Forum, 7 (1), 8–20.
Kaimer, P. (2003). Story Dealer – ein Vorschlag zur Selbstbeschreibung von Psychotherapeut/inn/en. In H. Schemmel, J. Schaller (Hrsg.), Ressourcen. Ein Hand- und Lesebuch zur therapeutischen Arbeit (S. 61–80). Tübingen.
Kaiser Rekkas, A. (2015). Vollmond am Strand. Hypnotische Sprache in 70 Tranceanleitungen. Heidelberg.
Kindl-Beilfuß, C. (2008). Fragen können wie Küsse schmecken. Systemische Fragetechniken für Anfänger und Fortgeschrittene. Heidelberg.
König, K. (1998). Gegenübertragungsanalyse (3. Auflage). Göttingen.
Königswieser, R., Sonuc, E., Gebhardt, J. (Hrsg.) (2006). Komplementärberatung. Das Zusammenspiel von Fach- und Prozeß-Know-how. Stuttgart.
Luhmann, N. (1994). Soziale Systeme (5. Auflage). Frankfurt a. M.
Maturana, H. R. (1994). Was ist erkennen? München.
Maturana, H. R., Varela, F. J. (2015). Der Baum der Erkenntnis. Die biologischen Wurzeln menschlichen Erkennens (6. Auflage). Frankfurt a. M.

Mintzberg, H. (2007). Strategy Safari. Eine Reise durch die Wildnis des strategischen Managements. Heidelberg.
Radatz, S. (2008). Beratung ohne Ratschlag. Systemisches Coaching für Führungskräfte und BeraterInnen (5. Auflage). Wien.
Sagebiel, J., Vanhoefer, E. (2006). Es könnte auch anders sein. Systemische Variationen der Teamberatung. Heidelberg.
Selvini Palazzoli, M., Boscolo, L., Cecchin, G., Prata, G. (1977). Paradoxon und Gegenparadoxon. Ein neues Therapiemodell für die Familie mit schizophrener Störung. Stuttgart.
Selvini Palazzoli, M., Boscolo, L., Cecchin, G., Prata, G. (1981). Hypothetisieren – Zirkularität – Neutralität: Drei Richtlinien für den Leiter der Sitzung. Familiendynamik, 6 (2), 123–139.
Schemmel, H., Schaller, J. (Hrsg.) (2003). Ressourcen. Ein Hand- und Lesebuch zur therapeutischen Arbeit. Tübingen.
Schlippe, A. von, Schweitzer, J. (2013). Lehrbuch der systemischen Therapie und Beratung I. Das Grundlagenwissen (2. Auflage). Göttingen.
Schmidbauer, W. (1998). Die hilflosen Helfer. Über die seelische Problematik der helfenden Berufe. Reinbek.
Schmidt, G. (2004). Liebesaffairen zwischen Problem und Lösung – Hypnosystemisches Arbeiten in schwierigen Kontexten. Heidelberg.
Schulte-Derne, M. (2005). Transformation follows strategy. Transformation und Strategieentwicklung von Innen. Wien.
Schwartz, R. (2011). Systemische Therapie mit der inneren Familie (6. Auflage). Stuttgart.
Schwing, R., Fryszer, A. (2012). Systemisches Handwerk. Werkzeug für die Praxis (5. Auflage). Göttingen.
Schwing, R., Fryszer, A. (2015). Systemische Beratung und Familientherapie. Kurz, bündig, alltagstauglich (4. Auflage). Göttingen.
de Shazer, S. (2012). Worte waren ursprünglich Zauber. Von der Problemsprache zur Lösungssprache. Heidelberg.
Simon, F. B. (2007). Einführung in Systemtheorie und Konstruktivismus (2. Auflage). Heidelberg.
Simon, F. B., Clement, U., Stierlin, H. (1999). Die Sprache der Familientherapie. Ein Vokabular (5. Auflage). Stuttgart.
Simon, F. B., Rech-Simon, C. (2015). Zirkuläres Fragen. Systemische Therapie in Fallbeispielen: Ein Lernbuch (11. Auflage). Heidelberg.
Sparrer, I. (2001). Wunder, Lösung und System. Lösungsfokussierte Systemische Strukturaufstellungen für Therapie und Organisationsberatung. Heidelberg.
Watzlawick, P., Weakland, J. H., Fisch, R. (1975). Lösungen. Zur Theorie und Praxis menschlichen Wandels (2. Auflage). Stuttgart.
Wienands, A. (2005). Choreographien der Seele. Lösungsorientierte systemische Psychosomatik. München.